CEO를 감동시키는
프리젠테이션

CEO를 감동시키는 프리젠테이션

1판 1쇄 발행   2009년 2월 20일
1판 2쇄 발행   2009년 11월 5일

지은이 박혁종
펴낸이 조헌성   **펴낸곳** (주)미래와경영
책임 엄진영   **기획** 강성진   **편집** 김석미 오은실   **영업/마케팅** 박병오
표지디자인 이수미
삽화 이애지
주소 서울특별시 구로구 구로동 222-14
대표전화 (02)837-1107   **팩스** (02)837-1108
등록번호 제 16-2128호
홈페이지 http://www.FNM.co.kr

값 15,000원
ISBN 978-89-6287-009-1 13320

CEO를 감동시키는 프리젠테이션

박혁종 지음

미래와경영

무한경쟁시대! 우리가 살고 있는 시대의 한 측면을 그대로 반영하는 단어이며, 누구도 어떤 논리로도 거부할 수 없는 명제일 것이다.

경쟁이라는 것을 다른 면에서 생각해보면, 결국 '선택'이라는 단어와 맥락을 같이 한다고 보는데 우리 일상생활의 모든일 그리고 매 순간이 선택의 기로이며 결국 어떤 제품이던, 서비스이던, 사람이던 간에 선택을 받게 되는 것이고, 선택받은 것들은 경쟁에서 우위를 차지하게 된다.

여러분이 살아왔고 앞으로도 살아갈 아니, 헤쳐 나아가야 할 사회생활, 특히 회사생활을 하다 보면 결국 승패는 갈리게 되기 마련이다. 그 승패 또한 선택을 받았는가와 못 받았는가에 큰 영향을 받을 것이고...

어언 10년이라는 시간 동안 회사생활을 해 보면서 일 잘하는 사람과 못하는 사람의 특징을 나름대로는 대충이나마 분류할 수 있게 된 것 같다. 정말 일 잘하는 사람은 결코 일만 잘하지 않았다. 자신이 가지고 있는 열정, 능력 이상의 그 무엇을 가지고 있었고, 기회를 잘 탐색하고 정말 잘 활용하는 시점을 아는 사람들이었다.

"그렇다면 그 시점은 어디에서 올까?"를 파고들어 보면 결국 자신의 생각을 만천하에 알릴 수 있는 기회를 놓치지 않고 자신의 생각과 능력과 의욕과 열정을 바탕으로 상대가 그 누구던 간에 설득할 수 있는 능력을 가졌었다.반면에 아무리 능력이 뛰어나도, 자기의 의견을 피력할 수 없고 상대를 설득할 수 없는 사람 그리고 더 큰 건, 그럴 수 있는 공식적인 자리를 가질 수 있는 기회를 얻어도 전혀 활용할 수 없는 사람들은 결국 선택받지 못하고 경쟁에서 쓸쓸히 뒷모습을 보이게 되기 마련이었다.

　우리들이 잘 알고 있는 두 사람을 예를 들어보자.
　피카소와 고흐는 미술계의 거장으로서 오늘날의 많은 사람들에게 인지되고 회자되는 거장들이다. 이 두 사람의 미술적 재능은 두말 나위 없이 대단한 수준의 위인들이지만, 두 사람이 살아온 실제 생활과 재력은 정말 극과 극의 모습을 띠고 있다.고흐같은 경우에는 자기가 그린 그림에 대한 설명과 내용의 표현에 대해 심각하리 만큼 폐쇄적이었기 때문에, 그가 그렸던 그림들은 살아생전 세상에 빛을 보지 못하고, 후대에 와서나 높은 가격으로 판매되어서, 그의 일생은 가난함의 연속이었다.
　반대로, 피카소의 경으에는 자신의 작품과 그림세계에 대한 설명과 표현을 상당히 즐기면서 살았기 때문에, 살아 생전에 굉장한 부(재산이 약 2억 5천만 달러)를 누리면서 살았다.
　이처럼 능력은 비슷해도, 이를 잘 표현하고 설명하며 자신의 생각을 주장할 수 있는 능력이 있느냐 없느냐에 따라 삶이 완전히 바뀔 수 있다는 대표적인 사례토 들 수 있다. 분명한 것은 훌륭한 프리젠테이션은 자신의 생각과 아이디어, 의지와 열정을 증폭시켜주는 역할을 하기 때문에 지식정보화 사회에서 가장 중요한 역량으로 꼽히는 창의력과 기획력은 프리젠테이션이라는 기본 바탕이 없는 상태에서는 절대 작동하지 않는다. 아이디어와 생각, 업적이 아무리 뛰어나도 전달하는 방법이 뛰어나지 않으면 이를 빛내기 어려워지며 반대로 아이디어, 생각, 업적이 평범하더라도 이를 잘 설명하고 전달하는 방법이 뛰어나면 상대방을 설득하거나 이를 빛낼 수 있는 기회가 늘어나게 된다.

공든탑이 무너질까? 이제는 단순히 공만 들이면 탑은 무너지는 시대이다. 이제는 대 놓고 말할 수 있는 자리에 티를 내지 못하면, 선택받을 수가 없는 시대인 것이다. 대 놓고 티 낼 수 있는 스킬(Skill)! 그게 바로 프리젠테이션이다. 그리고 하나 더, '스킬(Skill)'이라는 것은 타고난 영역이 아닌, 육성 가능한 영역이라는 것을 꼭 기억하자. 지금이 좋지 않더라도, 올바른 연습과 과감한 실전을 통해서 당신의 프리젠테이션 스킬은 분명 나아진다.

본 책의 특징

프리젠테이션 발표자를 크게 4가지 유형으로 나눌 수 있다.

프리젠테이션에서

1. 실패를 했는데, 무엇을 잘못한 것인지 모르는 발표자
2. 실패를 했는데, 무엇을 잘못한 것인지 알고 있는 발표자
3. 성공을 했는데, 무엇 때문에 성공한 것인지 모르는 발표자
4. 성공을 했는데, 무엇 때문에 성공한 것인지 알고 있는 발표자

본 책은 단순한 프리젠테이션의 일반적인 이론을 소거하지 않으며, 누구나 할 수 있는 진부한 이야기나 실전에 별로 도움되지 않는 이야기들은 과감히 걷어 내고, 회사생활 또는 사회생활에서 실제로 일어나는 잘못된 프리젠테이션의 주요 유형과 원인 그리고 이를 해결할 수 있는 방법과 노하우를 중심으로 내용을 정리한 책이다.

각 장별로 제시되는 사례의 내용들은 여러분들이 충분히 겪었음직한 '프리젠테이션에서의 실수'일 것이며, 만약에 아직 겪지 않았다면, 단언컨대 일부는 앞으로 겪게 될 실수들일 것이다.

이러한 실수들에 대해서 너무 거부하거나 두려워 하지 말고, 왜 그런 실수가 일어나게 되었는지 또는 그런 실수를 왜 피해야 하는지를 이해하게 되면, 이 책을 읽는 데에 들인 시간 만큼의 가치는 충분히 얻을 것이라고 본다.그렇다면, 여러분은 '실패를 했는데, 무엇을 잘못한 것인지 모르는 발표자' 벗어나게 될 것이고, '성공을 했는데, 무엇 때문에 성공한 것인지 알고 있는 발표자'로 진화하고 발전할 것이다.

2009년 1월
박혁종

늘 아낌없이 도와주시는 직장내 선후배님들, 그리고 사랑하는 나의 부모님과 아내에게 다지막으로 나의 희망인 두 아들 지혁이와 은혁이에게 이 책을 바칩니다.

# Contents

본문 안에 나오는 Mr. Big은
어느 조직(단체)에서도 쉽게 찾아볼 수
있는 인물로 잘못된 점이나 불편한 점
을 거침없이 지적하고 질타하는 최종
의사결정권자나 회사의 고위 임원 혹은
대표이사를 통칭한다.
모든 프리젠테이션에는 반드시 설득해
야만 하는 누군가가 있다.
그가 바로 Mr.Big!
그를 통해 당신의 생각과 아이디어가
선택되고 빛을 발할 수 있다.

Mr.Big,
그는 누구인가?

Part 01

Chapter 01

비상!! Mr.Big이
당신의 프리젠테이션에 출현한다

당신을 포함해서 6명이 참여한 "중국진출전략수립 프로젝트"는 지난 3개월부터 지금까지 밤낮없이 달려왔다. 이 프로젝트의 결과물을 통해 회사가 새롭게 거듭날 수 있는 발판을 마련하기 위해 사력을 다해야 한다는 최고 경영진의 지시가 있었고, 이 때문에 회사 차원에서의 전폭적인 비용 지원과 관심 그리고 모든 사원들의 이목이 집중되어 왔다.

항상 이 프로젝트의 중심에 서서, 여러 가지 관련 자료 수집에서부터 전반적인 중국 진출의 방향 설정 그리고 세부적인 실행 계획 수립 작업까지 주도적으로 참여해왔던, 당신이 2주 후에 진행될 프리젠테이션에서 결과 발표를 맡기로 오늘 아침 회의에서 결정되었다.

발표자의 역할이 달갑지 않고 그 동안 많은 프리젠테이션을 해 본 편이 아니어서 큰 부담감을 느끼기는 했지만 당신 스스로가 생각해봐도, 프로젝트 참여자 중에서 프리젠테이션의 발표자로서 가장 적합한 사람은 '나'라는 생각이 들었다. 프로젝트 구성원들은 프리젠테이션의 발표를 맡은 당신에게 너무 부담 갖지 말라면서 이러한 이야기를 해 주었다.

"어차피 30분 정도만 잘 버티면 되는 거야, 큰 부담 갖지 말고, 설렁설렁 대충 준비해서 실수만 하지 말라구."
"발표자료도 지금까지 우리가 분석한 자료들 짜깁기하면 될 것 같으니까 자료 준비하는 데 너무 시간 쓰지 말고, 프로젝트를 마무리하는 데에 더 힘을 쓰자구."
"프리젠테이션에 참석하는 사람들 모두 다 우리가 아는 사람들인데... 뭐, 부담없이 우리 프로젝트의 결과물에 대해 잘 요약해서 설명만 잘 하면 되잖아."

하긴 "30분 동안 뭔일이야 있을까? 그냥 대충하지 뭐"라고 생각하니 큰 부담감은 사라지고 마음이 조금은 편해졌다. 2주 후에 진행될 중국사업진출 전략에 대한 프리젠테이션을 본격적으로 준비하는 당신, 그래서

늘 하던 방식으로
당신이 설명하고 싶은 내용 중심으로 / 당신이 설명하기 쉬운 순서로 프리젠테이션 내용을 구성하려 했고

당신이 말할 내용 중심으로 / 세부내용 중심으로 프리젠테이션 슬라이드를 만들려 했고

무대 위에 오른 상태의 당신 몸, 마음, 입, 귀가 시키는 대로 상황에 따라서 그때 그때 잘 대응하면 된다는 생각으로 프리젠테이션을 진행할 생각을 하고 있었다.

그런데 오늘 아침에 사무실의 문을 열고 들어온 프로젝트 동료로부터 뜨끔한 소식을 들었다.

매사에 치밀하고, 깐깐하고, 까탈스럽고, 돌려서 말하지 않고, 듣는 사람의 면전에다가 독사같은 멘트를 퍼붓기로 유명한 Mr.Big이 당신의 프리젠테이션에 참석을 한다는 비보를 전했다.

당신은 뭔가 알지 못할 위기감같은 것을 느낀다.

과연 지금까지 내가 해온 방식대로 프리젠테이션을 해도 과연 괜찮을까?

Mr.Big! 그는 당신의 프리젠테이션에서 제일 중요한 인물이고, 반드시 설득시켜야만 하는 존재이다. 그를 설득시키지 못하면 지금까지 준비한 당신을 비롯한 프로젝트 팀원의 모든 노력들이 허사가 되어 하늘에서 공중분해가 된다.

지금까지의 들였던 우리의 노력이 물거품이 된다? 그런 일이 일어나면 안된다, 절대 안된다. 최근 들어 당신은 주말에도 제대로 편히 쉬지도 못하고 출근해서 일을 했으며, 지난 3개월간 야근을 밥먹듯이 했고, 평일 또한 무거운 몸을 겨우겨우 일으켜서 출근해서 하루종일 전쟁같은 시간을 보내다가 집에 일찍 들어가지도 못했다. 지독한 감기에 걸렸을 때에드 회사로 기어나와서 밤 늦게까지 일했다. 더구나, 세상에서 내가 제일 사랑하는 우리 아이의 얼굴도 잠자는 얼굴밖에 볼 수 없었고 같이 놀아준 게 언제인지 아득하기만 하다.

당신과 팀원들이 얼마나 오랜 시간을 공 들여서 준비한 건데 그 짧은 30분 동안의 시간 속에 일어나게 될 결과만을 가지고 이 모든 것을 허공으로 날릴 수는 없다.

어떤 일이 있어도 반드시 Mr.Big을 설득시켜야 한다.

Chapter 02

Mr.Big과 프리젠테이션 사이에는 어떤 일이?

이제 얼마 남지 않은 프리젠테이션에서 반드시 성공하기 위해서 심각한 고민이 시작되었다.

"프리젠테이션에 참석하는 Mr.Big을 반드시 설득시켜야 한다. 그렇다면 Mr. Big은 어떤 프리젠테이션에서 광분했고, 어떤 프리젠테이션을 칭찬했을까? 정말 궁금하다! 그걸 알아내야, 나의 프리젠테이션이 무언가 다르게 보일 수 있으며, 그를 설득할 수 있다!"

정확한 답을 얻어 내기 위해서는 먼저 "Mr.Big! 그는 어떤 사람인가?"에 대한 답을 먼저 알아야 했다. 단순하게 그가 어떤 프리젠테이션을 칭찬했고, 어떤 프리젠테이션을 싫어하는지 알아내는 것 이전에 그는 어떤 생활을 하고 있고, 어떤 생각을 가지고 있는지 그리고 그러한 특징들이 프리젠테이션과는 어떤 연관관계를 가지고 있는지를 이해하는 것이 먼저라고 생각되었다.

Mr.Big의 일상과 프리젠테이션과의 관계

❅ Mr.Big! 그는 늘 항상 바쁘다. 그래서 매 시간이 금쪽같이 아깝다

그는 회사에서 보내는 시간 중 대부분을 자신이 관할하고 지휘하는 부서에서 진행되고 있는 각 업무상황에 대한 보고를 받는 데에 쓰고 있었다. 또한 업무 보고를 받지 않는 시간에는 앞으로 새롭게 추진해야 하는 사업전략을 수립하는 자리에 참석하거나, 전략을 실행하는 데에 있어 예상되는 위험요인에 대한 대응방안을 수립하는 회의 등에도 많은 시간을 쓰고 있었다. 이처럼 Mr.Big은 출근해서 퇴근 할 때까지 보내게 되는 시간 중 거의 절반 이상이 직, 간접적인 프리젠테이션에 참석하는 것이었다.

자신이 추진하고 있는 사업이 변화무쌍한 시장의 움직임에 효율적으로 대응할 수 있도록 하기 위해, 그에게는 하루하루가 전쟁이었고, 이러한 전쟁은 늘 회의와 보고회, 프리젠테이션의 현장에서 치뤄지고 있었다.

이와 관련하여 예전에 비즈니스 관련 잡지를 읽다가 관심 있게 봤던 자료가 생각나서 다시 한번 들춰 보았다.

"경영진들은 하루 평균 약 8건의 직, 간접적인 프리젠테이션에 참석하면서, 하루 일과의 약 70%의 시간을 투자한다. 하지만 그들이 참석한 프리젠테이션의 효율성과 효과성에 대해서는 높지 않은 점수를 주고 있다는 것이 문제이다. 그들은 자신이 참석한 프리젠테이션 중 약 40%의 프리젠테이션은 전혀 생산적이지 못했다고 하고 있으며 자신의 소중한 시간을 투자한만큼 값어치를 얻지 못했다"

이를 통해 당신은…

Mr.Big은 시간의 적절한 사용에 무척 민감하다는 것을 알게 되었으며 따라서, 프리젠테이션은 최대한 짧고(Short), 간결(Simple)하며 빠르게(Speedy)해야 한다는 것을 알게 되었다. 그리고 제한된 시간을 효과적으로 활용하기 위해서는 두서없이 여러 가지를 설명하는 방식보다는, 초반에 결론부터 먼저 말해서 그의 이목을 집중시켜야 한다는 영감을 얻었다.

❊ Mr.Big! 그는 늘 의사결정을 해야 하고, 그 결과에 책임을 져야 하는 스트레스를 가진다

　Mr.Big! 그는 언제나 실적으로 말해야 했다. 그의 자리는 항상 그에게 실적을 원하고 있었고, 어떠한 어려운 상황이 있었다 하더라도 핑계에 불과했으며 그가 쏟았던 노력과 열정들은 모두 실적에 근거하여 평가될 수 밖에 없었다. 또한 그는 자신의 관할 하에 진행되는 모든 업무에 있어 최후에는 결국 자신이 결정해야 하고, 그 결정에 대한 책임을 졌었다.

일이 잘되면 실무 담당자의 노력과 열정을 높이 사야 했지만, 일이 잘못되면 결국 책임을 지게 되는 것은 늘 Mr.Big이었으므로 그의 자리는 항상 외로운 자리였으며 늘 '결정에 대한 책임'이라는 스트레스가 그의 어깨를 짓누르는 느낌을 가지고 살 수 밖에 없었다. 많은 비용투자를 수반하는 업무라던가 또는 큰 파급효과를 일으키는 업무같은 경우에는 그 결정에 대한 책임은 그에게 더더욱 큰 스트레스로 다가왔다. 하지만 그는 피할 수가 없었다. 그의 자리는 바로 '결정과 책임'을 위한 자리이기 때문이었다.

그래서 그는 왠만한 내용으로는 쉽게 설득되지 않았다. 누구나 생각할 수 있는 단순한 논리로서는 그리고 일상적이고 당연한 사실로서는 그는 결코 설득 당하지 않았고, 시간이 점점 흐를수록 설득 당하는 것을 거부하는 체질로 바뀌었다. 따라서 강하고 확실한 논리와 근거자료들로 충분히 무장하지 않고서 그에게 결정을 하도록 하고 책임을 지도록 부추기는 것은 그에게 스트레스를 더 주는 꼴이 되었었고, 그는 그러한 발표자에게 번번히 퇴짜와 독설을 퍼부었다.

Mr.Big의 감정에 호소하지 말고, 그 누구도 꼼짝 못하는 설득의 전략을 구사해야 한다는 것을 알았다. 예전에 해왔던 대로, 그저 "열심히 했습니다", "고생 많이 했습니다.", "잘 할 수 있습니다", "잘 봐 주십시오", "믿어 주십시오"라는 안일한 자세를 버리고, 정신 바짝 차리고 철저한 사실과 논리를 근거로 하여 자신만의 독특한 의견으로 무장해야 한다는 것을 느꼈다.

※ Mr.Big! 그는 적절한 유머와 위트, 시원하고 잘 구성된 시각 자료에 목말라 한다

앞서 말했던 것처럼 Mr.Big은 정말 많은 시간을 프리젠테이션에 할애하고 있기 때문에 지금까지 수 많은 프리젠테이션을 지겹도록 경험해 봤다. 그가 가지고 있는 사회경험 짬밥의 약 30% 정도는 프리젠테이션에 청중으로서 참석하거나 아니면 본인이 직접 준비하고 발표자로 활동했다고 해도 과언이 아니었다.

그는 진부하고 일반적인 프리젠테이션을 너무나 많이 경험해 보았고, 지금도 식상한 프리젠테이션을 보면 무척 화를 낸다. 그는 항상 새로운 접근을 원하고 새로운 전략을 원했으며 새로운 사실이 아니더라도 정말 자신을 설득해 줄 수 있고, 자신의 마음을 움직여 줄 수 있는 그 무엇을 필요로 했다.

또 다른 한편으로 그는 늘 새로운 정보에 노출되어 있었다. 일반적인 직장인은 하루에 약 2,500개의 정보를 얻게 되며 이러한 정보를 매일매일 두뇌 속에 기억하고 저장한다고 하는데. Mr.Big에게는 이보다 더욱 많은 수의 정보들이 들어 갔을 것이다.

당신의 프리젠테이션에서 다루게 될 메시지는 Mr.Big의 머릿속에서 약 2,500여개의 다른 정보들과 치열하게 경쟁해야 하며, 그 메시지는 다른 정보들을 제치고 가장 우선적으로 Mr.Big의 마음 속 안방을 차지해야 한다.

이를 통해 당신은…

Mr.Big의 마음을 강하게 사로잡기 위해서 여러 가지를 설명하려는 욕심을 버리고, 단 하나의 주제만을 가지고 이 하나의 주제에 최대한 집중해야만 겨우 성공할까 말까 하다는 것을 알았다. 또한 식상한 내용 전개 방식이나 지루한 사실의 나열을 최대한 피해야 하는 동시에 그의 머리와 가슴을 온통 뒤흔들 수 있고, 기억에 오래 남을 수 있도록 새롭고 신선하게 접근을 해야 한다는 것을 알게 되었다.

Mr.Big의 안목/시각과 프리젠테이션과의 관계

❋ Mr.Big은 눈치가 빠르고, 보여지는 현실의 이면에 있는 근본적인 원인을 알고 싶어 한다

Mr.Big이 정말 답답하게 느낄 때가 바로 아래의 마음가짐을 가진 실무자가 보고하거나 프리젠테이션을 하는 것을 바라보고 있을 때였다.

"실무자는 저니까 제가 당신보다 더 잘 알고 있습니다. 그냥 제가 하는 말만 대충 들으시면 됩니다. 제가 다 알아서 할 수 있으니까요. 이 분야는 제가 전문가니까, 이제부터 마음껏 뽐내 보겠습니다. 어려운 단어가 나와도 참으시고, 어려운 내용이더라도 저 사람이 전문가니까 저런 말을 하겠거니 하면서 저의 전문성을 칭찬해 주십시오."

Mr.Big은 그 자리에 고스톱쳐서 올라간 게 절대 아니라 기나긴 조직생활, 사회생활을 통해 산전수전 다 겪으면서 그 자리까지 올라간 것이었기 때문에 그는 하나의 요소만을 봐도 전체를 볼 수 있는 안목을 가질 수 있게 되었다. 직급이 올라가면서 그는 눈앞에 보이는 단순한 현상만을 파고 들지 않았고 현상의 이면에 있는 본질적인 원인을 파악하려 했으며, 더불어 다른 요소(부서간의 이해관계, 향후의 파급효과, 장기적 관점에서의 이득 등)에도 관심있어 했다.

단편적인 접근, 지극히 실무적인 접근만을 가져서는 그를 만족시킬 수 없다는 것을 알았다. 포괄적이고 거시적인 시각으로 접근한 후 이 중에서 중요한 내용만을 깊게 다뤄야 하며, 중요한 사항일수록 돌려서 말하지 말고, 직설적으로 있는 그대로 강하게 말해야 한다는 것을 깨우쳤다. 그리고 당신이 준비하는 프리젠테이션의 목적은 전문성을 뽐내는 게 아니고, Mr.Big을 설득시키고 이해시키는 것이 목적이기 때문에… 그가 알아 듣지 못하는 어려운 실무용어를 절대 쓰지 말아야 한다는 것도 알게 되었다.

※ Mr.Big은 문제가 있다면 그 해결의 방법을 꼭 들어야 직성이 풀린다

그에게 비즈니스란 늘 크고 작은 문제를 해결하는 과정이었기 때문에 그는 문제를 '어렵고 골치 아픈 존재', '피하고 싶은 존재'라고만 생각하지 않으며, 오히려 '도전해서 풀어 내야 하는 하나의 숙제나 과제' 정도로 여기게 되었다.

왜 그럴까? 수많은 업무경험 속에서 겪은 "문제는 독자적으로 존재하지 않는다"는 신념이 그의 머릿속에 '꽉' 박혀있기 때문이었다. 그는 모든 문제에는 항상 원인이 있고, 그 원인을 해결할 수 있는 방법이 함께 있다고 믿고 있었기 때문에, 그에게 '문제'라는 단어는 '도전'이라는 단어로 느껴지게 되었다.

　　그래서 그는 '문제'와 '원인'과 '해결방법/개선방안'은 늘 함께 존재하고 있다고 생각을 하고 있으며, 다른 사람의 입을 통해 문제 상황이라는 말을 듣게 되면, 으례히 해결방법/개선방안이 같이 따라 올 것이라고 기대하게 되었다. 그에게 문제만을 이야기하는 것은 철모르고 능력없는 신입사원이나 지껄이는 단순한 불평으로만 느껴지게 될 뿐이며 단순히 문제만을 이야기 것을 듣는 그 순간, 그는 본능적으로 이런 생각이 들게 되었다.

　　"그래서 나보고 어쩌라고? 내가 해결하라고? 그럼 당신은 뭐 하는 사람인데? 그 문제를 해결해야 하는 실무자는 당신 아니야? 이 짬밥에 내가 하리?"

　　그는 항상 문제와 원인과 개선방안, 해결방안을 함께 이야기 할 것을 원했으며 그게 바로 실무자의 책임이자 권리라고 생각했고, 당연히 그래야 한다고 생각해 왔다.

이를 통해 당신은…

전체적인 방향과 전략도 중요하지만, 세부적인 실행계획도 빠져서는 안 된다는 것을 알았고, 추진되는 과정에서 예상되는 문제점도 다뤄야 하지만 그 문제점을 해결하기 위한 방법까지도 같이 제시해야 한다는 것도 알게 되었다.

조심해라!
Mr.Big은 반드시 복수한다

Mr.Big이라는 인물어 대해서 알아보다 보니 한가지 무서운 점을 발견하게 되었다. 그는 "잘못된 프리젠테이션은 하나의 죄악이며, 비즈니스 공해"라고 생각해서 이에 대한 처절한 복수를 해왔다는 것을 말이다. 그는 서로간의 이해와 이익관계가 서로 맞물리게 되는 비즈니스의 세계에서는 선택해야 하는 순간 또는 결정하고 평가해야 하는 순간이 항상 존재하고 있으며 이러한 선택, 평가의 순간에는 그 동안 성과를 낸 사람과 성과를 내지 못한 사람에게는 분명한 차별점을 주어야 한다고 생각하고 있었다. 가뜩이나 깐깐하고 똑 부러지는 성격을 가진 Mr.Big은 부하직원에 대한 평가에 더욱더 냉철했었다.

Mr.Big은 부하 구성원의 훌륭한 성과와 업적에 대하여 감사의 선물을 줄 수 있는 권한과 책임을 가지는 동시에, 반대로 부하 구성원의 미흡한 성과에 대해서는 그 동안 실망하면서 마음속으로 갈아 왔던 복수의 칼을 꺼내어 휘두를 수 있는 권한과 책임을 또한 동시에 가지고 있다.

공식적인 자리에서 보여지는 성과나 모습이 인상에 가장 오래 남기 때문에 프리젠테이션을 진행한 발표자에 대한 Mr.Big의 인상은 그 사람의 평가에 더욱 강하게 작용했었다. 프리젠테이션이 진행되는 그 자리에서 Mr.Big이 했었던 이야기들은 단순한 질책과 실망의 표현일 수 있지만, 이러한 실망과 질책들이 누적되는 경우에는 그는 평가로 분명하고 확실하게 복수했다. 그리고 복수할 수 밖에 없었다. 자신이 다른 데에 쓸 수 있었던 인적 자원과 금전적인 물적 자원을 빼앗긴 것에 대한 복수를 말이다.

프리젠테이션에서의 실패는 단순한 실패가 아니며 프리젠테이션 자체가 "죄송합니다", "잘하겠습니다.", "제 생각이 짧았습니다.", "시정하겠습니다.", "다시 하겠습니다."라는 변명은 절대 통하지 않는 무시무시하고 냉정한 칼날을 가지고 있다. 당신도 프리젠테이션에서 실패한다면 Mr.Big을 포함한 그 누구도 당신을 용서하지 않을 것이다.

 CEO를 감동시키는 프리젠테이션

프리젠테이션에 실패하면 어떤 결과가?

당신은 프리젠테이션이 실패할 경우에 어떤 부정적인 영향이 있을 수 있는지를 머릿 속으로 차근차근 따져 보니, 처음에는 그냥 실수한 정도에만 그칠 거라고 생각했지만 하나하나 따져 볼수록 실패한 프리젠테이션이 초래하는 결과는 생각보다 더 심각하다는 것을 알게 되었다.

※ 대규모의 인건비가 날아간다

연봉 4,000만원인 근무자를 기준으로 이들의 총 인건비를 시간 단위로 산정해 본다면 아무리 적어도 약 2만 5천원 정도로 볼 수 있다(Mr.Big의 인건비는 이보다 훨씬 더, 몇 배는 높을 것이다). 이러한 사람들을 약 100명을 모아놓고 약 30분간 진행했던 당신의 프리젠테이션이 죽을 쑤어 버리면? 얼마가 하늘로 날아갈까? 단순하게 인건비만을 따져보더라도

100명이 30분 동안 진행된 프리젠테이션에 참석했다면?

➡ (2.5만원/시간)×1.5시 간 (프리젠테이션 참석을 위해 이동한 왕복 소요시간 최소 약 60분 포함)×100명＝375만원

150명이 1시간 동안 진행된 프리젠테이션에 참석했다면?

➡ (2.5만원/시간}×2시간×150명＝750만원

200명이 1시간 동안 진행된 프리젠테이션에 참석했다면?

➡ (2.5만원/시간}×2시간×200명＝1,000만원

이처럼 프리젠테이션에서 실패한다는 것은 프리젠테이션 장소 사용료, 전기료, 다과료, 인쇄물 제작비용과 같은 직접적인 비용손해를 넘어서, 적지 않은 양의 간접비용 손해를 수반하는 행위이다. 경영자의 입장에서 보면 정말 죄악과 같은 행위이지 않은가?

복수하지 않을래야 않을 수가 없다!

❄ 회사가 가질 수 있었던 기회와 시간도 손해인 것이다

앞에서 설명한 인건비 손해의 문제를 벗어나서 더 생각해 볼 수도 있다. 프리젠테이션에 모여 있는 모든 인력들의 인건비가 소진되는 것 외에도 이 인력들이 프리젠테이션에 참석하는 대신 다른 업무를 했을 때에 얻을 수 있었던 업무효율과 성과까지도 손해의 금액으로 환산을 해 본다면 실패한 프리젠테이션의 결과는 더욱 더 치명적일 수 있다. Mr.Big의 입장에서 보면, 죽이고 싶도록 미운 직원이 아닐 수 없다.

❄ 잘못된 방향과 왜곡된 사실이 전달됨으로써 회사가 가진 목표의식이 흐려질 수 있다

앞에서 말한 금전적인 손실, 시간적인 손실 외에도 당신의 실패한 프리젠테이션으로 인해, 그 자리에 참석한 모든 사람들이 겪게 되는 정신적 피해(업무의욕 상실감, 정신적 피로감 등) 등이 추가로 발생할 수 있으며 또한 잘못된 대규모의 정보전달이 발생하게 되므로써 회사의 방향, 전략, 정책이 왜곡된 상태로 전달되어 참석자들이 잘못된 인식을 가지게 할 수도 있다.

어떻게 보면 앞서 말한 비용 측면의 손해보다 더 큰 죄악이다.

Mr.Big의 입장에서 보면, 감봉, 정직, 해고와 같은 징계감이 아닐
수 없다.

✳ 당신의 평판과 함께 당신이 포함된 조직의 평판이 동반하여 땅에 떨어지고, '무능력'이라는 낙인이 이마에 박힌다

잘못된 프리젠테이션은 당신의 평판을 땅에 떨어뜨리게 된다. 마
치 주홍글씨처럼, "그 사람, 일 잘 못해", "그 사람, 좀 별로인 것 같
은데…"하는 낙인이 당신 이마의 한 가운데에 박히게 되며, 이러한
주홍글씨는 웬만해서는 지워지지 않는다.

더 나아가서는 당신이 소속된 부서나 조직에 대한 평판이 나빠질
수 있는 치명적인 결과까지 낳을 수 있는데, 예를 들어 수십억원이
왔다갔다 하는 회사간 계약 경쟁에서 회사를 대표해서 프리젠테이
션했을 때를 생각 해보자. 이렇게 중요한 프리젠테이션이 실패한
경우에는 단순히 계약의 기회를 놓치는 것에 그치지 않고 당신이
소속된 회사의 평판은 땅에 떨어져 버려서 다음에 다시 도전할 수
있는 기회까지 없어질 스 있는 큰 일을 저지르는 것과 같을 수 있다
는 것이다.

Mr.Big의 입장에서 보면 이는 민사, 형사 소송감이 아닐 수 없다.

잘못된 프리젠테이션의 결과에 대해서는 아무도 용서하지 않으며,
이러한 절망적인 상터는 절대 되돌릴 수 없다.
말 그대로 "낙장불입(落張不入)"이다.

당신이 알아본 내용 중에 가장 무서운 사실은 "프리젠테이션은 과정이 아닌 결과로만 평가될 수 밖에 없다"는 것이었다. 그 누구도 어떤 과정 때문에 그렇게 나쁜 결과가 나왔는지를 당신에게 묻지 않을 것이며, 그 누구도 실패한 발표자에게 연민의 정을 느끼지 않을 것이다. 프리젠테이션이 진행된 그 자리에서 즉시 성공과 실패의 결판이 나기 때문에 아무런 변명이 통하지 않는다는 것이 정말 무서운 것이다.

"제가 의도했던 것은 그게 아니구요~~",
"다시 한번 기회를 주신다면~~"

절대 이러한 변명은 통하지 않을 것이다. 실패한 프리젠테이션은 이미 엎질러진 물과 같아서 다시 주워 담을 수 없으며 그리고 Mr.Big은 이에 대한 응당한 복수를 할 것이다.

Chapter 04

Mr.Big을 이길 수 있는 꾀를 내다

지금까지 당신은 Mr.Big이란 인물에 대해 알아보았다.

Mr.Big! 그는 이런 사람이었다.

- 자신이 투자한 시간에 대한 보상을 원하는 사람
- 책임과 결정에 대한 스트레스로 인해 쉽게 설득되지 않는 사람
- 일상적인 프리젠테이션보다는 획기적인 걸 원하는 사람
- 단편적인 내용을 넘어서, 이면에 있는 근원을 보려는 사람
- 문제는 반드시 해결되어야 직성이 풀리는 사람

Mr.Big을 어느 정도 파악해 본 당신, 그의 일상 생활을 파악하고 그의 업무 상황을 이해하고 나니까 그가 당연히 그러한 모습을 가

질 수 밖에 없었다는 것도 알게 되었다. 슬슬 Mr.Big에 대해서 가지고 있었던 막연한 두려움이 조금은 사라지기 시작했으며, 이제 그는 한번 겨뤄볼 만한 당신의 게임 상대로 보여지기도 한다. 하지만 당장 2주 후에 진짜로 하게될 프리젠테이션 그리고 기필코 성공해야만 하는 프리젠테이션을 어떻게 하면 좀 더 잘 할 수 있을까를 고민해 볼수록 아직은 부족한 게 많았다. 그리고 다시 생각해 보았다. 얼마 남지 않은 준비시간을 효율적으로 사용하기 위해서 이제부터 어떤 것을 해야 할까?

당신은 좀 더 효율적인 방법을 찾기 시작했고 그리고 그 고민 속에서 나름대로의 꾀를 얻었다. 앞으로 남은 시간 동안 "어떻게 하면 프리젠테이션을 잘할 수 있을까"를 고민하는 것은 그 내용이 너무 방대하여 감(感)이 잘 오지 않았기 때문에 차라리 "어떻게 하면 Mr.Big의 독사같은 말을 피할 수 있을까"를 고민하는 게 더 나을 것 같았다.

"어차피, 그가 싫어하는 프리젠테이션을 하지 않는 것만으로도, 일정 수준 이상의 좋은 프리젠테이션을 했다는 거 아니겠어?"

그래서 당신은 이제부터 본격적으로 Mr.Big이 프리젠테이션에 참석하여 어떤 독사같은 말로 발표자를 꾸중했는지를 수소문해서 알아보기 시작했으며 도대체 프리젠테이션이 무엇이 잘못되었길래 Mr.Big은 그런 독사같은 말을 했었는지를 알아보고 그것만큼은 피하기로 했다.

   - 어떤 프리젠테이션의 내용 구성에서 Mr.Big이 인상을 찌푸렸는지를

   - 어떤 슬라이드 화면에서 Mr.Big이 화를 냈는지를

   - 어떤 발표자의 모습에서 그가 고개를 갸우뚱 했는지를

중심으로 말이다.

똑같은 내용이라 하더라도
어떻게 풀어가느냐에 따라
설득력에는 엄청난 차이가 있다.
Mr.Big이 선호하는 프리젠테이션의
내용구성을 알아보자.

구성편

Part 02

프리젠테이션의 내용이 어떻게 구성되었을 때 Mr.Big이 분노했었는지를 알아 보았더니 그의 입에서는 이러한 독설이 나왔었다.

" 내가 뭘 듣고 싶어하는지 몰라? 이렇게 손발이 딱딱 안 맞아서야 "
" 그래서 지금 뭐 하자는거야? 왜? "
" 당신이 제시한 그 案으로 결정해야 하는 이유, 딱 3가지만 말해봐 "
" 참, 밋~밋 하구만 "
" 제발 나를 좀 설득해봐 "
" 어라! 끝난거야? "

처음에 그가 했던 말만을 들어 봤을 때는 "발표자도 사람인데, 너무 심하게 발표자를 몰아세우는 거 아니야?"라고 생각했었지만 그가 왜 그런 말을 했었는지 그 정황을 알아보니 그가 했던 말들이 모조리 이해가 되었다. 그의 입에서 나온 질책과 꾸중은 분명 이유가 있었고 나 같아도 Mr.Big처럼 속에서 열불이 치밀어 올랐을 것 같았고, 지금까지 내가 했던 프리젠테이션을 다시 떠올려 봤을 때 찔리는 마음에 가슴이 뜨끔뜨끔 했다.

그래서 당신은 "이제부터 내가 프리젠테이션을 할 때에는 반드시 저러지는 말아야지"라고 생각하며, 그러한 상황을 만들지 않기 위한 노력을 하기 시작한다. Mr.Big의 독설이 나왔던 상황을 정리하고, 어떻게 하면 그 독설을 피할 수 있는지를 자세히 알아보게 되었으며 그 과정에서 당신은 피가 되고 살이 되는 교훈을 얻게 된다.

내가 뭘 듣고 싶어하는지 몰라? 이렇게 손발이 딱딱 안 맞아서야 Chapter 05

그 동안 저희 프로젝트 팀 내에서는 어떻게 하면 우리 회사가 최소한의 비용을 집행하면서 중국에 진출할 수 있을까를 가장 우선적으로 고민해 봤습니다. 아시다시피, 최근 우리 회사의 자금 사정이 원활치 않아, 가급적이면 보수적인 투자 속에서 사업을 추진함이 옳다고 판단했습니다.

본격적인 사업추진 전략에 대한 소개에 앞서 내부의 노력에 대해서도 잠시 말씀을 드리면, 우리 프로젝트 팀의 최고 목표는 "우리부터 최소한의 경비를 사용해야 한다"는 것이었습니다. 그래서 시급한 출장이 있어도, 비행기편을 이용하지 않고, 배를 이용하여 과도한 경비사용을 줄였습니다. 그리고 가급적 현지 출장을 최대한 자제하고 대신 인터넷에 돌아다니는 자료에 의존해서 시장 조사를 마쳤습니다.

또한 프로젝트 사무실에 들어오는 에어컨을 완전히 꺼버려서 전기세 또한 아꼈습니다. 좀 더워서 다들 지치긴 했지만… 그리고 야근할 때에도 저녁은 연속 열흘동안 김밥으로 때워가면서 열심히 땀흘려 일했습니다. 이리하여 원래 계획했던 프로젝트 경비의 10%만을 사용하는 쾌거를 이룩했습니다.

지피지기면 백전백승이다
(상대를 읽지 못하면 뭘 해도 진다)

위대한 투수는 단지 공의 제구력이 뛰어나고 또한 빠른 공을 잘 던지는 데에서 그치지 않는다고 한다. 자신의 개인기 외에도 자신이 요리해야 하는 각 타자들의 강점과 약점을 보는 눈을 가지는 것은 기본이고, 상대팀 전체의 분위기나 사기 및 최근의 전략과 성적을 분석하며, 더 나아가서는 경기 당일의 풍속, 풍향, 온도 또한 고려하면서 마운드에 오른다고 한다. 작게 보면 타석에 오른 타자의 최근 성적과 어떤 유형의 공에 홈런을 쳤었고 어떤 유형의 공에 삼진을 당했는지를 이미 알고 있을 때, 크게 보면 현재 상대팀의 상황이 번트의 전략을 쓸 상황인지 안타 내지 홈런을 노리는 전략을 써야 할 상황인지를 알고 있을 때 과감하게 공을 던질 수 있고 그래야 경기에서의 주도권을 갖게 된다.

단순히 자신만 잘하면 되는 것이 아니라, 상대방에 관련된 모든 것을 알고 있을 때 비로소 이기는 전략과 전술을 구상할 수 있다는 것을 보여주는 예이다. 이처럼, 자신의 능력이 아무리 뛰어나고, 자신이 아무리 많은 준비와 연습을 했다 하더라도 마주보게 될 적을 자세히 모르고 싸움에 임하던 이기는 전술을 구사할 수가 없고, 단순히 열심히만 하는 성실의 전략만을 구사할 뿐이다.

다른 예를 들어보자. 최근의 인기를 끌었던 드라마나 영화의 제목에서 익숙하게 들었던 단어 '타짜'. 노름판에서는 속칭 '타짜'라고 부르는 최고의 노름기술자가 있는데, 이 타짜는 노름판에서 자신이 원하는 카드나 화투패를 마음대로 손에 쥘 수 있고 상대방이 가지고 있는 패를 읽어 낼 수 있는 기술을 가졌다고 한다. 이러한 타짜가 노름판에 끼게 되면, 그야 말로 물 만난 고기와 같이 모든 노름판의 흐름을 자신의 의도대로 주물러 갈 수 있어, 말 그대로 백전백승의 판을 만들어서 엄청난 돈을 쓸어 담아간다.

그런데, 이러한 타짜가 가장 무서워하는 상대방은 어떤 사람일까? 바로 노름에 대해서는 거의 전무한 지식을 가지고 있는 '초짜'이다. 타짜는 화투를 다루는 기술도 탁월하지만 상대방이 어떤 심리상태인지를 읽어가면서 그리고 상대방이 어떠한 노름의 성향을 가지고 있는지를 읽어가면서 게임을 리드해 나가는데, 초짜가 판에 들어오면 이때부터 상황은 달라지게 된다.

초짜는 판이 돌아가는 상황도 모르고, 아무런 전략과 전술없이, 아무런 생각없이 그때그때 패를 내버리기 때문에 같은 판에 있는 타짜조차도 "이 사람이 도대체 어떤 꿍꿍이를 가지고서 저 패를 냈을까?"를 고민하기 시작한다. 그 누구도 초짜의 생각을 도무지 읽을 길이 없다. 이렇게 되면 타짜는 상대편의 상황과 심리상태를 읽을 수 없으니 자신도 어떻게 판을 이끌어 갈지 갈피를 못잡게 되고, 자신이 마음 속에 가지고 있던 전략과 전술을 제대로 발휘할 수가 없어서 본의 아니게 초짜에게 지게되는 경우 또한 발생한다. 이처럼, 아무리 뛰어난 기술과 전략과 전술을 가지고 있어도, 상대방의 마음 속을 전혀 읽지 못하게 되면 그 기술과 계략은 아무 소용이 없다는 것을 생각해야 한다.

상대방의 마음과 욕구를 읽을 수 있어야 이기는 전략과 전술을 구사할 수 있고 자신의 전략과 전술을 더욱 과감하게 펼쳐볼 수 있는 배포가 생기는 반면 상대방을 읽을 수가 없는 경우, 이기는 전략과 전술을 구사할 수 없으며, 천수답(天水畓)으로 게임의 형국이 기운다. 프리젠테이션에서 무슨 내용을 어떤 방식과 순서로 구성해야 하는지를 고민하는 단계에서 반드시 잊지 말아야 하는 필수 원칙이 바로, "Mr.Big은 무엇을 원하고 있는지, 그는 어떤 상황인지를 명확히 알고서 시작해야 한다"는 것이다.

다시 한번 말하지만 Mr.Big의 속마음을 읽어야 이기는 전략과 전술이 나온다.

콜라 주세요 → "없어요" VS "사이다는 있는데요"

어떤 사람이 A 편의점에 들어가서 정말 애타는 목소리로 "시~원한 콜라 하나 주세요"라고 말했다. A 편의점의 주인은 냉장고를 보더니 마침 콜라가 떨어졌다는 사실을 알고서 바로 "없는데요"라고 말했으며, 콜라를 찾던 손님은 그 말을 듣자마자 아무런 말없이 바로 편의점을 나가버렸다. 그리고 그 사람은 맞은편에 있는 B 편의점으로 들어서서 똑같은 이야기를 했다. 근데 마침 B 편의점에도 콜라가 없는 상황이었고, B 편의점 주인도 냉장고에 콜라가 다 떨어졌다는 사실을 알고서 이렇게 말한다. "지금 콜라는 없고, 사이다는 있는데, 어떠세요?" 손님은 B 편의점 주인의 제안을 흔쾌히 받아들이고서 "네, 시~원한 걸로 하나 주세요." 하며 그의 지갑을 열었다.

A 편의점 주인과 B 편의점 주인은 무슨 차이를 보인 것일까? A 편의점의 주인은 손님의 요구사항을 표면적으로 단순하게만 이해해서 단순히 콜라만을 팔 수 있는 대상으로 생각한 것이지만 B 편의점의 주인은 손님이 제시한 요구사항의 본질을 바라보면서 콜라를 요구한 그 이면에 존재하는 '갈증' 이라는 것을 인지한 후 갈증을 해소해 줄 수 있는 다른 제안을 할 수 있었던 것이다.

이처럼 프리젠테이션의 븐질이나 목적을 파악할 경우에 단순하게 표면적이고 일시적인 것보다는 Mr.Big이 진정 원하는 것이 무엇인지를 파악해 보는 것이 훌륭한 접근 방법이다. Mr.Big은 단순히 지금의 표면적 문제를 일시적으로

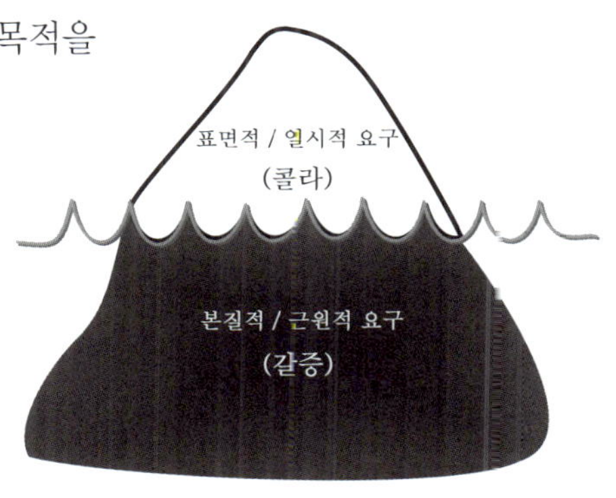

해결하는 접근이 아닌, 근본적인 대응책과 거시적인 관점에서의 개
선방향을 당신에게 원할 것이다.

단순하게 매출의 확대를 원하는 것보다 매출 확대를 통한 사업의
확대를 원할 것이고, 단순하게 손실의 최소화를 원하는 것보다는
이익구조의 개선을 원할 것이다. 프리젠테이션에서 칭찬을 듣고 싶
다면 그의 머릿 속과 마음 속에 들어가 앉아 봐야 한다. "그가 진짜
진짜 원하는 게 뭘까?, 알고 싶은 게 뭘까?, 가려운 게 뭘 까?"

성공을 부르는 프리젠테이션의 일차함수 Y=ax+b

❋ Y=ax+b의 법칙

Mr.Big이 바라는 '요구사항과 현재의 지식수준'(b)을 바탕으로
'명확한 강조점과 구성전략'(a)을 이끌어 내어야 한다. 이를 근간
으로 프리젠테이션이 가진 '단 하나의 목적'(x)을 추구했을 때 '원
하는 프리젠테이션의 결과'(Y)가 나오게 된다.

모든 프리젠테이션에는 이러한 불변의 1차 함수가 작용하게 되는
데, 이 함수의 구성요소를 각각 따져보면 프리젠테이션이 가지고
있는 전반적인 특성과 올바른 접근 전략을 한번에 볼 수 있다.

먼저, Mr.Big의 요구사항과 현재의 지식수준(b)이다. 일반적으

로 이러한 '(b)'를 수학적 용어로는 'Y절편'이라고 하는데 일차함
수를 통해서 그려지는 직선이 Y축을 관통하게 되는 지점을 말하며,
이 Y절편을 통해서 직선이 어느 높이에서 움직이는가를 결정해주
게 된다. 이처럼 Mr.Big의 요구사항과 현재의 지식수준은 프리젠
테이션이 시작되고 관통하게 되는 정확한 지점이자 시작점을 정해
준다.

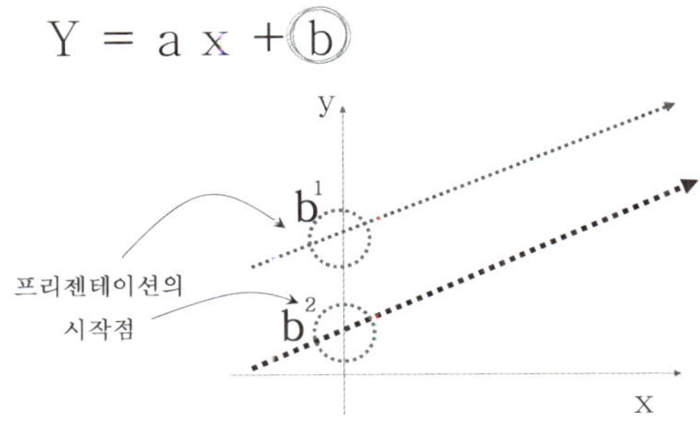

〈Mr. Big의 요구사항과 현재의 지식 수준〉

    Mr.Big의 요구사항과 현재의 지식수준(b)이 낮으면 낮은 상태에
맞춘 프리젠테이션이 설계되고 진행되어야 하며, 요구사항과 현재
의 지식수준(b)이 비교적 높은 상태라면 그 수준에 맞춰서 프리젠테
이션이 설계되고 진행되어야 한다는 것이다. 예를 들면, Mr.Big의
요구사항과 지식수준(b)이 낮은 상태인데도 불구하고 어려운 용어
와 어려운 접근을 계속하게 되면, Mr.Big은 도통 무슨 소린지를 알
아 듣지 못하게 되며, "좀 쉽게 설명해봐, 당신이 그렇게 잘났어?"
라는 말을 하게 된다. 마치 지나가는 초등학생한테 전세계를 뒤흔

들고 있는 금융위기의 근본적인 원인과 대응방안이 무엇인지를 물어보는 꼴이다.

Mr.Big의 요구사항과 현재의 지식수준(b)은 하나의 사실이자 현상이기 때문에 당신은 이를 일부러 조정하려 하거나, 외면하지 말고 있는 그대로 받아들이는 자세가 필요하며 최대한 수용해야만 올바른 구성 전략이 나올 수 있다.

두 번째로는 프리젠테이션의 명확한 목적을 지향하는 스토리 구성과 강조할 포인트이다. 일차함수에서 a가 가지는 의미는 '기울기'인데 Y절편, 즉 프리젠테이션의 시작점이 동일하다 하더라도 이 기울기가 다르면 일차함수가 그리게 될 직선의 각도가 완전히 달라지게 된다.

프리젠테이션을 급격하게 상승세를 타며 재빠르게 진행할 것인가? 또는 서서히 차근차근 진행할 것인가? 아니면, 무엇부터 설명할 것인가? 어디에 집중할 것인가?에 대한 전략이 이러한 기울기에 해당하는 것이라고 볼 수 있다.

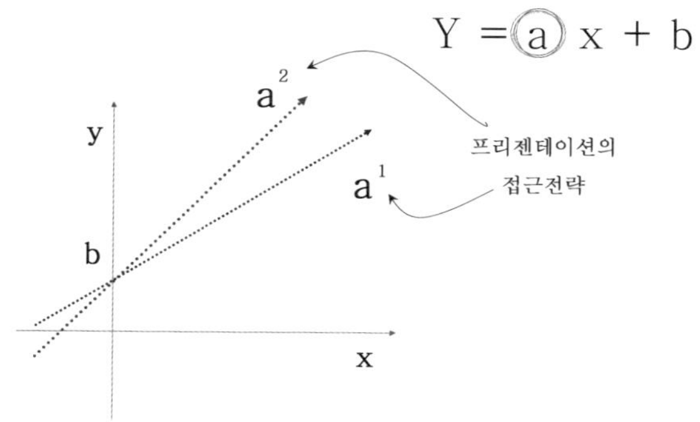

〈명확한 스토리 구성과 강조점〉

　　프리젠테이션을 준비하는데 있어 스토리 구성과 강조할 포인트를 잘 설정하게 되면 프리젠테이션의 결과는 긍정적인 탄력을 받게 될 수 있다. 이것이 바로 프리젠테이션 목적(X)에 탄력과 생기를 불어넣는 요소이며, 제대로 된 스토리 구성과 강조할 포인트는 프리젠테이션의 결과를 일순간 뒤집을 수 있는 마법과 같은 힘을 발휘하게 된다. 당신은 프리젠테이션을 준비하는 동안 계속해서 이 1차 함수

$$Y=ax+b!$$

를 따지고 또 따져야 하며 이 일차함수를 항상 가까이 두고, 계속해서 반영하고 보완한다면 성공적인 프리젠테이션은 점점 더 가까이 오게 될 것이다.

> "사람들의 마음을 움직여서 생각을 바꾸거나 행동을 불러 일으키려면 파토스(Pathos), 즉 상대의 정서에 관심을 가져야 한다."
>
> －아리스토텔레스－

Mr.Big! 그들은 당신과 다르다
(화성에서 온 Mr.Big, 금성에서 온 당신)

　　상황에 따라, 다루는 주제에 따라 프리젠테이션의 접근방식이 다

양하게 맞춰져야 한다는 것은 더 이상 설명할 필요가 없는 당연한 사실이다. 일반적인 청중을 대상으로 하는 프리젠테이션에서는 전반적인 청중의 성향을 분석하는 것이 중요하지만 의사결정권자인 Mr.Big이 참석하는 프리젠테이션, 보고, 발표에서는 다른 그 무엇보다도 Mr.Big이 선호하는 보고 스타일을 알고서 그에 적합한 내용으로 프리젠테이션을 구성하는 것이 정말 중요하다. 자신이 말하고자 하는 내용이 아무리 매력적이고, 뛰어난 내용이라 하더라도 그 내용이 의도하는 그대로 Mr.Big에게 전달되지 않으면, 아무런 소용이 없다.

일반적인 실무자들은 자신이 그동안 고민했고 준비한 사항들을 차근차근 모두 설명해 주고자 하는 욕심의 함정에 사로잡히게 된다. 내가 얼마나 많은 시간과 공을 들여서 연구하고 분석한 것인데, 내가 준비한 내용을 최대한 많이 말해야 한다는 강박관념, 즉 다른 말로 표현하면 '본전생각'을 하게 되는 유혹에 빠진다.

하지만, Mr.Big은 업무에 대한 생각이나 업무를 바라보는 관점이 실무자와는 많이 다르다

> 최고 고수의 발표자는 이야기를 할 때 자기가 말하고 싶은 것에 20%, 상대가 듣고 싶은 것에 80%의 시간을 쓴다.

※ 실무자와 Mr.Big의 차이

실무자는 부분에 충실하려 하지만, Mr.Big은 전체와 개략을 중시한다

실무자가 하는 프리젠테이션의 내용	Mr.Big이 관심있어 하는 내용
부분에 충실	전체와 개략을 중시
시간 흐름 순으로 보고	핵심 내용이 먼저 출현
배경, 필요성, 문제점을 우선	결론, 해결, 효과, 효율에 관심
내용은 두꺼워야, 많아야 설득력	내용은 얇아야, 짧아야 경쟁력
실무 전문용어와 약어를 남용	알아들을 수 있는 일반 용어 선호

실무자에게는 자신이 발표나 보고하고 있는 각각의 항목 하나하나가 소중하고 중요하게 느껴지며, 열손가락 깨물어서 안 아픈 손

가락이 없는 것처럼 모든 항목들이 의미있고 서로간의 연결성이 높게만 느껴지기 때문에 내용이 좀 많아 보인다 하더라도 내용을 줄이거나 버리는 것을 주저하기 마련이다.

하지만 Mr.Big에게는 전체적인 방향과 큰 그림, 그 속에서의 흐름과 논리 등이 먼저 눈에 들어오게 되며 프리젠테이션에서 다루는 세세한 정보나 항목들은 전체적인 방향과 흐름 내에 있는 하나의 요소일 뿐, 세세한 내용들은 중요하게 보이지 않는다.

실무자는 시간의 순서, 연결의 순서로 이야기를 꾸려가지만 Mr.Big은 핵심 내용이 먼저 나타나기를 원한다

실무자는 처음부터 차근차근 설명해야만 Mr.Big이 충분히 이해할 수 있다고 생각하여 하나씩 하나씩 순서대로 이야기를 풀어가려 하지만 이 순간부터 프리젠테이션이 아닌 '소설'로 바뀌어 버린다. 하지만 Mr.Big이 원하는 흐름은 다르다. Mr.Big은 아무리 많은 사건과 사실이 순서대로 진행되어 일어났다 하더라도 중요한 것 3가지 정도만을 듣고 싶어하며 그들의 머릿속에는 늘 "모두 중요하다는 것은 아무것도 중요하지 않다는 것과 같다"는 생각이 자리잡고 있다.

실무자는 배경, 필요점, 문제점 등을 부각시키려고 하지만 Mr.Big은 결론, 해결, 효과, 효율에 관심이 많다

실무자는 자신이 왜 보고나 발표를 하는지에 대한 배경, 문제 상황 등을 더 많이 이야기하려 한다. 즉, '무엇을 / 무엇이(What)', '어떻게(How)' 보다는 '왜(Why)'를 이야기 하면서 자신에게 주어진 발표시간을 사용하려는 모습을 많이 보이게 되는데, 자신이 주장하게 될 결론이나 아이디어에 대한 확신이 없을 때 이런 모습이 두드러지게 나타난다. 쉽게 말해서 자신이 없는 경우에 이런 모습이 나타난다는 것이다.

하지만 Mr.Big은 다르다. 의견이나 조사 결과의 단순 나열로 채워진 엄청난 분량의 보고서라 할지라도 '판단'에 근거한 실행계획의 제안이 없다면, Mr.Big에게는 그저 5분 후에 이면지 뭉치가 될 뿐이다. Mr.Big은 배경을 간단히 언급하고, 핵심상황 및 문제요인, 해결방안들을 주로 다루기를 바라는 동시에, 이리저리 돌려서 말하는 것을 제일 싫어하며, 결론 중에서도 해결하기 위한 구체적 전략과 실행 비용, 시간에 가장 관심이 많다.

또한 Mr.Big은 구체적인 해결방안과 실행에 대하여 고민하는 것을 가장 우선으로 생각하여 누구나 할 수 있는 말을 듣고 싶어하지 않는다. '…의 추진, 달성, 활성화, 강화, 충실, 검토, 주력' 등의 단어만을 사용한 해결책이라던 '누가, 어떻게, 어느 정도까지, 언제부터, 언제까지?' 라는 의문이 그의 머릿속에 남게 되는 것은 당연한 이치이다.

실무자는 양으로 승부하려 하지만 Mr.Big은 짧고 단순한 것을 좋아한다

실무자들은 '보고나 발표의 양은 일단 많은 것이 미덕이며 최선을 다했다는 척도'로 생각하는 경우가 많아서 자신이 노력한 양과 발표의 양을 비례하려고 생각한다. 그러면서, Mr.Big 앞에 서기 전에 이 말을 듣기를 기대한다. "우와! 이렇게나 많이 준비를 했나? 정말 고생이 많았군! 그래 수고했어"

하지만 Mr.Big의 입에서는 전혀 다른 말이 나온다. "됐구… 그래서 어쩌라구?" Mr.Big은 사안의 중요성과 발표의 양을 비례하여 생각하기 때문에 필요 이상으로 많은 양의 보고나 발표 자료에 정색을 한다. 일반적으로 보고나 발표는 약 30분 정도가 가장 적절하며, 분량은 슬라이드로 치면 본 내용을 담고 있는 슬라이드 10장~15장이 가장 적절하다. 정해진 시간 안에 다뤄야 하는 내용이 많다고 생각된다면 아까움을 무릅쓰고라도 과감하게 버릴 줄 알아야 한다.

중요한 사안을 유지한 상태에서 버리고 또 버리면 내용은 압축되고, 효과는 점점 강렬해진다.

Mr.Big은 누구나 이해할 수 있도록 쉽고 간결하지만 세련된 용어를 좋아한다

실무자들은 자신이 사용하고 있는 용어들이 자신에게는 너무나 익숙하고 자연스럽기 때문에 누구나 이해할 수 있는 수준일 것이라고 착각을 한다. 하지만, 당연히 알고 있을 거라고 생각하는 단어들도 받아들이는 사람의 입장에서는 생소하고 헷갈릴 수 있다는 것을 고려해야 한다.

Mr.Big은 실무자가 아니다. 그리고 실무를 넘어서 관리자의 역할을 수행하고 있고, 실무에 깊은 관여를 하지 않아도 되기 때문에 실무자들만이 사용하는 용어들에 대해서는 깊이 알지 못하는 경우도 많다. 따라서 단어를 사용하는 경우에도 Mr.Big이 바로 이해할 수 있는 단어인지를 고민하면서 선택해야 한다.

만약 이해하기 어려울 수도 있다고 생각이 드는 단어라면 반드시 그 의미를 풀어 설명해줘야 한다. Mr.Big은 무식할 권리가 있다는 것을 명심해라.

눈먼 최선은 최악을 낳는다

이솝 우화에 나오는 얘기를 하나 해 보겠다.

학이 여우를 집에 초대해서, 자신이 늘 음식을 담아서 먹던 주둥이가 얇고 긴 호리병에 우유를 정성껏 담아주었다. 부리가 길고 뾰족한 학은 호리병에 담은 우유를 맛있게 먹을 수 있었지만, 뭉툭한 주둥이를 가지고 있는 여우에게는 호리병에 담긴 우유는 그야말로 그림의 떡이었다. 여우는 아무리 먹으려고 노력을 해봐도, 결국 한 방울의 우유도 먹지 못하고 배를 굶고 집으로 돌아갔다. '여우의 입

모양'에 대해서 전혀 생각하지 못한 학은 자신의 정성어린 대접을 거절하는 여우가 밉기만 하며, 반대로 여우는 학이 자신을 일부러 골탕먹이는 거라고 생각을 하며 자신의 처지를 몰라주는 학이 원망스러웠다.

얼마 후 이번에는 여우가 학을 집으로 초대하였는데, 여우는 자신이 늘 먹던 평평한 접시에 우유를 담아서 학에게 맛있게 먹어 보라고 주었다. 부리가 긴 학 역시 한 방울의 우유도 먹지 못하고 배를 굶고 집으로 돌아간다. 여우는 자신이 베푼 호의를 외면한 학이 더 싫어졌고, 학은 예전의 여우가 느꼈던 것처럼 자신의 상황을 몰라주는 여우를 원망하게 되었다. 결국 학과 여우는 크게 싸우게 되었고, 서로 등을 돌리고 원수처럼 서로를 싫어하게 되었다. 서로가 무엇을 잘못한지를 모르고서 말이다.

이 우화에서의 얻는 교훈은 아무리 좋은 생각과 마음을 가지고서 상대방에게 호의를 베풀어 주려해도, 상대방이 처한 상황을 충분히 이해하고 반영하지 않으면 자신이 베푸는 호의는 오히려 상대방을 곤경에 빠뜨릴 수도 있다는 것이다.

"눈먼 최선은 최악을 낳는다"는 사실을 기억하라. 최선을 다해도 정확한 목표와 상황에 부합하는 최선을 다해야지, 아무것도 도움되지 않는 무분별한 최선의 노력은 오히려 최악의 결과를 가지고 올 수도 있다는 것이다.

무턱대고 열심히 하면 성공할 수 있는 시대는 이미 20년전에 끝났다. 고객을 무시한, 그 중에서도 주 고객인 Mr.Big을 무시한 프리젠테이션은 아예 하지를 말자! 절대 성공할 수 없다.

　상대방의 상황에 항상 눈을 뜨고 있는 현명한 최선의 노력만이 최선의 결과를 이끌어 낸다.

> "사람들에게 연설하려 할 때 나는 그들이 듣고 싶어 하는 것이 무엇인가를 생각하는 데 3분의 2의 시간을 썼고, 내가 말하고 싶은 내용을 생각하는데 3분의 1의 시간을 사용했다."
>
> －에이브라함 링컨－

Chapter 06

그래서 지금 뭐 하자는 거야?, 왜?

Mr. Big은 언제나 바쁘다. 시간이 그의 재산이자 자원이기 때문에 자신이 중요하지 않다고 느끼는 것에는 바로 싫증을 낼 수 밖에 없다.

그는 여러가지 회의에 참여해서 사업추진 시 발생되는 문제점 등에 대한 내용을 검토하는 동시에 수많은 의사결정을 하게 되므로 그에게 시간은 돈이며 새로운 성과를 만들어 낼 수 있는 기회이기 때문에 당신의 프리젠테이션에 투자한 시간만큼의 가치가 돌아오지 못할 상황이라면 자신의 재산 및 기회비용을 빼앗긴 것에 당연히 분노하게 된다. 그래서 시간을 투자할 가치가 없다고 판단되는 자리에 어쩔 수 없이 앉아있어야 하는 상황에서는 심한 스트레스를 느끼기 마련이다. 그렇다면, 그가 참석하는 프리젠테이션을 준비하는 당신은 어떻게 해야 할까?

프리젠테이션은 단거리 달리기! 처음부터 전속력으로 뛰어라!

만약에 100미터 달리기에 임하는 페이스(호흡 조절, 속도 조절, 체력안배의 방식) 그대로 마라톤에서 뛰게 되면 그 주자는 어떻게 될까? 아마, 얼마 못 가서 그 자리에 헐떡이면서 주저 앉아 버릴 것이고, 아예 결승선의 반에 반도 못 갈 것이다. 반대로, 마라톤에 임하는 페이스로 100미터 달리기에서 뛰게 되면 그 주자는 어떻게 될까? 결승선까지는 당연히 갈 수 있겠지만 다른 주자들의 뒷모습만을 바라 보면서 뛰게 될 것이며 시작부터 좋은 성적은 이미 물 건너간 상태이다.

　프리젠테이션은 유한한 시간 속에서 겨뤄야 하는 경쟁적 의사전달이기 때문에 장거리 달리기보다는 단거리 달리기와 훨씬 더 유사한 게임이라고 볼 수 있다. 반면에 프리젠테이션과 유사한 형태의 '강의'는 상대적으로 많은 시간 동안 여러 가지 커뮤니케이션 방식을 동원할 수 있으며 순간순간 상황에 맞도록 내용의 완급 조절 및 강약 조절을 할 수 있기 때문에 장거리 달리기인 마라톤에 비유할 수 있을 것이다.

　단거리 달리기, 특히 100미터 달리기같은 경우에는 처음의 출발에 이미 1~3등이 가려진다고 해도 과언이 아닐 만큼, 가장 중요한 것이 바로 '출발시점'이다. 프리젠테이션도 100미터 달리기와 마찬가지로 출발과 동시에 Mr.Big의 이해도와 공감대를 최대한 빨리 이끌어 내는 것이 가장 유리한 성공전략이라고 볼 수 있으며, 결론부터 먼저 이야기 하면서 프리젠테이션을 시작하는 것이 발표자에게 훨씬 유리할 것이다.

　여기서 오해하지 말아야 할 것은 '결론부터 말하라는 것'은 결론이 프리젠테이션의 서두에만 나오고, 중반부터는 나오지 않는다는 말이 아니고 '결론은 처음부터 계속 나온다'는 것을 말하는 것이다. 이러한 의미를 살리고 있는 구성 방식이 바로 결승전(結承轉) 방식이다.

　예전에 중, 고등학교 시절 국어 시간에 배웠던 단어 중 '기승전결(起承轉結)'이라는 문장 구성 방식을 예를 들어보면, '기승전결(起承轉結)'은 우리 선조들이 시문을 짓는 형식의 한 가지로서, 글의

첫머리를 '일어날 기(起)', 그 뜻을 이어받아 쓰는 것을 '이을 승(承)', 뜻을 한번 부연시키는 것을 '구를 전(轉)', 전체를 맺는 것을 '맺을 결(結)'이라 하여, 이러한 순서대로 전체 이야기를 풀어가는 구성방식을 말한다.

사건이 발생될 상황을 먼저 제시하고, 그 상황과 갈등 속에서 사건이 발생되며 사건이 계속 진전되고, 확대되며 나중에는 사건이 해결되는 것이 대표적인 기승전결 방식의 줄거리 구성이다.

프리젠테이션에서는 '기승전결(起承轉結)'에서 서서히 이야기의 흐름이 일어나는 '기(起)'를 과감히 버리고, 그 자리에 전체적인 결론인 '결(結)'을 위치시키는 방식인 '결승전(結承轉)'의 이야기 흐름 방식을 취하는 것이 좋다. 한자의 의미로 풀어 본다면 프리젠테이션의 결론을 먼저 제시(結)하고 그 결론을 이어가는 이야기들이 지속적으로 제시(承)되며 결론의 의미를 계속 부연(轉)시키는 방식의 구성이다.

단어 그대로 봐도, 마지막 승부를 거는 게임이기 때문에 신중을 기해야 하는 의미도 있다.

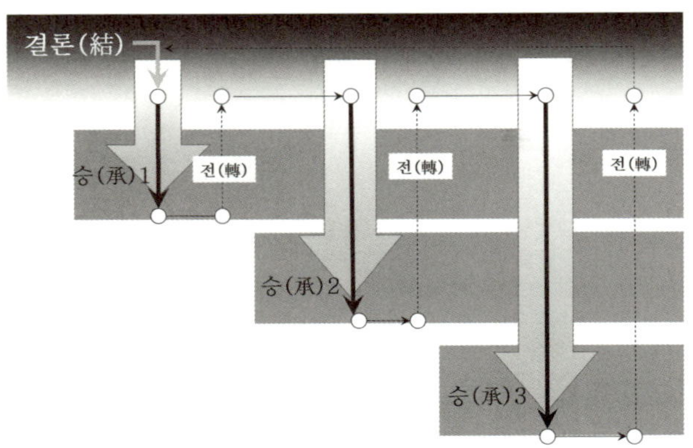

〈결승전(結承轉) 방식의 구성〉

위 그림에서처럼 결론이 처음부터 나오고, 중반부에 진행되는 각 단계별로 결론을 지원하는 3가지의 소주제가 연결되고, 각 소주제가 나올 때마다 최초에 제시되었던 결론을 지속적으로 짚어주면서 진행되는 구성이 바로 '결승전(結承轉)' 방식의 프리젠테이션 구성이다. 시작과 동시에 결론이 등장하고, 진행되는 매 순간 결론이 지원 사격을 받고 있으며, 프리젠테이션을 마치는 그 순간에도 결론이 계속 부각되면서 끝나는 방식이다.

이는 결론으로 시작해서 결론으로 끝나는 구성으로 프리젠테이션이 진행되는 매 순간 이 결론을 향해서 모든 것이 연결되어 있게 되며 마지막이 처음이 되고, 처음이 마지막이 된다. 프리젠테이션 구성에서 꼭 기억해야 하는 말이다.

"마지막이 처음이다, 처음이 마지막이다."

스릴과 서스펜스는 환영! 하지만 반전은 쥐약!

'스릴, 서스펜스'라는 단어는 TV에서 진행되는 영화 해설 프로그램이나 인터넷 검색 사이트 등에서 영화와 관련된 소감이나 평가를 할 때 많이 나오는 용어인데, 스릴과 서스펜스를 우리말로 하면 '박진감, 긴장감'으로 해석할 수 있다. 영화의 이야기가 끝날 것 같으면서 쉽게 끝나지 않고 또 다시 이어지는 그리고 영화가 진행되는 2시간 내내 손에 땀을 쥐게 만들면서 관중들이 한시도 눈을 뗄 수 없도록 만드는 영화의 스토리 흐름을 표현할 때 이러한 단어를 많이 쓴다.

프리젠테이션에서 이 두 가지의 단어 '스릴'과 '서스펜스'는 매우 중요한 요소이며 필수적인 요소임은 분명하다. 프리젠테이션이 진행되고 있는 매 순간마다, 정확한 논리구성을 바탕으로 한 신선한 정보를 접하게 된다면 그리고 지속적인 유머와 위트가 가미된 적절한 구성전략을 느낄 수 있다면, Mr.Big은 스릴과 서스펜스를 느끼면서 프리젠테이션에 최대한 몰입하고, 집중할 수 있게 된다.

하지만 여기에 '반전'이라는 불청객이 들어가게 되면 이야기는 달라지게 되는데 '반전'으로 유명한 대표적인 영화들인 '식스센스'와 '유주얼 서스펙트'를 보면 영화의 마지막에 마치 뒷통수를 세게 얻어 맞은 것과 같은 큰 충격을 받게 된다. 이러한 반전 영화는 관객들을 "아니…. 어떻게 이럴수가! 거의 2시간 가까이 봐왔던 영화의 줄거리를 송두리째 뒤엎어 버렸군!"하는 생각이 들도록 만들었으며 이러한 극적인 반전이라는 전략 자체만으로도 엄청난 흥행을 거두었었다.

영화에서는 '반전'이 좋은 구성전략으로 통하지만 프리젠테이션에서는 생뚱맞은 반전은 반드시 피해야 할 함정이다. 프리젠테이션에 참석하여 한참 내용을 들으면서 자신의 생각을 정리하고, 여러 가지로 복잡한 다른 업무와의 연결관계도 같이 생각하면서 한참 몰입해 있는데 마지막에 전혀 예측하지 못했던 결론으로 끝나게 된다면 Mr.Big은 어떤 느낌이 들까?

영화에서의 반전은 큰 충격을 주면서 영화의 재미를 더해 주고 카타르시스를 느끼게 해주지만 프리젠테이션에서의 반전은 오로지 Mr.Big을 분노하게 만들어 버린다.

발표자가 가진 나름대로의 논리적 구성이 있었다 하더라도, Mr.Big에게 그 논리가 의도한 만큼 전달되지 못했을 경우에는 마지막에 발표자가 제시한 결론이 지금까지 전달한 모든 이야기들을 송두리째 흔드는 반전이 될수 있으며 막판 뒤집기로 느껴질 수 있다.

이러한 폐해를 막기 위해서라도 결론부터 먼저 제시한 후 이에 대한 뒷받침의 의견을 제시하는 것이 프리젠테이션의 구성에서 보다 더 유리한 접근이자, 안전한 접근이라고 볼 수 있겠다. 처음부터 제시된 결론이 Mr.Big의 마음속으로 들어가서 자리를 잡아주게 되면 이는 강한 자석의 역할을 해주기 때문에 후속되는 부연 설명들을 그 결론에 끌어 당겨주는 역할을 할 수 있게 된다.

Mr.Big에게 당신의 의견, 논리에 대한 깊은 인상을 심어주고 싶다면, 결론부터 시작해야 한다. 서서히 오랜 기간에 걸쳐 접근해서는, 생각한만큼 그의 마음속에 깊게 자리잡지 못하게 되므로 돌풍처럼 몰아쳐서 Mr.Big의 마음을 사로 잡아야 한다.

결론부터 먼저 말하지 않으면 앞서 했던 이야기들이 변명처럼 느껴진다!

배경이나 사유만을 먼저 듣게 되면 결론에 대한 기대감이 커지기보다는 결론에 대한 모호함을 증폭시킬 수 있다는 사실을 잊지 말아야 한다. 긍정적이고 좋은 사안에 대하여 보고하거나 발표할 때보다, 듣는 사람의 얼굴을 붉히게 만드는 부정적 사안에 대해서 보고, 발표할 때 이러한 현상이 나타날 확률이 더 높다.

본 단락의 초반의 사례제시에서 Mr.Big은 이런 이야기를 했다.

"결론부터 먼저 말하고 나서 그 이유를 이야기 했다던 결론의 정당성이 확보되는 것이고, 반대로 결론을 나중에 말하면 앞에 들었었던 이야기들이 모두 변명처럼 느껴지는 거야, 알아?"

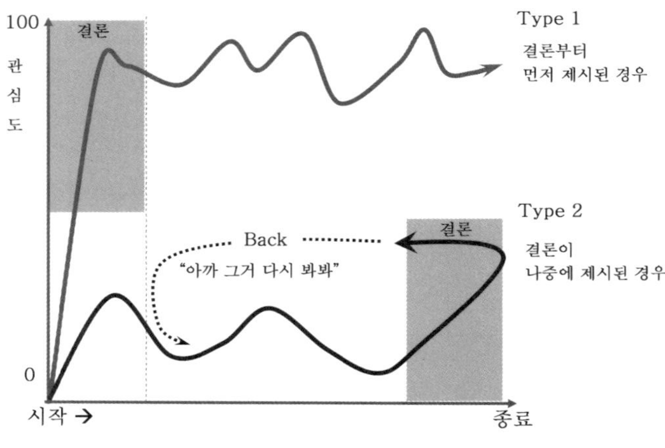

〈 Mr.Big의 관심의 변화 〉

위 그림은 '부정적인 사안'에 대하여 보고 또는 발표를 진행할 때 이를 받아들이는 Mr.Big의 관심변화를 나타낸 그래프이다. Type 1과 같이 결론을 먼저 이야기 한 후에, 왜 그러한 결론이 나왔는지 그러면 어떻게 해야 하는지를 설명하면 Mr.Big의 입장에서는 사안이 긍정적이거나, 부정적인 것을 떠나서 그 해결을 위한 접근에 더욱 신경을 쓰면서 이야기를 듣게 되지만, Type 2와 같이 결론을 먼저 제시하지 않고 일단 상황과 배경에 대해서만 언급하면서 진행되는 보고나 발표의 경우에는 Mr.Big의 관심도 또한 상대적으로 높지 않은 편이며 끝날 시간에 임박하여 부정적인 결론이 제시되는 순간, Mr.Big은 앞서 나왔던 이야기들을 다시 떠올리면서 자신이 들었던 상황, 배경, 이야기들을 실무자의 변명으로 치부해 버릴 수도 있다. 그리하여, 부정적인 결론을 듣게 되는 순간 앞에서 쏟아놓은 변명을 하나하나 따져 묻기 위해서 "아까 그거 다시 봐봐"라는 멘트를 던지고 이로써 프리젠테이션의 분위기는 점점 험악하게 바뀌게 된다.

실제로 미국의 Southern California 대학의 J. E. Sparks가 인류 역사상에 존재하는 모든 문학작품 중 일명 고전들을 분석한 연구결과에 따르면 "아리스토텔레스부터 현대 작가까지의 모든 고전들이 접근한 구성방식을 분석해 보았더니 모두가 하나같이 핵심 메시지를 먼저 제시하고, 이를 소주제, 세부주제로 뒷받침하고 있었다"는 결론을 내리게 되었다고 한다.

미국의 대통령이었던 레이건도 결론부터 제시한 후 "그래서 어떻게"라는 흐름으로 연결된 보고서 구성 형식을 선호했고, 이러한 형태가 아니면 아예 보고를 받지도 않았다고 한다.

그는 결론부터 시작해서 그 결론의 이유로 연결되는 보고 형태를 가장 최고의 효과적인 의사전달 방식이라고 주장했으며, 그의 비서관들에게 늘 이 방식으로만 보고하라고 했다고 한다.

프리젠테이션을 구성하는가? 그리고 당신의 프리젠테이션에 Mr.Big이 참석하는가? 이제 답은 하나다. 결론부터 쳐라!

현실 세계의 승리자는 전문성뿐만 아니라 설명, 설득에도 능숙한 사람이다.

Mr.Big의 입맛에 딱 들어맞는 보고/발표의 구성 형식

Mr. Big은 인내심이 많지 않기 때문에 당신에게 웬만한 배짱과 든든한 재력이 없다면 그의 인내심을 시험하지 말아야 한다. 그 결과로 돌아오는 것은 오로지 복수뿐이다. Mr. Big이 가장 싫어하는 것이 바로 '장황함'과 '중언부언', '주절주절'이 혼합되어 변죽만을 두드리면서 핵심의 외곽에서 빙빙 맴도는 듯한 프리젠테이션이기 때문에 그는 결론부터 말해주길 희망한다.

어떤 사람은 며칠동안 밤을 새서, 사안을 분석하여 프리젠테이션을 준비하고 발표해도 Mr.Big에게 눈물이 쏙 빠지게 깨지지만, 어떤 사람은 Mr.Big과 함께 엘리베이터를 13층에서 1층까지 같이 타고 내려오면서 1분도 안되는 그 짧은 순간에 결재를 받고 수고했다는 칭찬까지 받고 나온다.

그 비결은 무엇일까? 비결은 단 하나! 그의 머릿속에 들어가 보는 것이다. 그의 머릿 속에 들어가서, 그가 무엇을 요구하고 있고, 무엇부터 듣고 싶어 하는지를 알아보면 Mr.Big의 입맛에 딱 들어 맞는 보고를 할 수가 있게 된다.

Mr.Big이 프리젠테이션 자리에 참석한 순간부터 그의 머릿 속에서 떠오르게 될 궁금함을 Mr.Big의 입장에서 생각해 보고, 이에 대한 답변을 하는 순서로 프리젠테이션을 전개하면 그 프리젠테이션은 90%이상의 성공확률을 갖게 된다.

〈Mr.Big의 입맛에 딱 들어맞는 보고/발표의 구성형식〉

구분	Mr.Big의 머릿속에서 맴도는 질문	당신에게 듣고싶은 멘트
결론 (So What?)	● 그래서, 결국 하고자 하는 이야기가 뭐야? ● 당신의 주장이 뭐야? ● 중요한 포인트가 뭐야?	결론을 한 마디로 말씀 드리면 요컨대
이유 (Why So?)	● 왜 그렇게 된 거지? ● 이유가 뭐야? ● 뭘 근거로 당신이 그렇게 말하는 거지?	그러한 결론이 나온 이유는 (사실, 경험, 사례, 의견을 바탕으로) 첫째... 둘째... 셋째... 입니다.
방법 (So How?)	● 그렇다면, 구체적으로 뭘 어떻게 하면 되는 거야? ● 어떻게 하면 허결되는 거야? ● 내가 뭘 하면 돼? 내가 뭘 지원허 주면 돼?	필요한 사항은 크게, A,B,C로서 A 계획의 실행은... 이며 B 계획의 실행은... 이며 C 계획의 실항은... 와 같이 하고자 합니다. ('누가, 언제, 어떻게, 얼만큼의 비용으로'를 담아서)

Mr.Big은 머릿속으로 발표자인 당신에게 위의 표와 같은 순서로 질문을 던지게 될 것이다. 결론부터 먼저 듣고 싶고, 왜 그러한 결론이 나왔는지를 듣고 싶고, 그렇다면 어떤 방법과 실행이 뒤 따르는지에 대한 순서로 듣고 싶어 한다.

누군가가 나의 가려운 곳을 먼저 긁어주면 고맙고 흐뭇하게 느껴지는 것처럼 질문이 나오기 전에 먼저 질문의 답을 던져 주는 것이 진정 훌륭하고 맘에 쏙 드는 프리젠테이션이 아닐까? 훌륭한 프리젠테이션으로 성공하고 싶다면 결론부터 먼저 제시해라.

당신이 제시한 그 案으로 결정해야 하는 이유 딱 3가지만 말해봐

저는 오늘 새로운 매출증대를 위한 돌파구를 위해서 중국으로 진출해야 한다는 말씀을 드리고자 합니다. 제가 그 동안 분석해 온 시장조사 내용과 현재 우리 회사의 사업구성 현황을 비교해 보았을 때, 약 12가지의 확실한 이점이 있습니다. 이제부터 그 분석 내용을 낱낱이 소개해 보도록 하겠습니다.

첫 번째로는 중국의 시장개방이 점점 가속화 되고 있다는 점입니다. 중국에 투자된 외국자본은 기하급수적으로 늘어나고 있으며….

두 번째로는 우리 회사가 생산하는 제품의 제조원가가 경쟁사에 비해 높다는 점입니다. 당사의 ○○제품은 인건비가 가장 많이 드는 생산구조를 가지고 있어….

세 번째로는….

잠깐…. 지금 당신이 말한 12가지 이유를 다 이야기 할꺼야? 지금 장난하시나? 무슨 십이지신이야? 12개를 다 말하게. 12가지가 중요하다는 건 아무것도 중요하지 않다는 말인데….

음~~~ 전부 다 말고 당신이 가장 중요하다고 생각하는 3가지만 골라서 설명해 봐, 자네는 중요한 것만 추려서 보고해야 하는 의무가 있는 것이고, 난 중요한 것 중심으로만 들어볼 권리가 있는 사람이야! 전략의 다른 말이 뭔지 알아? '선택과 집중'이야 지금 자네의 발표에는 전혀 전략이 없다는 거네. 그렇지?

전부 중요하다는 말은 아무것도 중요하지 않다는 것과 같다

"내가 이걸 어떻게 준비한 건데 최대한 많은 것을 설명해서 내가 정말 준비를 많이 했다는 것을 보여줘야지"

프리젠테이션을 준비하면서 이야기의 전개를 구성함에 있어 누구나 이런 유혹에 빠지기 쉽다. 이는 프리젠테이션의 고객을 전혀 생각하지 않는 단순한 발표자의 이기적인 욕심일 뿐이라는 것을 기억하고, 훌륭한 프리젠테이션을 하고 싶다면 이러한 생각은 아예 처음부터 없애고 시작해야 한다. Mr.Big이 제일 싫어하는 프리젠테이션의 유형 중 하나가 바로 집중되어 있지 않고 요점이 희미하게 묻혀서 흘러가는 내용이다.

인류 역사상 비즈니스가 일어나는 모든 곳곳에서 '전략'이라는 단어가 늘 중요하게 부각되고 있는데, 경쟁에서 우위를 차지하고, 경쟁사를 압도하며 성공할 수 있는 요소로서 반드시 필요한 것이 전략이다. 프리젠테이션에서도 마찬가지로 '전략'이라는 것이 반드시 필요하다.

전략은 군사용어로 전술보다 상위의 개념이며 전쟁을 성공적으로 이끌어 나가는 방법이나 책략을 뜻하는데, 한정된 자원으로 전쟁에서 승리하기 위해서는 반드시 '전략'이 필요한 것이며, 이기기 위한 자원의 '선택과 집중'이 전략의 모든 것이라고 해도 과언이 아닐 것이다. 프리젠테이션도 마찬가지로 발표자가 가지고 있는 한정된 자원을 최대한 잘 활용해야만 성공할 수 있는 또 다른 형태의 전쟁이기 때문에 전략이라는 '선택과 집중'을 중심으로 한 접근이 필수적인 성공요소라고 할 수 있다.

프리젠테이션의 요체는 초점을 좁히는 것이다. 프리젠테이션에서 전달할 주제를 명확히 선택하고 이 주제에 최대한 집중함으로써 보다 강력한 전달력을 발휘할 수 있는 반면, 만사를 다 뒤쫓다가는 어느 하나도 제대로 전달할 수 없다.

마케팅 분야에서 유명한 책인 '마케팅 불편의 법칙(Al Ries & Jack Trout)'에서는 초점의 법칙(The Law of Focus)인 "더 많은 것이 더 적다. 반대로 더 적은 것이 더 많은 것이다"라는 말이 있는데, 이 역시 마케팅에서 성공하려면 고객에게 강조할 포인트를 설정하고, 그 포인트에만 집중해야 성공할 수 있다는 의미를 가지고 있다.

프리젠테이션의 영역에서 이 말을 풀어 본다면 프리젠테이션에 많은 내용을 담으려 할수록 그 중에 Mr.Big의 머릿속에 자리잡게 될 유효한 메시지는 적어지게 되며, 의미있고 중요한 내용 중심으로 줄여 놓은 메시지만을 담고 있으면 그 중에 유효하고 강력한 메시지의 비중은 높아질 것이라는 해석이 가능하다.

여러가지 내용을 흘러 넘치게 많이 담아서 Mr.Big의 마음에 들고 싶은가? Mr.Big이 먹는 밥상에 반찬을 최대한 많이 차려서 당신의 성실함을 자랑하고 싶은가? 그러면 오히려 그는 당신이 차린 밥상의 수많은 반찬들 중 일부만 먹게 되거나, 아예 아무것도 먹지 않을 수도 있다.

"필요하지 않기 때문에 버리는 것이 아니라, 필요하기 때문에 버

리는 것"이라는 사실을 반드시 인지하고 있는 용기 있는 발표자가
되어, 많이 담으려는 유혹을 물리쳐야 할 것이다.

　프리젠테이션의 구성에서 '있어야 할 것'은 가장 중요한 핵심과
이를 지원하는 가장 강력한 소주제 몇 개 정도이며 '없어야 할 것'
은 불필요한 부연설명, 혹시나 해서 넣어 놓은 자료, 우선 순위 밖에
있는 소주제들이다. 있어야 할 건 다 있고, 없어야 할 것은 아예 다
루지 않는 것이 가장 좋은 프리젠테이션의 구성이라고 할 수 있다.

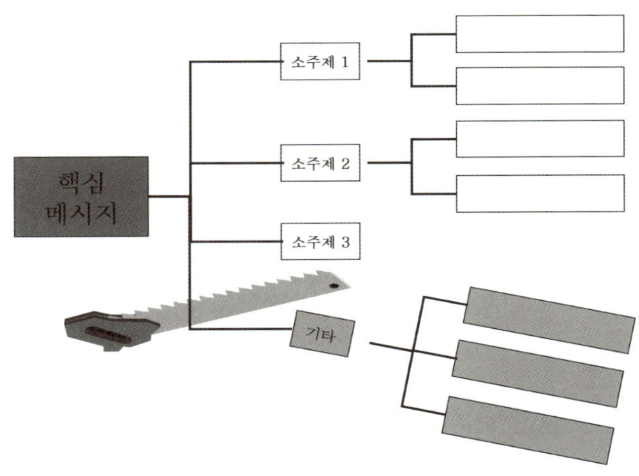

〈중요하지 않으면, 아깝더라도 버려야 한다〉

오목렌즈로는 종이를 태울 수 없다. 볼록 렌즈를 통해서 모든 에
너지를 한 곳에 집중해야만, 결국 연기가 피어오르게 되며 뜨거운
불이 일어난다.

예고편의 힘을 믿어라!

(짧아야 재미있지, 길면 재미없는 게 들통난다)

극장에 가서 영화의 본편이 시작되기 전에 관객들의 마음을 설레게 하는 선물이 바로 예고편인데, 이 예고편을 보다 보면 어떤 영화던지 "우와~ 재밌겠다, 나중에 꼭 봐야지."하는 생각이 절로 들도록 하는 마법같은 힘을 가지고 있다. 하지만, 예고편에 끌려서 선택했던 영화들이 모두 재미있었을까? 절대 아니다.

이처럼 예고편은 어떤 영화라도 정말 재미있고 매력적으로 느끼도록 해서, 꼭 한번 보고 싶도록 느끼게 만드는데, 어떻게 해서 모든 예고편은 어떤 영화드 저미있게 느끼도록 그리고 꼭 보고 싶도록 하는 힘을 가지고 있을까? 짧게 핵심만 추려서 담은 내용을 보여주기 때문에 그렇다. 빙고!

재미없고 별볼일없는 영화들도 영화 속에서 재미있는 부분만을 발췌하고 또한 웅장한 액션 장면이나 자극적인 장면만을 모아서 다시 편집하고 적절한 흐름에 맞춰 넣어 보면 그럴싸하게 보이면서, 무언가 있어 보이는 듯한 느낌을 줄 수 있다. 이처럼 간결하게 핵심만 담아내면 재미없고 지루한 내용들도 보다 강렬한 흡입력을 가질 수가 있게 된다.

프리젠테이션에서도 발표자가 가지고 있는 생각과 견해, 아이디어가 Mr.Big에게 강한 인상과 기억으로 남으려면 정말 단순하고 간결한 그 하나의 내용만을 가지고서 승부해야 한다.

프리젠테이션을 준비할 때 하늘이 갈라지고, 땅이 흔들려도 "이거 하나만은 꼭!"이라는 핵심주제를 먼저 정해야 하며 프리젠테이션에 동원되는 모든 자원은 그 하나만을 위해 달리고 또 달려야 한다. 약 30여분 정도의 프리젠테이션에서 여러 가지를 소개하고 알려주려는 것은 발표자의 허황된 욕심이자 청중을 이겨 먹으려는 오만이며 상대방에게 상처를 주는 이기심이다.

> **아무것도 겨냥하지 않으면 아무것도 명중시킬 수 없다.**

만약 야구에서 여러 명의 투수가 여러 개의 공을 한 명의 포수에게 동시에 던진다고 가정해 보면, 단 하나의 공만 포수의 글러브에 들어가고 나머지는 모두 땅에 떨어지거나 포수의 몸에 맞아 상처를 준다. 아무리 많은 공을 던져도 결국 포수의 글러브에 들어가는 것은 포수가 쉽게 잡을 수 있는 공 하나만이라는 것!

더 이상 버릴 수 없을 때까지 버려라, 그러면 짧아진다. 핵심을 모르면 주절주절 말이 길어지고, 시간이 길어질 수 밖에 없으며 길어진다기보다는 지루하게 늘어진다는 것이 보다 적절한 표현일 것 같다.

프리젠테이션을 통해 다루고자 하는 내용이 많으면 분명 분산되는 모양을 보이고 전체적으로 보면 내용들간에 앞뒤가 서로 맞지 않게 될 확률이 높아진다. 따라서 전달하려는 내용이 많으면 많을수록 Mr.Big은 나열된 내용들에 대해 논리를 공격하며 파고 들으려 하며 Mr.Big 스스로도 내용에 대한 의구심('아까의 얘기했던 논리와는 다른 것 같은데')을 일으키게 된다. 많은 것을 던지면 많은 것을 잃을 확률이 높아지고, 소소한 것에 중요한 것이 섞여서 중요한 것이 일명 도매급으로 묶여서 사라지게 될 확률이 높아진다.

　기억력에 대한 연구에 커다란 업적을 남긴 독일의 심리학자 H. 어빙하우스(Ebbinghaus)는 인간의 기억을 지배하고 있는 특성을 조사해 기억과 망각에 대한 '망각곡선'을 만들어 냈다. 아래에 보여지는 망각곡선은 무의미한 것에 대한 기억은 시간이 지남에 따라 급속도(1시간 이내에 60%이상)로 기억에서 지워진다는 것을 보여준다.

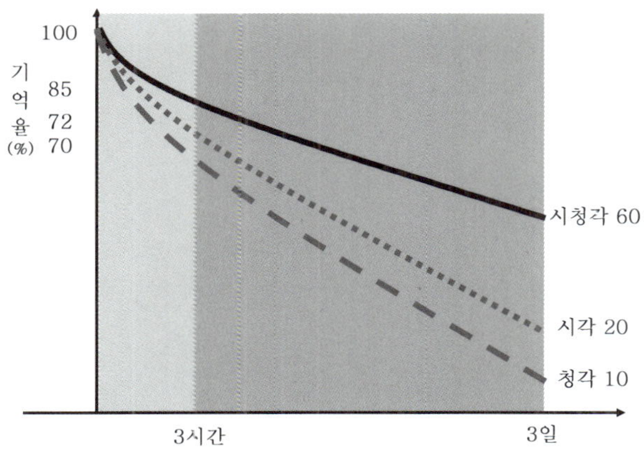

〈어빙하우스의 망각곡선 (Forgetting Curve)〉

　하지만, 핵심의 내용만을 일정 횟수로 반복해서 각인시켜주면 기억이 오래 유지된다. 여기서 '반복' 이란 단순한 설명의 반복이 아닌, 핵심내용을 지원해주는 사실과 현상, 주장에 노출시켜주는 것을 말한다.

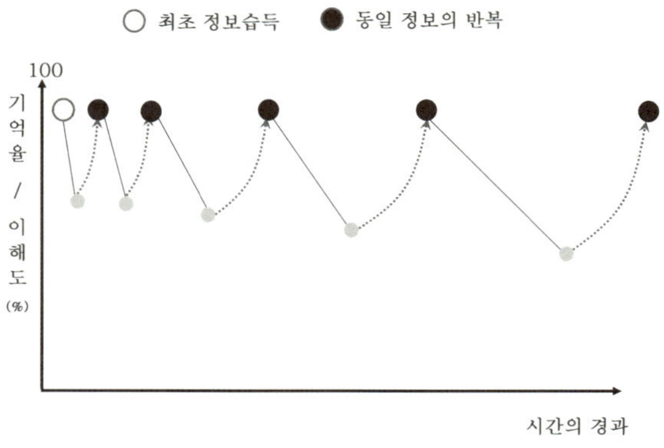

〈의도적 반복을 통한 이해도 증대〉

잊지 말자! 프리젠테이션에서 핵심이 아니면 무의미하다는 것과 무의미 한 것은 한 시간 내로 잊혀진다는 것! 간결해야 강력하며, 단순해야 쉽게 이해가 가고 몰입이 쉬어지게 되는 반면 복잡하고 길면, Mr.Big의 마음은 이미 그 자리를 떠날 것이다.

프리젠테이션 구성의 기본원칙 'Kiss'
'Keep it Simple and Short (Stupid)'
(바보도 이해할 수 있도록) 쉽고 간결하게 구성하라,

한 놈만 패고, 때린데만 또 때린다

"모든 것에서 이길 수는 없다. 이겨야 할 곳을 찾아내 집중해야 한다"

    영화 '주유소 습격사건'에서 나오는 등장인물 중에서 영화를 본 사람이면 누구나 머릿속에 기억하고 있는 인물이 바로 '무대뽀'라는 배역인데, 이 친구는 어떠한 싸움에 임할 때에도 자신만이 가지고 있는 필승전략이 딱 하나가 있다. 사방이 상대편 적으로 둘러 싸여있어도, 자기는 지지 않고 이길 수 있다고 호언 장담하면서 하는 얘기 "다 필요없어… 난 딱 한 놈만 패, 제일 만만한 놈 잡아서 딱 그 놈만 패". 17대 1의 싸움에서도 상대방을 이길 수 있는 전략은 17명을 골고루 상대하는 것이 아닌 딱 하나의 집중할 곳을 골라서, 모든 힘을 쏟는 것이다. 그러면 어느새 '17대 1'이 아닌 '1대 1'의 상황으로 대결구도가 바뀌게 된다.

    이렇게 집중하는 전략, 이겨야 할 곳을 알고 모든 열정과 에너지를 집중하는 전략이 프리젠테이션에서도 필요하며, 핵심 메시지를 선정한 후에 딱 그것만 공략하는 단순 간결한 설명이 지속된다면 Mr.Big의 마음은 열린다.

송곳이론 : " 집중해야 뚫을 수 있다 "

송곳이론에 비교를 해 본다면 망치와 송곳, 이 두 개의 연장은 용도 자체가 달라서 망치는 충격을 주는 용도이지만 송곳은 뚫는 용도로 쓰이게 된다.

Mr.Big은 많은 정보와 여러 가지의 주장에 노출되면서 자기도 모르게 발표자의 이야기에 논리적인 방패를 준비하려 하는 습성이 있는데 이 방패에 충격을 주는 것에서만 그치면 안 되며, 그를 설득하기 위해서는 그가 가진 방패를 결국 뚫어내야 한다. 망치는 송곳에 비해 상대적으로 면적이 넓기 때문에 모든 에너지를 쏟아 넣어도 충격 도구로서만 작용하게 되지만 송곳의 집중되고 좁은 면적으로는 많은 힘을 들이지 않아도 뚫을 수 있는 힘을 가질 수 있게 된다.

많은 메시지를 담고 있는 프리젠테이션을 하게 되면 Mr.Big은 일시적인 충격을 받게 되지만, 단 하나의 강한 핵심 메시지(Killer Message)를 담고 있는 프리젠테이션을 하면, Mr.Big의 마음과 인식의 벽(방패)을 뚫어내고 관통할 수 있는 확률이 높아진다.

다시 한번 말하지만 모든 것에서 이길 수는 없다. 이겨야 할 곳을 찾아내 발표자가 동원할 수 있는 모든 에너지와 자원을 집중해야 한다.

밀러의 매직 넘버 '7' 그리고 '3'의 법칙

인지공학(기억, 인식, 학습 등 인간의 심리적 및 지적 활동을 컴퓨터의 모델에 의해서 해명하려고 하는 학문 분야)의 이론에 의하면 사람이 한번에 쉽게 받아들일 수 있는 정보의 개수는 7개 정도이며 이를 매직넘버라고 한다. 이러한 원칙은 쇼핑몰의 웹사이트 구축 시에도 적용되어, 한 화면에서 동시에 제시하는 메뉴가 7개의 영역 범위를 초과하게 되면 사이트를 검색하고 있는 고객이 한번에 쉽게 인식할 수 있는 범위를 벗어나게 되어 머릿속으로 인식하는 정보의 혼란을 느끼게 되면서, 의도했던 메뉴의 기능을 충분히 활용하지 못하게 된다고 한다.

프리젠테이션의 내용을 구성할 때에도 이러한 매직넘버의 개념을 생각하고 있어야 하는데 Mr.Big이 참석한 프리젠테이션에서 한 번에 소화할 수 있는 정토나 논점의 종류는 최대 5개 정도라고 생각하고 있어야 한다(프리젠테이션에 참석하는 사람들 또한 5개 이하 정도의 중요한 점만을 '기억'한다고 하는 연구결과도 있다).

전체적인 스토리 구성을 할 경우에도 기본 논점 3개 정도를 기본으로 배치하고 필요하다면 앞뒤로 추가 논점을 배치하는 구성 전략이 Mr.Big의 이해도를 최대한 높일 수가 있다.

또한 각각의 슬라이드를 구성할 때에도 마찬가지로, 한 화면에서 5개 이상의 정보를 제시하는 것은 Mr.Big의 이해도를 떨어뜨릴 수 있다.

> **중요한 일이 세 가지 이상이라는 것은 중요한 일이 하나도 없다는 말과 같다.**
> —Good to Great 저자, 짐 콜린스—

✳ '3' 이라는 숫자의 마력

'3' 이라는 숫자는 어떤 의미를 가지고 있을까? 세상에서 가장 안정된 도형을 지칭할 때 삼각형을 꼽는 이유는 세 가지의 꼭지점에서 나오는 힘의 분배가 가장 잘 이루어지는 형태를 가지고 있기 때문이며, 사람들의 마음 속에서도 삼각형이 가진 3개의 꼭지점이 가장 편안한 느낌을 준다고 한다. 이처럼 '3' 은 가장 단순하면서도 가장 안정적인 그리고 강력한 숫자이다.

또한 심리학적인 실험을 한 내용으로 '세상을 움직이는 3의 법칙' 의 예를 들어 설명해 보면, 사람들이 지나다니는 시내의 거리에서, 한 명이 그 자리에 서서 하늘을 바라보는 행위를 하고 있을 때, 지나가는 사람은 아무런 신경을 쓰지 않으며 두 명이 동시에 하늘을 바라보고 있는 행위를 했을 때에도 별 다른 반응을 보이지 않는다. 하지만 세 명이 동시에 하늘을 바라보고 있는 행위를 했을 때부터는 지나가던 사람들이 같이 그 자리에 서서, "무슨 일이 있나?" 하며 같이 하늘을 바라보며 두리번 거리기 시작한다. 1명이나 2명일 때보다 3명이 같이 움직이기 시작했을 때 영향력이 가장 큰 파급효과의 시작점이 된다.

이처럼 전체를 움직이는 힘은 '3'에서부터 나오기 시작하며 '3'에서 시작할 때 그 효력이 급속하게 늘어나게 되므로, 프리젠테이션에서 다룰 메시지를 구성할 때에도 '3개의 메시지'가 파급력을 가장 정점으로 끌어 올리는 숫자로서의 역할을 하게 된다. 하지만 4개 이상의 메시지를 담았을 때부터는 그 파급력에 대한 효율성이 점차적으로 줄어 들 수 있다는 것도 고려하여야 한다.

예를 들어, 당신의 프리젠테이션에서 어떤 사안에 대한 해결 대안을 제시할 때의 상황으로 본다면

단 하나의 대안만을 제시한 경우에는?

Mr.Big의 머릿속에는 "고민을 하지 않았군, 뭔가 더 있을 것 같은데 말이야"라는 생각이 들게 될 확률이 높으며 그리고 나중에 다시 보자고 하면서 직접적인 의사결정을 다음으로 미룰 수도 있다.

두 개의 대안을 제시하련?

둘 중에 하나라면 '모 아니면 도' 같은 극단적인 선택상황에 놓인 것 같은 스트레스를 받게 된다. "A가 아니면 B인데, 내가 만약 A를 선택했을 때, 그 결정이 잘못된 것 이라면 어떻게 해야 할까? 그 결정에 대한 책임은 나에게 고스란히 넘어올 것 같은데…"

세 개의 대안을 제시하면?

먼저 선택의 재미를 느끼기 시작하며 각 대안들이 가지고 있는 장단점

에 대한 평가를 시작한다. 그리고 그 중에 가장 적합하고 유효하다고 생각되는 대안을 선정하려는 노력을 하게 된다.

그렇다면 대안은 많으면 많을수록 좋은 것일까? 4개 이상의 대안이 제시되기 시작하면 Mr.Big은 오히려 선택에 대한 거부감이 들기 시작할 수 있다. "해결할 수 있는 대안이 너무 많다는 것은 실무자가 사전에 여러 가지를 요인들을 고려하지 않고, 생각나는 아무거나 제시한 거 아니야?", "실무진 차원에서 했어야 하는 1차적인 검토(Filtering)가 전혀 안된 거 아니야?", "이거 저거 다 중요하다고 들이대면 나 보고 어쩌라는 거지?"하는 생각이 들게 된다.

이처럼 프리젠테이션 중에서 해결 대안을 제시할 때에도 3가지의 대안을 제시할 경우에 그 중 하나가 채택될 확률이 가장 높은 것이다. 해결 대안의 선택이 아니더라도 중요한 핵심 메시지를 설명할 때에도 이를 강조하는 소주제의 메시지를 3개로 구성하였을 때 핵심 메시지가 가장 신뢰받을 수 있으며 가장 강력한 지원을 얻을 수 있게 된다. 3개라는 개념은 어쩌면 인간의 심리 속에서 많지도 않고 적지도 않은 가장 적절한 개수로서 받아들여져 부담없이 습득할 수 있게 만들고, 더 나아가서는 부담없이 결정하게 만드는 마법과 같은 힘을 가지고 있다.

프리젠테이션의 전문가들은 이러한 3의 법칙을 신봉하며 프리젠테이션의 내용을 구성할 때에도 마찬가지로 '3-3-3 구성법'으로 내용을 전개하는 방식을 권장한다. 한 가지의 핵심 메시지 (Killer Message)를 뒷받침해주는

- 3가지의 소주제만을 선정하고,
- 3가지의 소주제들 또한 3가지의 요점(Point)으로 증명해 주는 방식,
- 그리고 각각의 소주제들을 설명하는 슬라이드 한장마다 담고 있는 내용들 또한 3가지 정도에 국한시키는 구성 방식이 가장 간결하고 단순하며 효과적으로 내용을 담을 수 있는 프리젠테이션의 그릇이 된다는 것이다.

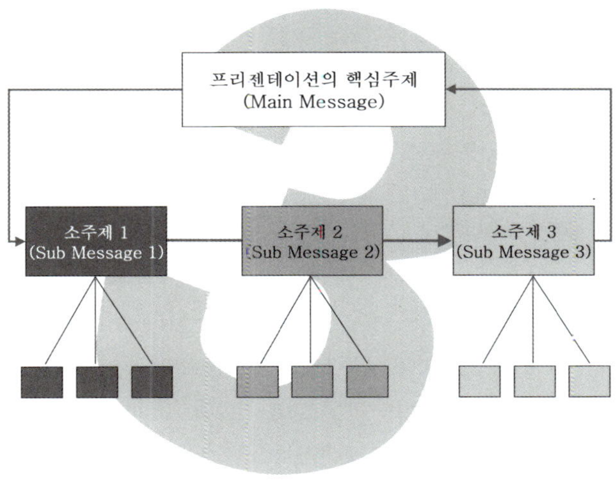

〈3-3-3의 전개 방식〉

3이라는 숫자는 설득에 있어 가장 강력한 숫자이기 때문에 사람의 마음 속으로 침투하려면 이 '3' 이라는 숫자로 들어가야 한다.

오컴의 면도날 (Ockham's razor)
"실체들은 필요이상으로 부풀려져서는 안된다."

우리의 뇌는 복잡한 것을 싫어하여 상상할 수 있는 모든 가능성 중에 가장 단순한 해석 방법을 선택하는데 이것을 우리는 '오컴의 법칙'이라고 한다. 어렵게 설명하는 방식과 쉽게 설명하는 방식이 있다고 하면 쉽게 설명할 수 있는 방식이 옳은 해답이다. 설명은 단순할수록 뛰어나기 때문에 상대편에게 직감적으로 이해가 되도록 설명해야 한다.

지속적으로 하나의 메시지를 강조하는 대표적인 연설 **Tip Box**

'나는 꿈이 있습니다.'
우리는 현재와 미래의 어려움에 당면하고 있지만 그래도 나는 꿈이 있습니다. 그것은 미국의 꿈에 깊이 뿌리박고 있는 꿈입니다. 나는 언젠가 이 나라가 일어나 그 신념의 참 뜻과 함께 할 것이라는 꿈을 알고 있습니다. 우리는 이 진실이 자명해 지리라고 믿습니다. 모든 인간은 평등하게 창조되었다는 것을. 나는 언젠가 조지아의 붉은 언덕 위에서 과거 노예의 후예들과 옛날 노예 소유주의 후손들이 형제애로 식탁에 함께 자리할 수 있을 것이라는 꿈을 가지고 있습니다. 나는 언젠가 불의와 압박의 열기로 땀 투성이가 된 미시시피마저도 자유와 정의의 오아시스로 변할 것이라는 꿈을 가지고 있습니다. 나는 나의 자식들이 언젠가는 사람을 피부색이 아닌 인격에 따라 판단하는 나라에서 살게 되리라는 꿈을 가지고 있습니

다. 나는 지금 꿈이 있습니다. 나는 연방법 실시 거부를 외치고 있
는 알라바마주가 언젠가는 어린 흑인 소년소녀가 백인 소년소녀와
팔장을 끼고 형제자매처럼 걸을 수 있게 되리라는 꿈을 안고 있습
니다.
나는 꿈이 있습니다.

-1963년 마틴 루터 킹 주니어의 '워싱턴 행진' 연설에서-

마틴 루터 킹 목사가 했던 이 연설은 시대를 초월해서 역사상 가
장 위대한 연설 중 하나로 꼽히고 있는데. 그의 연설은 매우 짧았으
나, 그 연설이 가지고 있는 메시지는 무척이나 강렬해서, 그 연설을
듣고 있는 모든 흑인들은 눈물을 흘리면서 그의 목소리를 경청했었
다. 이 연설의 특징이 바로 한가지의 메시지를 계속해서 강조하고
반복하고 있는 구성방식을 가지고 있다는 점이다.

"나는 꿈이 있습니다(I have a dream)."

맥킨지의 80대 20법칙 그리고 엘리베이터 테스트　　Tip Box

1923년 미국 경영학 교수 제임스 맥킨지가 설립한 맥킨지 사(社)
는 현재 세계에서 가장 많이 각광받고 인정받고 있는 컨설팅 회사
가운데 하나이다. 맥킨지는 미국의 포천지(誌) 선정 100대 기업
대부분의 자문을 맡고 있고, 미국을 포함해 세계 각국 정부기관에
도 컨설팅 서비스를 제공하고 있다. 맥킨지의 그런 성공의 힘은 어
디에서 나올까?

맥킨지의 컨설턴트들이 신봉하는 법칙 중 하나인 '세상의 모든 것은 80대 20의 법칙을 따른다' 이다.

80대 20의 원칙은 비즈니스의 위대한 진리 중 하나이며 넓게 보면 자연의 섭리에도 적용되어 언제 어디서나 쉽게 관찰할 수 있다. 조직 구성원의 80%는 언제나 무위도식하거나 기가 막힐 정도로 비효율적인 일을 하는 경우가 많으며, 나머지 20%의 구성원들이 대부분의 성과를 창출한다는 것이 이 법칙의 주요 골자이다.

프리젠테이션의 메시지 구성에서도 이 법칙이 고스란히 적용되어 당신이 말하고자 하는 내용이 '100'이었다면 그 중에 중요한 비중을 가지고서 Mr.Big의 마음을 사로잡을 수 있는 것은 '20' 정도에 불과할 수 있다는 것이다. 그래서 이 20을 선별하는 지혜를 가져야 하며, 이 20에 모든 에너지를 집중해야 한다.

또 30초의 설득 법칙이라는 것이 있다. '자신의 프리젠테이션 내용을 30초 안에 요약해서 이야기할 수 있도록 엘리베이터 테스트를 실시하라.' 바쁜 사람을 붙잡고 몇 시간 동안 장황하게 이야기를 늘어놓는다는 것은 어찌보면 듣는 사람에게는 비효율의 극치이다. 시간은 금이고 Mr.Big은 성급하기 때문에 Mr.Big을 잠시 엘리베이터 안에서 만났을 때조차 자신의 생각을 30초 안에 설명할 수 있어야 한다.

잠깐! 뭐가 이렇게 고여있는 물처럼 밋밋하고 잔잔해? 계속해서 얘기만하고 설명만 주구장창 하니까 내 머리에 하나도 안 들어 오잖아. 얘기 좀 맛깔 나게 할 수 없나? 교과서처럼 쭉 일관되게 끌어만 가는 거 말고, 뭔가 흥미있게 설명해주면 훨씬 더 좋을 것 같은데 말이야. 이렇게 계속 설명만 하고 있으면 말하는 당신도 힘들지 않아?

구슬이 서말이어도 꿰어야 보배

　우리 속담에 '구슬이 서말이어도 꿰어야 보배'라는 말이 있다. 프리젠테이션에서 이 속담을 풀어본다면 똑같은 정보라 하더라도 재미있게 풀어가고 엮어 가게 되면 보석처럼 빛나는 이야기가 되어 Mr.Big의 머리속에 쏙쏙 들어가지만, 반대로 아무런 노력없이 무미건조하고 밋밋하게 풀어가면 그 정보는 누구나 할 수 있는 일반적인 이야기로 바뀐다는 것이다.

　말을 잘 하는 사람과 말을 잘 못하는 사람의 가장 큰 차이점이 바로 스토리텔링이라고 부르는 이야기 구성법을 알고 있는가이다. 똑같은 것을 이야기 해도 진짜같고 맛깔나게 해서 머리에 쏙쏙 들어오게 이야기하는 사람이 있는 반면, 정말 무미건조한 교과서나 사전을 보는 것과 같이 딱딱하고 뻣뻣하게 이야기하는 사람들도 있다.

같은 주제를 이야기 해도 무언가가 다르다면 구성하는 방식과 연결의 전략이 다른 것인데 이는 프리젠테이션에도 마찬가지다. 아래의 표를 보면 같은 주제를 다룬다 하더라도 어떻게 풀어가느냐에 따라서 Mr.Big의 관심이 어떻게 달라지는가를 볼 수 있다.

동일한 주제이어도, 구성에 따라 Mr.Big의 관심이 다르게 나타난다

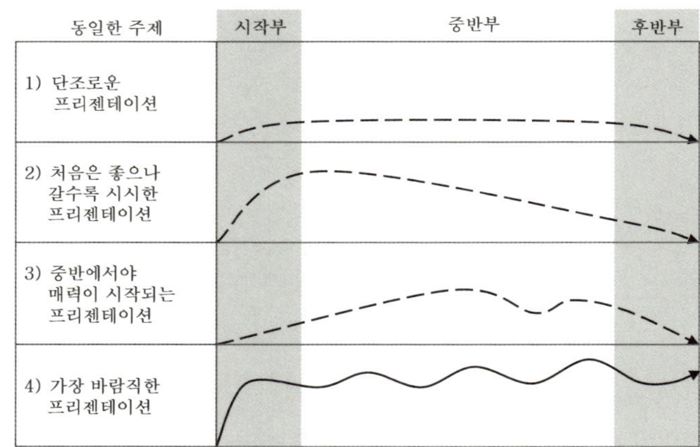

❄ 단조로운 프리젠테이션 – 안하니만 못한 형

설명하는 주제가 수면 아래로 가라 앉아 있는 형국이다. 프리젠테이션에 참석한 그 누구도 발표자의 말에 귀 기울이지 않으며 아무런 감동이나 심리적인 움직임을 기대할 수가 없다. 프리젠테이션

자체가 거의 책을 읽는 수준이며 전략적인 구성이 전혀 없다고 볼 수 있다.

❋ 처음은 좋으나 갈수록 시시한 프리젠테이션 – 용두사미형

처음에는 매력적인 시작으로 집중을 시키는데 성공했지만 지속적인 지원 사격이 미흡하여 프리젠테이션이 진행될수록 Mr.Big의 관심이 점차 떨어지는 형국이다. 이럴 경우에는 프리젠테이션의 핵심 주제가 웬만큼 매력적이지 않으면 발표자가 기대했던 설득의 수준이나 이해의 수준을 얻을 수가 없다.

❋ 중반에서야 매력이 시작되는 프리젠테이션 – 늦둥이형

초반에 관심을 집중시키지 못하고, 진행되는 중반이 되어서야 어느 정도 관심을 불러 일으켰지만 곧 마무리로 접어들면서 다시 Mr.Big의 관심이 줄어드는 형국을 보인다. Mr.Big이 인내심을 가지고 기다렸을 경우에만 이러한 곡선이 나오지만 한가지 잊지 말아야 할 것은 Mr.Big은 인내심이 없으며 절대 기다려 주지 않는다는 사실이다.

❋ 가장 바람직한 프리젠테이션 – 블록버스터 서스펜스 스릴러형

초반부터 매력적인 이야기로 관심도를 높인 후에 여러 가지 메시지를 적절하게 배열하고 내용에 있어서도 가슴에 팍팍 꽂히는 설명이 지속되었을 때에 나타나는 모습이다. 프리젠테이션이 시작되어 끝나는 그 순간까지 Mr.Big의 집중과 몰입을 끊임없이 이끌어 낼 수 있다.

프리젠테이션은 사다리를 타고 올라 가는 것!

앞서 제시한 곡선표에서 표현된 선의 형태는 프리젠테이션에 참석한 Mr.Big이 가지게 되는 관심, 집중, 반응의 연결도 동시에 볼 수 있는데 1, 2, 3번 유형은 점선으로 표시되어 Mr.Big의 관심이 분절되는 있는 상태를 보여주고 있지만, 가장 이상적인 4번의 유형에서는 Mr.Big의 관심이 분절되지 않고 계속해서 이어지는 연결상태를 보여준다.

4번에서 제시된 가장 바람직한 프리젠테이션은 Mr.Big으로 하여금 지속적인 각성 상태를 유지토록 해주는 접근을 하고 있는데 프리젠테이션이 진행되는 동안 주제를 뒷받침해 주는 의미있는 메시지들이 균일한 간격으로 제공되고 있어야 이러한 상태를 이끌어 낼 수 있다.

사다리에 오르는 행위에 비유해 보면 이해가 쉬울 것이다. 당신이 만약 약 3미터 정도의 높이를 올라가야 하며, 당신의 앞에 어떠한 사다리가 놓여 있다고 가정을 해 보고 위의 그림에서 제시된 두개의 사다리 중 어떤 사다리를 탈 때 고른 속도로 일정하게 위로 올라갈 수 있을까를 생각해 보자. 왼쪽에 있는 사다리처럼 발을 딛고 올라서는 각 발

균일하지 못한 배열

균일하고 고른 배열

판의 간격들이 한 군데에 몰려 있거나 또는 불규칙하게 발판의 간격이 너무 띄엄띄엄 배치되어 있는 경우에는 이 사다리를 타고 올라서기도 어렵고 한칸씩 앞으로 전진하는데 부자연스럽게 된다. 오른쪽에 있는 사다리처럼 일정한 간격으로 한칸씩 고르게 그리고 적절하게 분산된 발판이 있을 경우에 당신은 계속해서 일정한 속도로 위로 올라갈 수 있다.

프리젠테이션에서도 이처럼 끊임없이 고르게 그리고 길지도 짧지도 않는 적절한 간격으로 놓여진 인식의 발판이 있어야만 발표자가 원하는 목적까지 Mr.Big을 빠르고 수월하게 이동시킬 수가 있다.

이러한 사다리의 발판 배열을 프리젠테이션의 구성 방법에서 풀어보면 프리젠테이션 도입부터 결말까지의 전체 시간 중 약 5분에 한번 정도의 중요하고 의미있는 메시지를 고르게 제공하는 함으로써 Mr.Big의 각성 상태를 유지할 수 있다는 것을 꼭 생각해 보아야 한다.

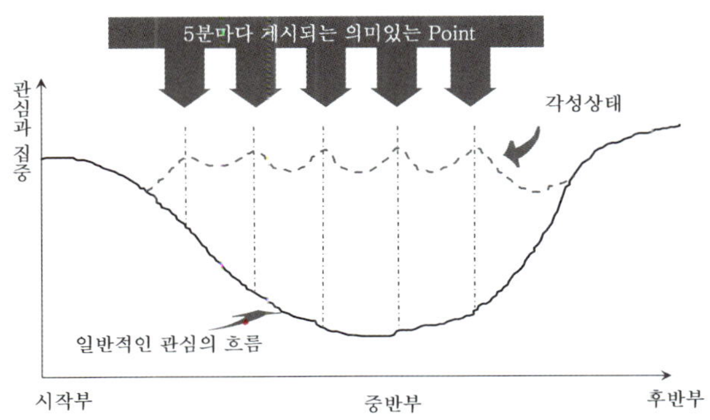

〈관심을 유지하는 메시지의 배열〉

매력적인 구성을 위한 노하우

프리젠테이션은 다루는 주제에 따라서 접근하는 방식이나 이야기를 풀어가는 방식이 천차만별이기 때문에 구성 방식에는 이렇다 하는 정답이나 왕도(王道)는 없지만, 프리젠테이션의 주제나 진행하는 상황에 따라서 가장 적절하고 효과적인 구성 전략들을 선택하고 적절하게 조합하여 이야기를 준비하게 되면 훨씬 더 효과적이고 흥미진진한 프리젠테이션을 이끌어 나갈 수 있게 된다.

이제부터 아래에 제시되는 프리젠테이션 스토리 구성을 위한 6단계를 따라가다 보면 보다 용이하게 프리젠테이션의 내용 구성을 할 수 있을 것인데, 6단계를 시작하기 전에 먼저 명심해야 할 것은 어린이 장난감의 블록 조각을 맞추듯이 필요한 것만 골라서 적절하게 조합하는 방법을 취해야 한다는 것이다. 모든 전략이 다 좋아 보인다 해서 이 모든 구성 전략을 다 담으려 하면 자신이 가지고 있는 주제는 아무런 힘을 얻지 못하고 허공으로 흩어져 갈 뿐이다.

1 단계. 프리젠테이션을 통해 이루어야 할 '단 하나의 주제'를 명확히 한다.

전달할 주제 단 하나, 프리젠테이션이 끝나서 딱 한가지만 기억해 주길 바라는 '핵심주제'를 명확히 한다.

"내 프리젠테에션에 참석한 사람이 3개월 후에도 기억했으면 하는 것은?"

Mr.Big에게 지식,상황 등을 전달이나 소개하는 것이 목적인가? 아니면 Mr.Big에게 무언가를 선택하거나 결정하도록 유도하는 것이 목적인가?

Mr.Big이 참석하는 프리젠테이션은 크게 설명형과 설득형 두 가지로 나눌 수 있는데, 설명형은 Mr. Big으로 하여금 '무엇'에 대한 이해를 높이는 것이 주요 목적이며 설득형은 Mr. Big으로 하여금, 이해함을 넘어서서 결정이나 수락, 허락토록 하는 것이 주요 목적이다.

구분	설명형	설득형
예	신상품/서비스 설명 프로세스 및 방법 소개 프로젝트/과제 결과물 소개	신사업 타당성 보고, 투자결정, 외주 업체선정 등
목적 (기대하는 모습)	좀더 이해하도록 하는	관철시키는, 결정/허락/수락하도록 하는

3단계. 결정된 프리젠테이션의 유형을 근간으로 핵심주제를 풀어갈 적절한 전략을 선정한다.

〈주의사항 1〉

필요에 따라서는 다른 유형(설명형, 설득형)에 속해있는 전략을 사용해도 무방하다. 설명형에 있는 전략들은 설득형에는 적합하지 않다는 것이 아니며 반대로 설득형에 있는 전략들이 설명형에는 적합하지 않다는 것 또한 아니다. 좀 더 적절하다는 구분일 뿐, 상호 배타적인 것이 아님을 기억하자.

〈주의사항 2〉

너무 많은 전략을 구사하면, 복잡하고 난잡하게 보일 수 있으므로 2~3가지의 전략만을 선정해서 조합하는 것이 좋다.

〈주의사항 3〉

발표자에게 좀 더 익숙한 전략, 즉 보다 스스로에게 자신 있는 전략을 사용하는 것이 실제로 진행해 나갈 때 풀어나가기 쉽다.

구분	설명형	설득형
성공 포인트	과거와 달리 새롭게 개선되는	얻게 되는 이점, 이득, 수익을 구체적으로 짚어주는
	전체를 아우르는 윤곽을 제시하여 일관성과 논리를 유지해주는	다른 무엇과 비교해서 좀 더 낫다는 것을 보여주는
	비슷한 내용끼리 묶어주는, 유목화 시켜주어 이해를 돕는	기존 무엇과는 다른 차별화 된 것을 제시하는
	흐름을 넣어주는 • 과거 ➡ 현재 ➡ 미래 • 큰 관점(거시) ➡ 작은 관점(미시) • 기획 ➡ 생산 ➡ 판매 • 장기 ➡ 중기 ➡ 단기 • 계획 ➡ 실행 ➡ 평가 • 현재 ➡ 개선방향	예상되는 문제나 위험요인, 선결요건들에 대한 해결책이 제시되는
	충분히 있을 수 있는 상황을 설정한 후 묘사해주는	세부적인 추진계획이 명확한
	일반화, 표준화 시켜서 누구나 이해하기 쉽게 해주는	현실 가능성, 적용 가능성을 충분히 뒷받침 해주는

4 단계. 선정한 전략들의 전후관계를 고려하여 배열할 순서를 조정한다

〈주의사항 1〉

어떤 전략을 앞서 사용했는가에 따라서 강도의 수위가 조절될 수 있다는 사실을 명심하여야 하며 일반적으로 Mr.Big은 큰 그림을 먼저 보여주는 전략을 더 좋아한다는 것도 알아두자(거시적 관점→미시적 관점).

〈주의사항 2〉

이야기 구성의 기본 전제는 '논리와 일관성' '핵심과 강조'라는 것을 잊지 말아야 한다.

5 단계. 반드시 실패하게 만드는 요소에 부합되는 사항이 있는지 검토해 본 후 최대한 피한다.

실패 포인트에 있는 모습들은 Mr.Big이 가장 싫어하는 프리젠테이션의 모습이므로 어떻게 해서든지 피해야 하고, 어쩔 수 없다면 최소화시켜야 한다.

구분	설명형	설득형
실패 포인트	너무 전문적이어서 이해하기 어려운	무언가의 강한 메시지가 없는, 일반적이고 평이한 누구나 제시/언급/생각할 수 있는
	무미건조하게 단순한 나열로 일관된	관례적인, 새로운 게 없는

6 단계. 꼭 필요한 양념(객관성을 넘어서는 주관성)을 부가한다.

Mr.Big의 경우 실무자에게 꼭 물어보는 약방의 감초같은 질문이 있다. "음~~그래~~그럼 실무자의 생각은 뭔가?" Mr.Big은 자신이 참여한 프리젠테이션에서 다루고 있는 객관적인 내용에도 관심이 있지만, 실무자로서 가지는 주관적 의견과 의지, 자신감이 묻어나는 전문적인 견해를 보면서 자신만의 가중치를 부여하게 된다. Mr.Big, 그도 사람이기에 때로는 정확한 데이터와 정보보다는 Mr.Big의 동물적인 감각을 돋구는 그 무엇이 더 자극적이고 합리적으로 느껴질 때도 있다.

> **Mr.Big이 꼭 하는 질문!**
> **"음 그래, 그렇다면 실무자의 생각은 뭔가?"**

유머와 위트의 펀치를 날리다

성공적인 프리젠테이션을 위해서는 무엇보다도 논리적인 설명과 짜임새 있고 치밀한 구성이 반드시 존재해야 하겠지만, Mr.Big을 포함하여 그 자리에 참석한 모든 사람들은 감정을 가지고 있는 사람들이기 때문에 발표자가 던지는 유머와 위트는 훨씬 더 분위기를 돋구는 윤활유의 역할을 하게 된다. 물론 유머를 곁들이지 않고 프리젠테이션을 해도 상관은 없지만, Mr.Big의 집중력에는 한계가 있으며 아무리 진지하고 필사적인 주제를 다루는 프리젠테이션이라 하더라도 일정 시간이 지나면 자연스럽게 주의가 산만해지기 마련이다.

이를 '초7, 중 10, 성 15'라는 법칙으로 설명할 수 있는데 초등학생은 7분, 중학생은 10분, 성인은 15분이 한 자리에서 집중할 수 있게 하는 최대의 시간이며 그 누구도 이 시간이 지나게 되면 잡념이 생기게 된다는 것이다. 따라서, 발표자는 프리젠테이션이 진행되는 중간중간마다 적절한 유머와 위트를 사용해 주는 것이 필요하다. 도입부터 종료시점까지 주제와 관련된 사실과 논리로서 일관된 프리젠테이션보다는 가끔씩 주제를 지원해주는 내용을 담은 유머와 위트가 있다면 프리젠테이션의 설득력이 훨씬 강해질 것이다.

❄ 유머와 위트를 잘 사용하면 이러한 효과가 있다

분위기를 전환할 수 있다

딱딱하고 엄숙한 분위기를 좀더 새롭게 환기시킬 수 있다. 사용한유머와 위트가 성공하면 프리젠테이션에 대한 몰입을 훨씬 도와주게 된다.

해당되는 주제를 쉽게 이해할 수 있도록 도와주며 오래 기억하게 해준다

'당의정'이란 쓴 약을 안 먹는 어린이들을 위해 만든 약으로, 쓴 가루약을 단단하게 뭉친 후 그 약의 표면에 달작지근 한 물질로 코팅하여 만든 것인데, 이를 통해 약을 먹을 때마다 그 쓴 맛 때문에 오만가지 인상을 쓰면서 약을 먹지 않아도 되며 쓴 약도 달게 느끼면서 위(胃) 속으로 쉽게 넘길 수가 있다. 이 약이 몸 속으로 들어가서는 원래 가지고 있던 쓴 기운을 내뿜게 되지만, 먹을 때는 그 쓴 기운을 전혀 모르고서 삼킬 수가 있게 되는 것이다. 이게 바로 '당의정 효과'이고, 프리젠테이션에서 유머와 위트가 '당의정효과'를 일으키게 해준다. 프리젠테이션에서도 어렵고 딱딱한 주제이거나, 직접적으로 말하기 애매한 내용일 경우에 이를 유머와 위트라는 달짝지근한 코팅에 감싸서 이야기를 해주면 보다 쉽게 전달할 수 있기도 하거니와, 이를 듣게 되는 Mr.Big은 보다 수월하게 이해할 수 있고 이를 거리낌 없이 받아들이게 만들어 주는 것이다.

발표자를 친근하게 느끼게 해 준다

어렵거나 멀게만 느껴지는 사람, 바늘로 찔러도 피 한방울 안 나올 것만 같은 사람이 먼저 다가와 재미있는 이야기를 해주면 그를 친구로 느끼게 된다. 적절한 유머와 위트는 Mr.Big에게 발표자가 좀더 인간적인 모습으로 보일 수 있도록 그리고 친밀감을 느끼도록 만들어 준다. 미소를 통해서 나라가 통일되고, 전쟁이 끝날 수도 있다.

'진중함과 편암함' 간의 균형을 유지할 수 있다

프리젠테이션이 너무 엄숙하고 진중하게 진행되면, 분위기가 건조하고 숨막히게 느껴 질 수 있는데, 이러한 긴장되고 엄숙한 분위기에서보다는 유머와 위트를 통해서 만들어진 편안한 분위기 속에서 Mr.Big의 머리 회전이 훨씬 빨라지고 인지능력도 좋아질 수 있다.

> "유머를 갖고 가르친 것이
> 유머없이 가르친 것보다 오래 기억된다" 　　　－탈무드 중에서－

❋ 유머와 위트를 잘 사용하려면?

주제와 직접적으로 연관된 유머/위트를 사용해야 한다

　주제와 전혀 무관한 유머/위트는 싸구려 음담패설과 다름이 없어 이는 오히려 주제를 분산시키는 발표자의 적(敵)이 되어 버린다. 특히 분위기 띄우려고 아무 생각없이 남발하는 유머나 위트는 발표자를 경박하다고 느끼게 만든다.

자신이 던진 유머에 자기가 먼저 웃지 말고, 가벼운 미소를 얼굴에 보이면서 이야기 해야 한다

　유머나 위트는 듣는 사람이 먼저 웃어야 성공한 것이지, 말하는 사람이 먼저 웃으면 기대감이 반감되어 오히려 어색한 분의기를 만들어 버릴 수 있다.

듣는 상대방 그 누구라도 조롱이나 비아냥거리는 느낌, 감정적 공격으로 받아들여서는 안 된다

　예를 들어 '대머리' 라는 이야기를 가지고 유머를 던지는 경우, 듣게 되는 청중 중에 분명 한 두 명은 마음에 상처를 받게 되며 그때부터 그들은 발표자의 약점을 찾기 시작한다.

긴장된 얼굴로 떨면서 웃긴 얘기를 하게 되면 그 모습이 더 웃기므로 유머나 위트를 구사할 때는 반드시 자신 있게 해야 한다. 또한 유머/위트를 던졌을 때 Mr.Big의 반응이 좋지 않으면 재빨리 화제를 돌려야 하는데 이때 이를 주절주절 다시 설명해서 웃어야 하는 포인트를 짚어 주려고 하면 Mr.Big의 마음은 더욱 멀어지고 분위기는 더욱 경색된다. 그리고 또한 간단하게 해야 한다. 유머나 위트는 요리 코스로 치면 본격적인 식사에 앞서 식욕을 돋우기 위한 애피타이저이기 때문에 주객이 전도되면 안된다. 짧고 굵게 사용해야 한다.

연출하고 기획해라

유머나 위트에서 NG(No Good)라는 것은 치명적이다. 한번 던진 멘트는 다시 주워 담을 수 없기 때문에 철저하게 연습하고, 어떻게 말하면 재미가 배가 되는지를 생각해 본 후에 달콤하게 말해야 한다.

구성전략은 "그때 그때 달라요"

'사랑의 환희' 또는 '이별의 슬픔'을 담고 있는 가사의 가요를 봐도 타겟층이 10대~20대라면 힙합, 댄스뮤직으로 접근하고 있고 타겟층이 30대라면 R&B나 발라드 등으로 접근하고 있으며 타겟층이 40대 이상이라면 트로트로 접근하고 있다. 왜 그럴까? 이제부터 나오는 내용에 그 답이 있다.

동일한 주제의 프리젠테이션인 경우 만약 발표자가 회사의 임원이고, 청중이 신입사원인 경우에 설정할 수 있는 프리젠테이션 구성방식과 신입사원이 회사 임원진을 대상으로 진행해야 하는 프리젠테이션의 구성방식은 전혀 다른 형태나 접근으로 진행되어야 한다. 심지어는 구성방식 외에 주제까지도 바뀔 수 있다.

발표자와 듣는 사람이 누구냐에 따라 프리젠테이션의 모든 것이 바뀔 수 있다는 것이다. 만약 프리젠테이션의 주제가 '성공적인 리더십 발휘'에 대한 것이라도 리더십을 발휘할 기회가 없었던 초보 리더들이 청중인 경우 '리더십의 테크닉'을 주제로 하는 것보다는 '리더십의 필요성과 효과, 성과, 주의사항'을 주요 주제로 삼는 것이 훨씬 효과적일 수 있는 반면, 실제 리더십을 발휘하고 있는 관리자들이 청중이라면 리더십 적용의 성공, 실패 사례를 중심으로 프리젠테이션을 진행하여야 청중에게 좀 더 의미있는 자리가 될 수 있다.

프리젠테이션과 관련하여 현재 시중에 나와있는 서적 대부분은 남녀노소, 경험의 유무 등의 기준으로 청중을 분류하여, 각 분류별 청중들이 가진 특징과 개요만을 제시하는 데에 그치고 있으며, 청중 분석을 하고 난 결과를 프리젠테이션의 내용구성에 반영하는 방법이나 노하우는 그 어떤 책들에서도 제대로 다루지 못하고 있다.

초보 발표자에게 필요한 것은 청중 분석 후에 그 결과를 바탕으로 무엇을 어떻게 풀어가야 한다는 구체적인 방법을 제시해 주는 것인데 그런 경우는 거의 없다는 것이다. 왜 일까? 한 때 개그프로에서 사용하던 유행어처럼 "그때 그때 달라요"가 답이다. 이럴 경우에는 이렇게, 저럴 경우에는 저렇게 해야 된다는 딱 들어 맞는 해답은 없으며 상황(주제, 논점, 회사 분위기, 청중, 문화적 차이 등)에 따라서 구성전략을 다르게 적용하려는 발표자의 의지와 고민만이 필요하다. 듣는 사람의 입장에서 그리고 상식의 선에서 어떤 구성이 가장 좋은 것인지를 생각하자 그러면 답이 나온다.

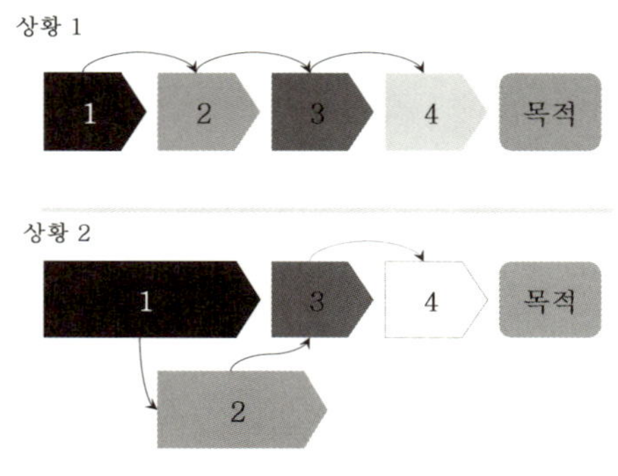

〈상황에 따른 구성 비교〉

구성의 뼈대와 애드리브

프리젠테이션에서 전체적인 방향 하에서 구성된 스토리 전개의 뼈대가 명확하게 존재하면, 발표자에게는 순간의 대사보다는 큰 흐름을 끌어가는 구조가 머리 속에 박혀있기 때문에 실제 프리젠테이션의 예측 못한 상황에 대응하기가 더욱 수월해 질 수 있다. 프리젠테이션 구성의 뼈대가 탄탄하면 어떤 점이 좋을까?

- 내용에 대한 큰 이미지(전체 상)가 자리를 잡게 되어 내용을 이해하기 쉬워진다.
- 전체 이야기가 흘러가는 상황을 놓치지 않게 되며, 거시적인 이해가 가능해진다.
- 이야기의 흐름 속에서 즈요 논점을 파악할 수 있다.

발표자에게는

- 내용의 전체 흐름을 기억하기 쉽다.
- 세부적인 내용에만 치중하지 않고, 큰 그림과 방향 속에서 이야기 할 수 있다.
- 구성이 없을 때보다 훨씬 자신있고 자연스럽게 말할 수 있다.
- 필요에 따라서는 즉흥적인 대사가 가능해지며 분위기를 부드럽게 할 수 있는 여유가 생긴다.
- 시간 흐름 및 내용의 완급 조절에 대한 감이 생긴다.

발표자는 목동!

"오늘 점심은 뭘 먹지?"
"앗! 아까 거래처 김과장이 전화 달라고 했었는데 깜빡 했네, 어떻게 하지?"
"오늘 집사람 생일인데, 선물은 뭘 사야 할까?"

Mr.Big을 포함하여, 프리젠테이션에 참석한 모든 사람들은 프리젠테이션의 주제에 대한 생각 외에도 이러한 오만가지 생각들이 떠오르게 된다. 이러한 현상을 '몰입의 분산' 이라고 하는데, 프리젠테이션의 전체 흐름 중에서 새로운 소주제들로 변환될 때가 가장 많이 이러한 분산 현상이 발생되게 된다.

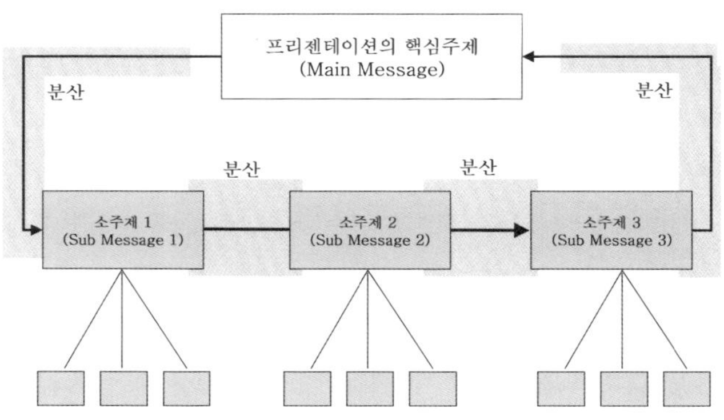

〈Mr.Big의 관심이 가장 많이 분산되는 Point〉

이러한 분산 현상을 막기 위해서 발표자는 목동의 역할을 병행해야 한다. 목동은 자신이 몰고 가는 양떼들을 한 마리도 빠짐없이 목적지까지 계속해서 어르고 달래면서 이끌어 가야하며, 무리에서 이탈하려는 양들이 있다면 재빨리 다가가 양들이 가야 하는 길로 다시 인도해야 하는 의무를 가지고 있다. 프리젠테이션도 마찬가지로 발표자가 '돌격 앞으로!' 정신만 가지고 앞에서 과감하게 이끌어간다고 해서 능사가 아니다. 중간중간에 관심이 이탈하고 시선이 분산될 수 있는 시점에는 반드시 이탈하려는 양들을 다시 무리로 이끌어 오는 것과 같은 역할을 해줘야 한다.

예를 들면, "지금까지는 ○○을 통해 ○○을 알아봤다면, 이제는 ○○에 대한 말씀을 드리도록 하겠습니다"처럼 현재까지의 진행내용을 간단하게 되짚어 주고 또한 이러한 주제의 연결선 상에서 앞으로 전개될 내용에 대한 사항을 사전에 알려주는 것이다. 이를 통해 Mr.Big의 집중과 관심이 분산되고 단절되는 현상을 최소화 할 수 있으며, 발표자의 설명 속도와 Mr.Big의 이해 속도를 갖출 수가 있게 된다.

Chapter 09

제발 나를 설득해봐,
느낌이 안 오잖아

Mr. Big의 입장과 발표자인 당신과의 가장 큰 입장차이는 무엇일까? Mr.Big은 듣는 사람이고, 당신은 말하는 사람인 것? 이 말도 맞지만 무엇보다도 가장 큰 차이는 바로 'Mr.Big은 책임자이고 당신은 실무자' 라는 사실이다. Mr.Big이 실무자들만큼 많은 일을 직접 하지 않아도 더 높은 연봉을 받고 있는 이유가 바로 자신의 업무 관할 상에서 일어나는 모든 일들에 대해서 최후의 의사결정을 해야만 하고 그리고 그 결정에 수반되는 결과에 대해서는 책임을 지기 때문이다.

Mr.Big은 중요한 사안에서 선택이나 결정에 대한 명확하고 확실한 감(感)이 오지 않으면 그 안건에 대한 의사 결정에 있어 심한 스트레스를 받기 마련이다. "그래 이거다!"라고 느껴지지 않는 상태에서 결정을 하게 되면 결정 이후에 발생되는 불확실함을 계속해서 헤쳐나가야 하기 때문에 Mr.Big은 발표자가 전달하는 내용이나 예상되는 결과에 대해서 명확한 확신을 갖기 전까지는 항상 의구심을 가지고 계속해서 체크하려는 의심의 눈초리를 접지 않게 된다.

그렇다면, 어떻게 하면 Mr.Big이 당신이 발표하는 내용에 대해서 좀 더 명확한 확신과 감(感)을 가질 수 있도록 도와 줄 수 있을까? 그리고 어떻게 하면 프리젠테이션이 일어나는 그 자리에서 Mr.Big이 곧바로 의사결정을 할 수 있게 만들 수 있을까?

명확한 확신과 감(感)의 원천! '비유, 비교'

"우리 회사 A제품의 시장규모는 약 3.5조원 정도입니다"보다는 "우리 회사 A제품의 시장규모는 약 3.5조원 정도로서, 이는 우리나라 전체 맥주시장과 맞먹는 규모입니다"라고 했을 때, 훨씬 더 정확한 느낌을 얻을 수 있다.

일반적인 사실을 그대로 제시해 주는 것보다 적절한 사례나 수치를 같이 제시해 주게 되면 마치 자신이 경험했던 것처럼 그 사실을 보다 생생하게 몸과 마음으로 느낄 수 있게 되며 이를 통해 사실에 대한 이해도가 훨씬 높아진다. 이것이 바로 비유, 비교의 힘이다.

비교의 예

예를 들어 회사가 기존에 수행하지 않았던 인터넷 게임 시장에 뛰어들어야 하는 필요성을 설명해야 할 경우를 보면 다음과 같다.

"기억하시는 한국영화 중 일명 초대박영화라고 평해지는 영화 '괴물'은 총 제작기간 1년, 제작비 155억을 들여서 만들어졌으며

총 1,300만 관객몰이를 통해 900억 매출을 올렸습니다. 인터넷 게임 시장은 이보다 더 훨씬 더 매력적입니다. 여러분의 자녀들이라면 누구나 한번쯤 해 봤을만한 우리나라의 모 업체에서 만든 온라인 게임인 리니지의 경우 개발기간이 약간 더 걸린 3년 동안 제작비는 100억이 투입되었고, 현재 1,500만 회원을 보유하고 있고, 매년 800억 수준의 매출을 달성하였습니다. 또한 보시는 바와 같이 게임 시장의 규모 또한 우리나라의 맥주시장과 유사할 정도로 무궁무진한 성장 가능성이 있는 시장입니다. 그러니까, 온라인 게임시장에 진출해야 합니다.”

비유의 예

“새로 태어난 동생에게 엄마, 아빠의 사랑을 빼앗긴 아이의 질투심의 정도는 우리의 상상을 초월한다고 합니다. 예를 들어 바람난 남편이 데려온 첩이 자신의 안방에 떡~ 하니 앉아있는 모습을 보고 있는 본처의 질투심보다 더 심하다고 합니다.

(중략)

오늘 댁으로 돌아가시면, 여러분의 첫째 아이를 꼭 한번 안아주십시오”

예시의 예

(TV 프로그램의 아동 폭력성 유발에 대한 주제인 경우 ‘톰과 제리’ 또는 ‘짱구는 못 말려’의 폭력적 영상 또는 그림을 보여주면서)

“아직 이성적으로 미성숙된 아이들이 망치로 머리를 때리고, 높은 곳에서 수건을 뒤집어 쓰고 뛰어내리는 행위를 서슴없이 따라 하게 될 수 있으며, 더 나아가서는 모방범죄까지도….”

“제가 2년전인 2007년 6월, 중국 베이징에 출장 차 방문했을 때의 일입니다. 가급적 국내 항공사를 이용하는 편인 저는 그 당시 사전에 국내 항공사의 비행기편을 예약하지 못해서 중국 항공사의 비행기를 예약해서 중국 베이징에 가게 되었습니다. 물론 돌아오는 비행기도 중국 항공사의 비행기였구요.

출발할 때에는 큰 문제가 없이 중국으로 갈 수 있었으며 5일 동안 베이징에 체류하면서 일을 마치고 나서 돌아오는 길에 정말 황당한 경험을 했습니다. 아마 여러분들도 앞으로 겪으실 수 있는 일이라고 생각되니, 잘 들어 보십시오 그리고 여러분이 만약 저의 입장이었더라면 어떻게 하셨을 까도 궁금해 집니다.

(중략)

여러분 같으면 어떻게 하셨을 것 같습니까?”

수치를 제시하면 Mr.Big은 꼼짝 못한다

수치를 사용하여 비유, 비교해 주면 ‘사실을 더 사실’ 처럼 느끼게 해 줄 수 있다. 일반적인 실제 사례를 들었을 때, 무언가 가슴에 와 닿는 느낌이 없다면 보증된 통계자료를 사용하여 그 주장을 증명해 보이면 더욱 설득력이 높아진다.

예를 들면 "○○ 제품은 굉장히 높은 만족도를 보이고 있습니다"보다는 "○○ 제품은 고객 만족도 평가에 있어, 5점 만점에서 4.67점을 기록할 정도로 높은 만족도를 보이고 있습니다"가 훨씬 더 현실적인 느낌을 받게 된다. 또한 단지 숫자만을 나열해서 설명하는 것도, 단순한 사실로만 느껴질 수 있기 때문에 누구나 쉽게 이해할 수 있는 시각적인 언어나 사실적인 표현으로 비교, 비유를 해주는 것이 훨씬 더 강한 인상고 이해를 도울 수 있다. 수치의 비교나 비유를 할 때에는 듣는 사람의 경험에 가장 익숙한 형태로 환산하여 설명해 주면 훨씬 더 이해가 빠를 수도 있다. "어제 회식자리에서 7명이서 소주만 24병을 마셨다"고 말하는 것에 그치는 것보다 "그러면 인당 3.4병을 마신 셈이다"고 추가로 말해주는 것이 훨씬 더 와닿는 이야기이다.

"2006년 전 세계에서 생산된 트랜지스터의 개수는 같은 해 전 세계에서 수확된 쌀의 톨 수 보다 많다고 합니다(이제는 정말 IT(정보기술)의 시대가 맞습니다)."

"빌 게이츠의 돈을 1달러 지폐로 바꾸어서 워싱턴에서 뉴욕까지 옮기려면 747기가 296대가 필요합니다 (정말 엄청난 부자죠?)"

"우리 회사의 인터넷 게임은 토요일 오후 동시 접속자 수가 25만명에 육박합니다. 화면에 보시는 미국 미시간주에 있는 미시간 스타디움을 동시에 그것도 2번이나 꽉 채우고도 남는 규모입니다(우리는 엄청난 수의 고객을 확보했습니다)"

"우리나라의 1년간 낭비되는 음식물 쓰레기는 년간 15조원으로, 이 돈이면 상암 월드컵경기장 70개를 지을 수 있는 비용이며, 국가 예산 118조의 13%입니다. 1년에 월드컵 경기장 70개가 사라집니다. "

(1년 동안 늘어나는 노숙자의 수는 몇 명인지 말하고 나서)

"현재까지 발생한 노숙자 규모가 얼마나 되는가 하면 부산에서 1미터 간격으로 노숙자들을 세워 놓으면 그 길이는 대전까지 이어지게 됩니다."

직접적 이익과 간접적인 위협을 제시하여 밀고 당겨라!

'직접적 이익'의 제시란 단순한 사실이나 장점을 넘어서 그로부터 얻게 되는 혜택이나 이익을 제시하는 것을 말하며 이와는 반대로 '간접적인 위협'의 제시란 직접적 이익 제시와는 반대되는 개념으로 제시한 안을 수용하지 않았을 경우에 발생할 수 있는 문제점이나 불이익을 강조함으로써 제시한 안의 필요성과 중요성을 느끼게 해주는 방법을 말한다.

❋ 직접적 이익 제시의 예

"우리 회사의 보험서비스 회원이 되시면, 국내에서 유일하게 정확한 날짜에 맞춰 고객님들으 자동차 정기검사를 무료로 대행해 드리기 때문에 첫째, 약 5만원 정도의 검사 대행료를 절약할 수 있고, 둘째, 정기 검사일에는 렌트카를 50% 할인된 가격에 이용하실 수 있는 혜택을 드리고 있습니다. 셋째, 이를 통해 많은 사람들이 검사기간을 넘겨서 물고 있는 과태료를 내는 일도 아예 없으실 것입니다."

"제가 지금까지 설명한 이 결재 시스템은 여러분의 경쟁사인 A 사, B사, C사에서 모두 사용하고 있습니다. A사에서는 10년 전부터 이미 이 결재 시스템을 도입하여 업계 3위에서 1위로 도약하는데 큰 도움이 되었다고 하고 있으며, B사의 경우에는 도입한지 약 6개월 정도만 되었지만 많은 수익을 내고 있다고 합니다. 심지어 여러분보다 하위의 경쟁력을 가지고 있다고 판단되는 업체인 D사와 E사의 경우에도 현재 이 결재 시스템의 도입을 심각하게 검토중에 있다고 합니다."

생생한 현장, 고객의 소리는 Mr.Big에게는 정말 매력적인 수갑이다

프리젠테이션에서 설득에 가장 효과적인 목소리는 발표자도 아니고, Mr.Big도 아니다. 바로 고객이다. 고객들이 바로 기업활동의 재판관이기 때문에 Mr.Big 또한 가장 궁금하기도 하면서 꼼짝못하고 수용하게 되는 영역이 바로 고객의 반응이자 목소리이다. 긍정적인 고객들의 사용후기나 의견들이 있다면 재 각색하거나 요약, 함축하지 말고 있는 그대로의 생생한 멘트를 사용해야 훨씬 더 강력해진다.

"이 제품을 사용해본 고객들은 절반 이상이 높은 만족도를 보이며, 재 구매의사를 밝혔습니다" 보다는 "안녕하세요, ○○제품을 사용해 본 고객입니다. ~~ 실제로 사용해 보니 ~~ 좋아졌습니다. 예전에 써봤던 다른 회사의 제품보다는 뭔가 다른 것 같아요. 옆집에 사는 민식이 엄마한테도 적극 추천했더니, 민식이 엄마도 너무 좋아하고 있습니다. 그래서 우리 가족은 하나같이 ○○회사의 팬이 되어버렸네요. (중략) 귀사에 깊이 감사 드리며 앞으로도 계속 좋은 제품 기대하겠습니다."라는 멘트를 직접 읽어 준다거나 아니면, 아래의 그림처럼 "고객의 편지"를 직접 보는것 같은 슬라이드를 구성해 주면 훨씬 더 느낌이 강하지 않을까?

고객의 입과 머리속에서 나온 의미있는 자료는 Mr.Big이 아니라
Mr.Big의 할아버지가 와도 그를 꼼짝 못하게 만들 수 있다.

사례(일화), 비유, 비교, 수치 예시의 필수법칙

❋ 짧아야 한다

비유나 비교에 쓰는 시간이 길어지게 되면, 프리젠테이션의 핵심 메시지가 강조된다기 보다는 주객이 전도되는 형국으로 흘러가서, Mr.Big의 관심을 분산시키게 되고 이야기의 흐름이 삼천포로 빠지게 되므로 비유나 비교는 짧고 굵게 치고 빠지는 전법으로만 사용해야 한다.

❋ 누구나 들으면 바로 알 수 있도록 일반적이어야 한다

실패한 개그의 대표적 특징이 바로 '설명해야 이해할 수 있는 어려운 개그'이다. Mr.Big이 들은 그 자리에서 바로 "아하! 또는 우와!"라는 감탄사가 나오게 만들려면 누구나 경험해 봄직한 일반적인 내용으로만 비교, 비유해야 한다. 바로 이해할 수 있으면 그 느낌이 바로 전해지기 때문이다.

❋ 주제와 직결되어야 한다

주제를 벗어난 비교, 비유는 오히려 Mr.Big의 관심을 분산시키게 된다. 지금까지 흘러왔던 주제와는 별개인 듯한 비교, 비유를 듣게 되면 Mr.Big의 머릿속은 "왜 저 말을 하고 있을까?", "내용은 알겠는데 원래 주제랑 무슨 상관인거지?" 하는 생각만 들게 된다.

❋ 구체적으로 생생하게 표현해야 한다

어떤 사람에 관련된 이야기로 비유의 예시를 들 경우에는 그 사람의 이름을 거론하면서 이야기를 해 주는 것이 좀더 생생하게 느껴지기 때문에 그 사람의 신원을 밝혀서는 안 되는 경우에는 가명이라도 써주는 것이 좋다. 필요하다면 자신이 그 주인공처럼 위장해서 말하는 것도 좋은 방법이다.

"어떤 사람이 겪었던 이야깁니다"보다는 "제 가장 친한 친구 세연이가 겪었던 이야깁니다" 또는 "제가 신입사원으로 입사해서 6개월 정도쯤 되었을 때 겪었던 이야깁니다"가 훨씬 더 현실적이고 구체적으로 느끼게 된다. 또한 단순히 설명할 것이 아니라, 필요한 경우 실제 대화하는 방식으로 말하면 극적인 효과를 거둘 수도 있다. 단순히 말로만 하지 말고 실제 그 상황에 빠진 것처럼 실감나는 목소리와 표정 그리고 그 상황에서의 몸동작까지 함께 표현해 주면 훨씬 더 생생한 이야기가 된다.

적절히 사용된 사례(일화), 비교, 비유, 수치 예시는

- 주제에 대한 관심을 더욱 높여주어, 프리젠테이션이 무미건조 하지 않도록 하는 윤활유의 역할을 한다.
- 전달하고자 하는 사실을 기억하기 쉽게 도와준다.
- 상상력을 자극하여 직접 경험하지 않았어도 어느 정도의 감(感)을 갖도록 도와주는 간접 경험을 제공해 주고, 특별한 느낌을 얻을 수 없는 추상적인 내용을 현실화시켜준다.
- 전달하는 사실을 소화할 수 있도록 도와주어 Mr.Big이 적극적으로 프리젠테이션에 참여하도록 유도해 준다. 다시 말하면 듣는 이로 하

여금 긴장감이 높은 청취 상태에서 벗어나 잠시 휴식을 취할 수 있
게 해 준다는 것이다.

이처럼, 적절히 사용된 사례(일화), 비교, 비유, 수치예시는
Mr.Big으로 하여금 의사결정을 하도록 도와주는 발표자의 강력한
아군이 된다. 하지만, 부적절하게 사용된 사례(일화), 비교, 비유,
수치 예시는 사실에 대한 이해와 관심을 분산시키고 Mr.Big으로
하여금 발표자의 준비성, 전문성을 의심하게 만들며 논점을 흐리게
만들기 때문에 발표자의 강력한 적군이 된다는 것도 꼭 명심해야
한다.

"아~~~ 네. 이것으로, 저의 프리젠테이션을 마치도록 하겠습니다. 제가 준비한 내용은 이게 전부 입니다, 혹시 질문있으십니까? (아무도 대답 없는 정적이 흐르고)…. 음…. 네…. 귀중한 시간 내 주셨는데 제가 제대로 준비하지 못한 것 같아 송구스럽습니다. 이상으로 마치도록 하겠습니다"

(마음 속으로) 어라! 끝난거야? 흐지부지 끝나네… 내용은 괜찮았는데 말이야. 극장에서 한참 영화 보는데, 갑자기 불이 확 켜지는 그런 느낌이야, 뭔가 공허한 이 느낌은 뭘까? 재밌는 영화에서 처럼 끝날 무렵의 긴장감을 느낄 수 있는 클라이막스가 있었으면 더 좋았을 텐데 말이지. 2%가 부족해….

"그래, 수고했다(그리고 조용히 머리를 갸우뚱하며 퇴장한다)."

어렵게 준비해서 여기까지 왔는데 너무 쉽게 끝내지 말자

영화에서도 후반부에 최고의 긴장감이나 갈등, 액션의 정점을 찍어주는 클라이막스가 있듯이 프리젠테이션에서도 이러한 마무리를 위한 준비가 필요하다. 프리젠테이션의 마무리는 발표자 혼자만이 하는 것이 아니기 때문에 프리젠테이션에 참여하는 사람들 모두가 특히 Mr.Big이 마무리를 준비할 수 있도록 해 주는 것도 필요하다.

"음~ 이제 정점을 찍었군. 이제 슬슬 마무리를 하고 있구만. 곧 끝나겠군~"이라는 생각을 가지도록 해줘야 좀 더 깔끔한 마무리를 할 수 있게 된다.

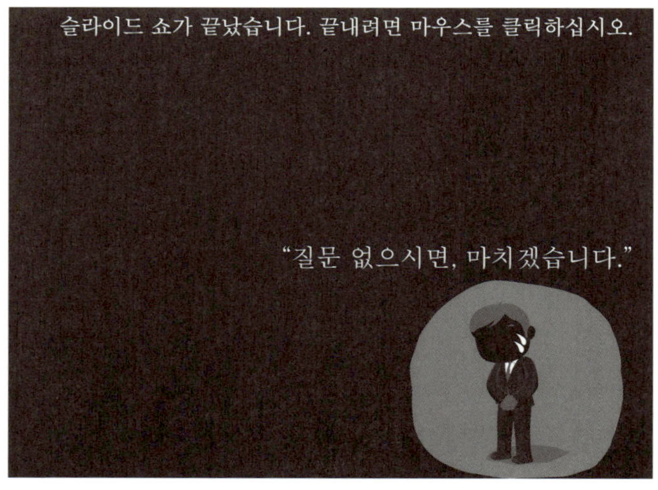

위의 그림에서처럼 마지막 순간에 갑자기 보여지는 정체불명의 검은 슬라이드를 많이 본 적이 있을 것이다. 검은색 화면 맨 위에

"슬라이드쇼가 끝났습니다. 끝내려면 마우스를 클릭하십시오." 이러한 상황은 발표자 스스로도 정확히 끝나는 지점을 모르고 있는 상태에서 갑작스럽게 마무리를 지을 때 자주 목격되는데, 발표자를 제외하고는 절대, 그 글귀는 그 누구도 볼 수 없도록 하는 것이 프리젠테이션의 마무리의 철칙이지만 우리는 너무나도 자주 이러한 슬라이드를 보아 왔다.

심한 경우에는 마무리를 하는 동시에 파워포인트 파일을 닫고, 컴퓨터를 끄는 모습이 생생하게 스크린 화면으로 중계되면서 바탕화면에 있는 자기의 개인적인 폴더와 사진들이 보인다. 그리고 프리젠테이션 참석자들이 퇴장함과 동시에 그 장소에 울려 퍼지는 장엄한 소리가 Mr.Big의 뒤통수를 가격한다. 바로 마이크로소프트 윈도우를 종료할 때 나오는 "띠디디 딩"?

와~ 어쩌란 말인가? 이게 정말 프리젠테이션이었던가라는 생각이 들 정도다. 일반 생활 속에 비유해보면 고깃집에 들어온 손님이 있는데 셔터 문 내리고 마무리 청소하면서 손님한테 뭐 더 시킬 것 있냐고 물어보는 격이며, 백화점에서 옷에 붙어있는 가격표 붙인 상태에서 바쁘니까 그냥 달아서 입고 가시라고 하는 격이다. Mr. Big처럼 의사결정을 할 수 있고, 또 늘 할 수밖에 없는 사람에게는 처음에 중요한 메시지를 던져서 관심을 이끌어 내는 것도 중요하지만 끝날 때 중요한 메시지를 다시 한번 각인시켜 주는 것도 중요하다. 아무리 좋은 시작을 가졌더라도, 끝맺음이 시시하면 재미없는 영화로 기억되듯이 마무리에도 끝맺음을 해주어야 한다. 더 나아가서는 더 멋진 차기작이 기대된다는 듯한 아련한 기대감 또한 줄 수 있다면 그야말로 금상첨화이다.

프리젠테이션의 마무리는 약 3분 정도(전체 시간의 5%정도)의 시간동안 앞서 말한 주요 핵심 메시지(Key Message)를 다시 한번 정리해주고 강력한 인상을 가진 여운 하나를 던져주는 방식을 취하는 것이 가장 좋다. 전체 시간 중 아주 일부의 시간이지만 이 시간이 바로 Mr. Big의 머릿속에서 도장이 완전히 찍어지는(의사 결정이 내려지는) 최후의 순간임을 기억해야 한다. 마지막 한번 더 결정을 유도하는 최후의 메시지를 던져라!

프리젠테이션의 마무리가 흐지부지 된다면 Mr.Big의 반응을 읽어낼 수 없다. 충실한 준비와 완벽한 아이디어에 대한 Mr.Big의 칭찬은 프리젠테이션을 마무리하는 그 순간 박수로서 터져 나오게 되어 어느 정도 확인할 수 있지만, 어영부영 끝나는 프리젠테이션에서는 Mr.Big이 어떻게 반응하는가를 있는 그대로 읽어낼 수가 없다. 예를 들어보면 아래의 두 가지 케이스를 생각해 보자.

Case 1.

"더 질문이 없습니까? 질문이 더 없으시다면 이상으로 신규사업 추진 전략에 대한 발표를 마치도록 하겠습니다."

Case 2.

"더 질문이 없습니까? 경영학의 대가인 피터드러커는 자신의 책 '실천하는 경영자'에서 이렇게 말했습니다. '고정 이익에 대한 환상을 깨고, 새로운 위기를 마련하라'
이처럼, 오늘의 이 짧은 발표가 우리 회사에 있어서 미래 성장동력으로 자리매김할 수 있는 계기가 될 수 있는지는 바로 여기 계신 여러분의 현명하고 신속한 선택에 있다고 생각합니다. 그리고 지난 수개월간의 업무를 통해서 저희 프로젝트 팀원 모두는 중국사업에 대해서는 거의 전문가 수준으로 역량이 상승했다는 평가를 받고 있으며, 이러한 노하우와 열정을 근간으로 중국 신사업 추진전략을 성공적으로 이끌 만반의 준비가 이미 되어있습니다. 감사합니다!”

어떻게 달라 보이는가? 프리젠테이션이 종료되었을 때 Mr.Big이 가지게 되는 느낌을 상상해 보자. 프리젠테이션에서 들었던 내용이 같다 하더라도 두 번째의 마무리가 Mr.Big을 보다 더 가슴 벅차게 만들 수 있을 것이다. 프리젠테이션이 끝났을 때 Mr.Big을 비롯한 청중의 반응이 (머리를 긁적이며) “어, 끝났나…?” 하고, 여기저기서 힘없이 산발적인 박수소리가 들린다면 그 프리젠테이션은 실패에 가까운 것이다.

“앗…. 막바지에 접어들었구나”, “끝나고 있다” 그리고 “이제 끝났구나!”라는 반응과 함께 동시에 박수가 터져야 성공한 프리젠테이션이라고 볼 수 있다. 일반적으로 우뢰와 같은 박수는 갑자기 멍하게 잠자코 있다가 터지는 게 아니고, 박수를 칠 기회를 마음속으로 기다리다가 결국 예정된 시간에 동시에 박수가 나오게 된다. 박수를 받고 싶다면 사전에 박수가 터질 시점이 다가 오고 있음을 간접적으로 알려주고 유도하야 발표자가 원하는 정확한 시점에 박수가 터진다. 이게 바로 무대 위에서의 박수 법칙이다.

이처럼 진정한 프로들은 청중의 박수를 이끌어 낼 수 있어야 하며 우뢰와 같이 울려 퍼지는 박수를 즐길 줄도 알아야 한다. 프리젠터테이너(Presentertainer)로서 말이다.

좋은 마무리를 위한 특별한 노하우

시작부, 중반부, 그리고 마무리

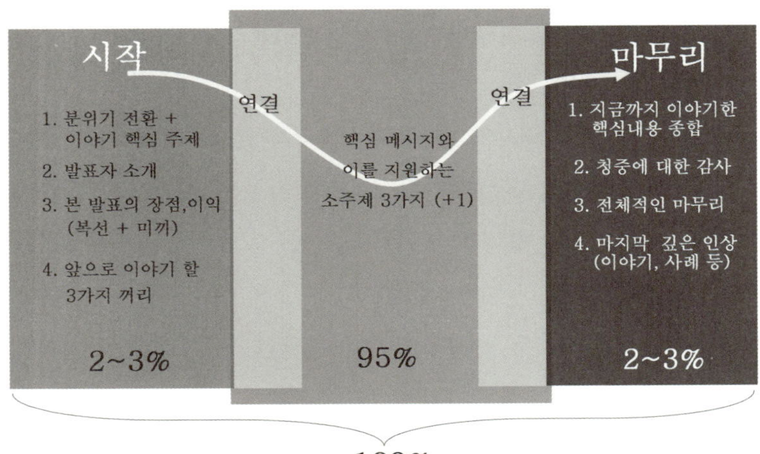

✱ **지금까지 다루었던 주요 내용 전체를 간단하게 정리(Review)해 줄 것**

지금까지 제시한 전체적인 큰 흐름 그 핵심 내용들을 다시 한번 인식할 수 있도록 갈무리 해 주는 것이 좋다. 프리젠테이션에 참여하는 청중 누구나가 끝날 때가 되면 눈빛이 초롱초롱해지면서 중반부에 비해 더 높은 집중도를 보이기 때문에 이 때를 놓치지 않고 지금까지한 이야기 중에 핵심이 되는 이야기를 다시 한번 정리해 주어야 한다. 수능 막판 족집게 과외같이 중요한 것만 중점적으로 다시 다루어 주면서 끝맺음을 해준다.

❋ **처음 시작부에서 제시했던 '프리젠테이션을 통해서 얻을 수 있는 장점이나 이익'에 대하여 구체적인 답을 제시할 것**

초반부 프리젠테이션 시작과 동시에 Mr.Big을 향해 던졌던 미끼, 즉 프리젠테이션에 대한 기대감에 대해 실질적인 답을 제시해 줌으로써 처음과 끝이 연결되는 듯한 느낌을 강하게 줄 수 있다.

❋ **Mr.Big에게 기대하는 행동을 우회적으로 표현할 것**

기대하고 있는 Mr.Big의 의사결정 방향이나 행동 등에 대해 너무 대담하지 않은 수준에서 살짝 돌려서 언급해 주는 것이 좋다.

예를 들면, "우리 회사가 더욱 더 번창하는 절호의 기회가 우리에게 왔다고 확신합니다. 향후 10년 이내에 이러한 기회는 다시는 오지 않을 겁니다. 지금까지 늘 현명하신 결정을 하셨던 만큼 이번에도 또한 현명하신 결정이 있으실 것이라고 저는 확신합니다." 이렇게 되면, 발표자가 원하는 결론이 실행으로 좀 더 가까이 다가갈 수 있게 된다

❋ **깊고 강한 인상을 남길 것**

자신이 생각하기에 프리젠테이션에서 정말 중요하고 Mr.Big을 꼼짝 못하게 하는 그 무엇이 있다면 맨 마지막을 위해서 아껴두는 것도 전략이다. 사람의 심리는 무언가의 끝이나 종료에 가까워질수록 그동안 가지고 있던 고정관념이 누그러지거나 인식의 저항이 낮아지면서 마음이 다소 편안하고 오픈된 상태로 만들어지기 때문에 이 시점에서 제시하는 강한 인상은 Mr.Big의 가슴에 박혀서 사진처럼 남게 된다.

최악의 시작 '9시뉴스'

"안녕하십니까? 저는 ○○○건설 기획
팀에서 근무하는 ○○○입니다. 오늘
말씀드릴 주제는 A 상품에 대한 고객사용
테스트 결과에 관한 내용입니다. 먼저 품질에 대한
의견수렴 현황입니다."

프리젠테이션에서 시작이 얼마나 중요한데… 제발 이러지 말아야 한다. 방송사의 연출자들에게는 '드라마 성공 공식'이라는 것이 있다고 한다. 드라마의 성공 공식이란 '강렬한 서막, 강렬한 종결'이 그 핵심으로, 성공하는 드라마는 중반이 어떻다 하더라도 반드시 서두와 마지막에 강력한 이미지를 심어주기 위해 엄청난 비용과 에너지를 투자하여 최대한의 관심을 끌어 내야 한다는 것이다.

프리젠테이션에 있어서 시작부는 강렬한 서막에 해당되고 마무리 단계는 강렬한 종결에 해당된다. 서론과 결론은 Mr.Big이 당신의 프리젠테이션을 얼마나 기억하는가에 가장 많은 영향을 미치는 부분으로 성공의 열쇠가 숨어 있는 부분이라고 할 수 있다. 프리젠테이션에서 가장 좋지 않게 시작하는 최악의 형태가 두개가 있는데 그 첫 번째가 9시 뉴스형이다.

"(시계가 9시 알린 후) 여러분 안녕하십니까? SBC 뉴스 ○ ○ ○ 입니다. 먼저 첫 번째 소식입니다. 청와대는 오늘..."

핵심으로 다루게 될 주제에 대한 공감대 형성이 전혀 없이 시작과 동시에 바로 본론으로 들어가버리는 형태가 이에 해당된다. 이제 갓 지어낸 뜨거운 밥과 보글보글 끓고 있는 된장찌개 그리고 반찬이 차려져 있는 밥상 앞에 앉자마자 배가 고프다고 해서 그 뜨거운 밥 한 숟가락을 입에 바로 떠넣고, 연속으로 뜨거운 찌개를 입 속에 떠 넣으면 어떻게 될까? 너무 뜨거워서 입 속을 데거나, 뱉어버리게 된다.

밥이 뜨거우면 뜨거울수록 입으로 호호 불어서 천천히 먹어야지, 그렇지 않으면 혀나 입 속이 데어서 미각을 일시적으로 잃게 되어, 어느 정도 식은 따뜻한 밥도 제대로 먹지 못하게 되는 경우가 생긴다.

발표자는 프리젠테이션의 시작과 동시에 본론부터 시작하여 휘몰아쳐 나가는 전개를 하면 좋을 것이라고 생각하지만 절대 오산이다. 어느 정도의 준비운동이 없이 바로 달리기를 시작하면, 받아들일 준비가 안되어 있는 몸에 이상징후가 오는 것처럼 프리젠테이션에서도 Mr.Big을 포함한 청중이 같이 달려줄 준비가 되어 있지 않은 상태에서 급작스럽게 시작을 해 버리면 프리젠테이션은 삐걱대기 시작한다.

두 번째는 닳고 닳은 자기소개서 형이다.

"저는 1980년 10월 6일, 서울에서 엄하신 아버지와 자애로우신 어머니 밑에서 1남 2녀 중 첫째로 태어나서, 초등학교 때에는 6년동안 반장을 역임하면서 소명의식과 리더십, 책임감을 알게 되었고…."

기업의 채용담당자들이 가장 싫어하고 짜증나는 자기 소개서의 1위가 바로 늘 누구나 하는 이야기고, 판에 박힌 듯한 그리고 지금까지 몇 십만번은 읽은 것 같은 아주 식상한 멘트로 시작되는 자기 소개서라고 한다. 아직도 식상한 문구로 형식적인 시작을 하고 있는 자기 소개서가 거의 20%에 육박한다. 이러한 자기 소개서들이 기업 채용 담당자들에게는 과히 매력적으로 느껴질까? 기업의 신입사원 채용철이 되면 하루에 몇 백에서 몇 만장의 자기 소개서를 읽어야 하는데 과연 이러한 자기 소개서를 끝까지 읽고 싶은 마음이 들까?

프리젠테이션을 시작함에 있어서도 상투적이고 관례적인 멘트로 시작하는 것보다는 무엇인가 색다른 준비되어 새롭고, 최근의 문제점이나 시사를 담아 관심을 유도하면서 시작하는 것이 필요하다.

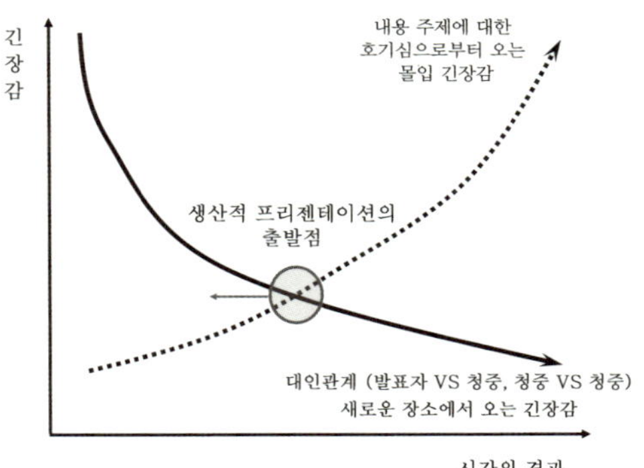

〈청중이 느끼는 긴장감 곡선〉

　　성공적 프리젠테이션의 토대가 되는 중요한 부분이 바로 시작부이다. 프리젠테이션의 도입부에서는 발표자와 청중, 청중과 청중간의 긴장감을 떨어뜨리는 노력을 해야 하고 프리젠테이션의 내용이나 주제에 대한 호기심으로부터 오는 몰입 긴장감을 높이는 노력이 병행되어야 한다.

　　효과적인 시작을 위한 방법으로는 발표자 및 참석한 모든 사람들간의 서먹함을 없애줄 수 있도록 주제와 관련된 일화나 예화를 들어주거나 부담없는 질문이나 퀴즈를 제시하거나 주제와 관련되어 최근에 일어난 시사들을 사용하는 것이 있을 수 있다.

"오늘 오면서 신문을 보니까, ~~~문제에 관한 기사가 있었습니다. 저는 이런 내용들이 이번 사업과 아주 밀접히 관련되어 있다고 생각하며, 이번 사업을 성공리에 수행해서 ~~~~ 문제들은 다시 발생하지 않을 것이라는 것을 확신합니다."

프리젠테이션에 참석한 사람들이 가장 먼저 확인하는 세 가지

● 얼마나 걸리는 거야?

● 오늘 주제가 정확히 어떤 거야?
　(나한테 도움이 되는 거야?)

● 나 말고 누가 또 여기 온 거야?
　(혼자 앉아 있으니 어색하군)

5분간의 사투, 궤도에 오르기 위한 싸움

프리젠테이션은 유한한 시간자원을 누가 가장 효율적으로 쓰는
가의 싸움이기 때문에 달리기로 비유해보면 장거리가 아닌, 단거리
달리기라고 앞 단락에서 어느 정도 설명을 했었다. 단거리 경쟁일
수록 처음의 시작 단계에서부터 누가 먼저 제치고 나갔느냐에 따라
서 승패가 거의 결정되기 때문에 초기 승부수가 큰 경쟁 전략이다.
초반부에서부터 느리게 시작하거나 뒤쳐지면 중반부에서 이를 만회
하기 위해서는 엄청난 에너지를 투입해야 하며 그렇다 하더라도 이
길 수 있는지는 의문이다.

프리젠테이션에 비유해 보자. 시작과 동시에 좋은 인상과 전문가
와 같은 신뢰감을 주지 못하고, 내용 또한 매력적이지 못하면 중반
부터는 Mr.Big의 호감도와 관심을 이끌어 내는 데에는 처음에 비
해 2배 이상의 에너지를 소비해야 하는데, 일반적인 프리젠테이션
에 소요되는 시간이 평균 약 30분 전후인 점을 생각해 봤을때 처음
에 제대로 시작하지 못하면 결국 실패라는 결론이다. 따라서 숙련
된 발표자들도 프리젠테이션을 준비할 때 가장 많이 힘을 쏟는 부
분이 바로 시작단계이다.

또한 프리젠테이션의 시작은 첫 장의 슬라이드가 보여지면서 시
작되는 것이 아니라 기다리던 청중에게 발표자가 노출되면서부터
시작된다는 것을 기억해야 한다. "아직 정식으로 시작한 게 아니니
까 아무렇게 행동해도 괜찮겠지"해서 시작 전에 건들건들 돌아다닌
다거나, 너무 풀어진 모습으로 대기하는 모습을 보인다거나 아니면

반대로 무언가 준비되어 있지 않아서 급하게 준비를 하는 모습을
보인다거나 하는 것은 매우 잘못된 프리젠테이션의 시작이다.

> 프리젠테이션이 시작된지 5분이 지났는데도, 앞에 앉아 있는 사람
> 들이 아무런 감흥을 보이지 않는다면, 그건 100% 발표자의 책임
> 이다.

좋은 시작을 위한 특별한 노하우

시작부, 중반부, 그리고 마무리

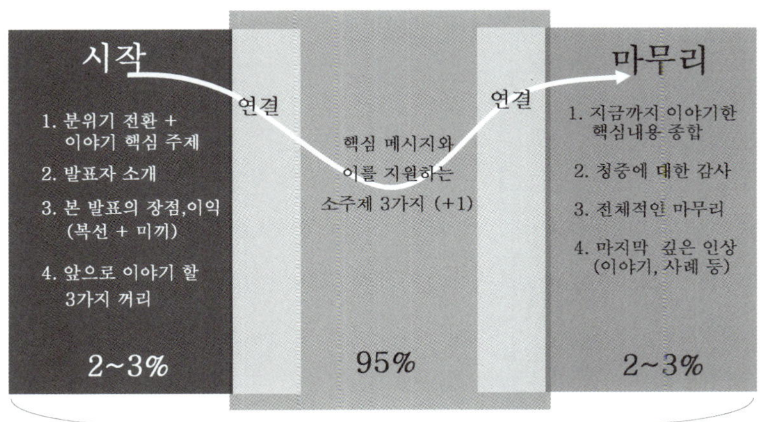

※ 등장부터가 시작이다

무대 등장형일 경우(즉, 사회자의 소개를 받고 등장하는 경우)

등장과 동시에 편안한 모습을 보이되 격조를 떨어뜨리는 불필요한 동작은 하지 말아야 한다. 긴장되어 바지춤을 추킨다거나, 머리를 긁적이거나, 머리카락을 쓸어 올린다거나 하는 등의 행동은 피해야 한다.

사전 등장 후 대기형일 경우(즉, 시간이 되면 발표자가 별도의 소개없이 시작하는 경우)

정식으로 시작하기 전에 자리에 앉아 있는 청중들과 가벼운(눈) 인사를 건네고, 가급적이면 그들이 하고 있는 가벼운 대화에 끼어들어서 자신도 같은 부류의 사람이며 같은 생각을 하고 있는 사람이라는 것을 먼저 보여준다. 그러면 청중들은 발표자의 친구가 된다.

※ 인간적 면모를 보일 것

청중에 대한 친근감을 보이고, 온화하고 부드러운 모습을 유지하면서 간단한 유머나 위트 또는 주제와 관련된(가급적 2~3일 내) 시사 내용 또는 자신의 경험을 다루어 주어 즉흥적인 공감대를 형성한다.

※ 큰 소리로 힘차게 시작할 것

처음에 작은 목소리로 시작하게 되면, 나중에 큰소리로 끌어올리기 어렵기 때문에 반드시 힘차고 밝은 목소리로 시작하여, 경쾌한 느낌을 주도록 해야 한다.

❋ 필요 시 프리젠테이션의 주제와 연관된 경력을 소개할 것

발표 주제에 대한 자신의 학력, 경험 등에 대해서 충분한 설명을 하되 과시하지 않는 선에서 소개하여 청중으로 하여금 전문적이고 충분히 준비된 사람이라는 신뢰감을 느끼게 해 준다. Mr. Big의 이름을 직접적으로 거론하면서 그가 청중으로 참여해 있음을 공식적으로 언급해 주어, 발표자가 Mr.Big과 비공식적으로도 친한 관계인 것같은 분위기를 연출하는 것도 방법이다. 이러한 이야기를 듣게 되면 나머지 청중들은 Mr.Big이 가지고 있는 권위를 발표자에게 간접적으로나마 부여하기 시작한다.

❋ 발표 주제를 직설적으로 이야기하고 주요 흐름과 시간을 소개할 것

프리젠테이션에서 다룰 내용에 대한 직접적인 소개를 하며, 소요 시간을 알려준다. 발표자의 숨겨진 의도(예를 들면 '계약 성사' 등)는 직접 표현하지 않는 것이 좋다.

❋ 복선과 미끼를 던질 것

프리젠테이션이 끝났을 때에 여기에 참여한 모든 사람들이 얻게 될 이익이나 긍정적인 변화 또는 새롭게 얻게 되는 지식 등, 청중이 변화될 긍정적인 상태를 미리 언급하여 주면 기대감이 높아진다. 마무리 시에 이를 다시 한번 언급해 주면서 실제로 그 이익이 무엇인지를 짚어 주면 더욱 효과가 좋다.

예를 들어, "오늘 제가 말씀 드릴 내용은 중국시장의 젊은 소비계층의 생활패턴에 대한 실질적인 이야기입니다. 아마, 제 발표시간이 끝날 무렵에는 마치 중국에 잠시 다녀 오신 것처럼, 생생한 간접

경험을 하실 수 있을 것입니다. 그리고 올해에 가장 중국에서 히트 친 상품이 어떤 것인지, 내년에 연이어 성공할 상품이 무엇인지에 대한 명확한 감(感)을 가지실 것이라 확신합니다."

절대 이 얘기 좀 하지 마세요, 제발!

시작부에서 초치는 발표자의 말들

- "사람들 앞에서 말하는 것에 익숙하지 않아서…."
- "준비한 것이 별로 없어서…."
- "왜 저를 이 자리에 부르셨는지 잘 모르겠습니다."
- "원래 발표하려 했던 사람이 바빠서 제가 오늘 대신…."

마무리 단계에서 초치는 발표자의 말들

- "귀중한 시간을 뺏게 되어 미안합니다."
- "충분히 준비하지 못해 죄송합니다."
- "부족한 내용, 경청해 주셔서 감사합니다."

무대 위에 올라서서 시작부터 자신없는 이야기를 마구 쏟아 내거나, 자신없어 보이는 이야기로 마무리를 짓거나, 내가 누구를 대신해서 이 자리에서 급작스럽게 프리젠테이션을 하게 되었다거나 하는 내용을 듣게 되면 이 얘기를 듣기 위해 자신의 시간을 빼앗긴 Mr.Big의 머릿속에는 어떤 생각이 들까?

"뭐야, 지금 장난해? 준비를 안하고 왔다고? 여기 있는 직원들 모두 시간을 다 합치면 100시간도 넘는 건데... 그 인건비를 갉아 먹겠다고? 이거 완전히 징계감인데, 내용 형편없으면 당신 오늘 끝이야~~", "당신이 누구를 대신해서 나온 거면 나도 누구를 대신해서 들어주면 되겠네~~ 그럼 공평한 거지?", "지금까지 들은 게, 정확하지 않는 정보였어? 지금까지 여기에 할애한 내 시간은 도대체 어디에서 보상받아야 하는 거야?"

이렇게 자신이 듣고 있는 데시지의 신뢰감에 금이 가는 이야기를 듣게 되면, 의사결정을 해야 하고 결국 책임을 져야 하는 Mr.Big의 머릿속에는 어떤 생각이 들게 될까? "그래서 저 말을 지금 믿으라는 거야, 말라는 거야?", "지금은 준비 안했으니, 다음 번에 또 하겠다는 거야?", "지금 시간 대충 때우고 있다는 거 다 알아!"

필요하다면 사기라도 칠 자세로 무대위로 올라라. 자신 없는 발표자의 이야기를 듣는 것보다, 청중은 오히려 자신있는 사기꾼을 원할 때도 있다.

Chapter 11

구성편에서 얻은 교훈

지금까지 당신은 Mr.Big이 했던 독설에 대해서 하나씩 하나씩 그 사례와 이유를 살펴본 동시에 어떻게 하면 그러한 말을 듣지 않을까를 고민했다. 그리고 Mr.Big의 입에서 나왔던 각각의 독설마다 그를 피해갈 힌트를 얻게 되었다.

Mr.Big의 독설 : 내가 뭐 듣고 싶은지 몰라? 이렇게 손발이 딱딱 안 맞아서야…

❋ 그의 입장에서 생각한다

제대로 된 프리젠테이션을 구성하려면 반드시 Mr.Big의 머릿속에 들어가 봐야 한다. 그래서 그가 진정 원하는 것이 무엇이고, 어떤 스타일의 프리젠테이션을 원

하는지를 알아 본 후 그 내용을 중심으로 프리젠테이션이 진행되어야 한다. 고객의 입장에서 생각하면 세상이 달라보일 수 있는 것처럼, Mr.Big의 입장에서 생각하면 프리젠테이션이 달라지게 된다.

Mr.Big의 독설 : 그래서 지금 뭐하자는 거야? 왜?

❋ 결론부터 시작해서 결론으로 끝난다

일반적인 대화와 프리젠테이션이 가장 크게 다른 것은 프리젠테이션에는 달성해야 하는 목적이 있는 것이고, 그에 따른 결과가 있다는 것이다. 정해진 시간 내에 싸워야 하는 만큼 결론으로 시작해서 결론으로 끝나는 구성 방식이 가장 효과적이며 Mr.Big 또한 이런 접근의 순서를 원한다. 당신이 펼칠 수 있는 가장 효율적인 전략도 모든 에너지와 자원은 결론에만 집중하는 것이다.

Mr.Big의 독설 : 당신이 제시한 그 案으로 결정해야 하는 이유, 딱 3가지만 말해봐

❋ 중요한 사항을 빼고는 모두 버린다

과수원에서 배를 재배할 떠에도 나뭇가지에 열려 있는 작은 배들은 일부러 먼저 따서 버리는 경우가 있다. 이렇게 되면, 나무에 남아 있는 나머지 배들은 훨씬 더 크게 자라게 되며 더 실한 배가 되어 시장에 훨씬 비싼 값에 팔 수 있는 우수상품이 된다. 이처럼 프리젠테이션의 발표내용에 대해서 선택과 집중을 해야지만 당신이 발표하는 내용의 상품성이 더욱 높아질 수 있다. 정말 필요한 내용만 살리고 나머지는 잘라서 버려라, 그래야지만 당신의 프리젠테이션이 살아 남을 수 있다.

Mr.Big의 독설 : 참 밋밋하구만…

❅ 전략을 가지고서 메시지를 고르게 배열한다

누구나 하나의 이야기에 30분 동안 일관된 높은 집중을 유지한다는 것은 불가능하다. 일정하고, 고르게 된 메시지의 배열을 통해서 Mr.Big의 집중도를 지속적으로 이끌어 내는 내용구성 전략을 가질 필요가 있다. 무엇을 먼저 설명할 것인지, 어떤 방식으로 설명할 것인지에 대한 전략을 설정한 후에 유머와 위트를 적절히 가미하게 되면 Mr.Big의 관심은 잘 설계된 사다리를 타고서 일정한 속도로 결말까지 차근차근 올라오게 된다.

Mr.Big의 독설 : 제발 나를 설득해봐; 느낌이 안 오잖아

❋ 적절한 사례와 예시로 이해를 높인다

Mr.Big의 마음속으로 파고 들어갈 열쇠를 찾아야 한다. 일반적인 사실의 나열은 가급적 피하고, Mr.Big이 마음으로 느낄 수 있는 여러 가지 사례와 예시를 제시하여 더욱 깊숙이 그의 마음 속으로 들어가서 선택과 결정에 대한 확신을 심어 줄 때 당신이 원하는 프리젠테이션의 결과가 이루어질 수 있다.

Mr.Big의 독설 : 어라! 끝난거야?

❋ 강한 시작, 강한 마무리를 구성한다

시작과 마무리는 동시어 결론을 바라보고 있어야 하며, 중반부에서도 이 결론을 뒷받침해주고 지원 사격해 주는 세 가지의 소주제가 존재토록 한다. 시작과 끝에 최대한의 에너지를 쏟을 필요가 있다. 순간적인 몰입을 이끌어 내는 강한 시작과 강력하고 의미있는 마무리를 통해서 프리젠테이션은 드라마가 될 수 있다.

구성편을 마치며

예전에 프리젠테이션은 천부적으로 타고난 재능이라고 말하는 경우도 있었다. 남들 앞에 서서 떨지 않고, 말을 잘하는 사람들이 프리젠테이션을 잘 할 수 있다고 믿었던 것 같다. 정말 선천적으로 말 주변이 좋은 사람들이 프리젠테이션을 잘 할까? 말을 청산유수처럼 잘한다는 것이 좋은 프리젠테이션을 만들어 가는데에 어느 정도 도움은 되겠지만 여기에 프리젠테이션의 전략이 병행되지 못한다면 완벽한 프리젠테이션이라고 부를 수 없다.

본 장에서 함께 알아봤던 프리젠테이션의 구성이 바로 '전략'에 해당하는 영역이다.

- 그 무엇을 요구하고 있는가?
- 그 무엇을 어떻게, 어떤 순서로 말할 것인가?
- 그 무엇을 어떻게 전달하면 좀더 설득력이 높아지고, 이해도가 높아질 것인가?

이 세 가지의 질문에 확실한 답을 가지고 있다면 본격적으로 프리젠테이션의 윤곽이 설정되는 것이고 당신은 Mr.Big의 비난을 막아낼 수 있는 갑옷을 입은 것과 같다.

'이왕이면 다홍치마'라는 말과 같이
좀 더 깔끔하고 정갈한 슬라이드가
훨씬 매력적으로 보이고 믿음이 간다.
Mr.Big이 선호하는 슬라이드에 대해
알아보자.

슬라이드편

Part 03

이제 무엇을 어떤 방식으로 말할 것인지에 대한 감이 어느 정도 생기게 되었을 것이다. 그런데 이제는 당신이 말할거리를 어떻게 슬라이드에 담아야 하는지에 대한 고민을 얻게 되었다. 예전 같았으면 그냥 파워포인트에서 마구 글자와 숫자를 쳐서 넣던가 아니면 기존 보고서의 내용을 가지고서 그냥 짜깁기를 했었는데…, 그래서, 다시!

어떤 슬라이드가 보여 졌었을 때, Mr.Big이 분노했었는지를 알아 봤다. 그의 입에서는 이러한 독설이 나왔었다.

"저걸 보라고 만든 거야? 당신도 안 보잖아..."
"슬라이드 참 빽빽도 하셔라, 거 좀 시원하게 못 만들어?"
"당신도 저거 보면 뭔가 불편하지 않아?"
"저 유치 찬란한 색깔 봐라, 조잡하잖아."
"뭘 이렇게 베베 꽈서 어렵게 썼어?"
"저 문구 초등학생이 썼어?"

이 또한 무시무시한 말 들이다. 사실 당신도 예전에 프리젠테이션에 청중으로 참석했을 때 앞에 있는 발표자에게 대 놓고는 말 못했지만 마음 속으로는 엄청나게 많이 했던 말들이다. Mr.Big이 이런 심한 말을 했던 슬라이드를 입수해서 하나씩 파일을 열어보니 정말 가관도 아니었고, 도대체가 어떻게 이런 슬라이드를 가지고서 프리젠테이션을 하려고 했었는지 기가 막혔다. 그래서 당신은 "이제부터 내가 프리젠테이션을 할 때에는 반드시 저러지는 말아야지!"라고 생각하며, 그러한 상황을 만들지 않기 위한 노력을 하기 시작한다. Mr.Big의 독설이 나왔던 상황을 정리하고, 어떻게 하면 그 독설을 피할 수 있는지를 자세히 알아보게 되었다.

그 과정에서 당신은 또 다시 피가 되고 살이 되는 교훈을 얻게 된다.

Chapter 12

저걸 보라고 만든 거야?
당신도 안 보잖아

다음은 2008년도의 각 지역별 매출현황입니다. 보시는 바와 같이 당사 전체 마출 중 A지역에서 많은 매출이 발생되고 있으며… (중략) 전체적으로 전년도의 실적과 유사한 실적이 내년도에 예상은 됩니다만 화면에서 보시다시피 D 지역의 경우에는 내년도의 집중 투자로 인하여 하반기부터 실적이 급격히 좋아 질것으로 판단됩니다. 또한 화면 하단에서 보실 수 있는 것처럼 L 지역의 경우에는 지점의 축소로 인한 매출 감소가 진행될 예정입니다. 전체적인 평균 판매비중은 표의 4번째의 열에서 보실 수 있는 것처럼 약 19.3% 정도이며….

잠깐… 당신 지금 저걸 보라고 만든 거야? 당신은 저거 보여? 도대체 어딜 보라는 건지, 글자가 너무 작아서 보이지도 않아. 이럴 거면 차라리 프린트해서 나눠줘야 되는 거 아니야?

이기적인 슬라이드는 또 다른 '비즈니스 공해'다

Mr. Big은 항상 여러 가지 프리젠테이션에 참관하면서 자신의 인 내심을 시험 당하게 된다. 프리젠테이션에서 일어나는 실수를 너무도 많이 봐왔기 때문에, 이제는 나름대로의 면역력도 생겨서 왠만한 실수에 대해서는 둔감해지기도 했지만, 절대 참을 수 없는 것이 바로 이러한 이기적인 슬라이드다.

앞서 사례에서 보여진 슬라이드는 숫자로만 가득 차있고 빽빽하고 촘촘하게 구성되어 있으며, 의미있는 정보들은 설명하지 않아도 되는 의미없는 정보들과 마구 뒤섞여 있다. 돋보기를 들고 인상을 찌푸리며 한참을 들여다 봐야 슬라이드가 가진 의미를 찾아낼 수가 있다. 무슨 보물 찾기도 아니고 말이다. 이러한 슬라이드는 이미 프리젠테이션의 발표자료로서 가져야 할 기능을 전혀 발휘하지 못하기 때문에 이미 뇌사상태에 빠진 것과 다름이 없다. 이러한 슬라이드를 통해 프리젠테이션의 생기가 없어지고, 사람들이 의욕이 죽어간다.

더 넓게 보면 발표자의 아이디어가 시들어 가기 시작한다.

이렇게 프리젠테이션에 참석한 사람들에 대한 배려라고는 눈꼽
만큼도 없는 이기적인 슬라이드는 요리로 치면 식당에 찾아온 손님
을 주방으로 끌고 가서 도마 위에서 손질하고 있는 돼지고기와 뜨
겁게 달궈진 기름, 볶아놓은 여러 가지 야채들을 보여주던서 "이것
이 탕수육입니다. 알아서 드십시오"라고 얘기하는 것과 같다.

당신은 이런 슬라이드를 무수히 많이 봐왔을 것이다. 왜 이런 슬
라이드가 만들어질까? 파워포인트를 잘 다루지 못해서? 디자인의
감각이 없어서? 그러한 이유도 있을 수 있겠지만, 가장 큰 이유는
바로 슬라이드를 Mr.Big에게 보여주려고 만든 것이 아니고, 발표
자 자신이 참고하면서 설명하려는 용도로 만들었기 때문이다.

보여주려고 만든 슬라이드와 보려고 만든 슬라이드는 엄청난 차
이가 있다. Mr.Big에게 보여주려고 만든 슬라이드는 Mr.Big의 충
분한 이해를 돕기 위한 목적만을 가지고 있기 때문에, 프리젠테이
션이 가지고 있는 큰 흐름 상의 연결관계를 고려하면서 Mr.Big이
봐야 하는 내용만을 슬라이드에 담게 된다. 반대로 발표자 자신이
무대 위에서 참고하려는 용도로 만든 슬라이드는 발표자가 생각했
던 내용, 무대 위에서 자신이 말할 내용을 중심으로 작성하기 때문

에 근거자료나 세부항목 그리고 그대로 읽어줄 글자나 숫자 중심으로 작성하게 된다. 발표자만을 위해서 만들어지는 이기적인 슬라이드가 바로 여기에서 태동된다.

화투(畫鬪) 그리고 파워포인트(PowerPoint)

프리젠테이션의 성공 공식이 있다.

"(구성전략)×(슬라이드)×(발표자)"
- 구성전략 : 무슨 이야기를 어떻게 하는가?
- 슬라이드 : 어떻게 보여줄 것인가?
- 발표자 : 어떻게 실행할 것인가?

이 공식을 보면 세 가지 요소들이 각각 더하기(+)로 연결되는 것이 아니고 곱하기(X)로 연결되고 있음을 눈여겨 볼 필요가 있다. 하나의 요소가 준비가 덜 되어있거나 효과성이 떨어져 있으면, 나머지 두 가지 요소가 아무리 훌륭한 준비와 전략을 가지고 있다 하더라도 그 프리젠테이션의 결과는 나빠지게 된다. 세 가지의 요소 모두 다 균형있게 준비되어 있어야 하고 각 요소들이 제대로 효력을 발휘할 때 비로서 훌륭한 프리젠테이션을 만들어 갈 수 있다.

한가지 안타까운 것은 많은 사람들이 슬라이드의 중요성을 간과하는 경우가 많다는 것이다. 슬라이드에 대해서 신경을 가장 덜 쓰고, 시간이 없으면 일단 노력을 배제하려 한다. 그리고는 속으로 이렇게 생각한다.

"보여지는 슬라이드가 뭐가 그리 중요하겠어? 내용만 충실하면 되는 거 아니야? 난 포장보다는 알맹이로 승부할래. 보여지는 내용이 허술해도 말로 때우면 되겠지"

이 모두 다 큰일날 소리이그 프리젠테이션을 더 이상 하지 말아야 하는 징조이다. 발표자가 프리젠테이션의 무대 위에 섰을 때는 두 가지의 무기를 휘두를 수 있다. 첫 번째가 입을 통해 설득, 설명할 수 있는 무기이며 나머지 하나가 눈을 통해 설득, 설명할 수 있는 무기이다. 이 두 가지 무기 모두가 매우 중요하기 때문에 두 무기간의 우열을 가릴 수가 없는데, 많은 초보 발표자들은 입을 통해 설득, 설명하는 무기만 집어 들고 무대 위에 선다. 나머지의 중요한 무기는 집에 고스란히 놓고서 말이다.

슬라이드의 중요성을 부각시켜서 프리젠테이션을 '화투(그림 화(畵)＋싸울 투(鬪))' 일명 '그림싸움'으로 표현하기도 한다. 말 그대로, 보여지는 그 무엇으로 승패가 결정될 수도 있을 만큼 슬라이드는 큰 비중을 차지하고 있다는 것이다. 효과적인 프리젠테이션을 한

번이라도 고민했던 사람이라면 그 누구도 부정할 수 없는 이야기들이다. Mr.Big을 포함해서, 프리젠테이션에 참석한 사람들의 기억력은 오래 가지 못한다. 내용을 아무리 강조하고 강조해도 끝나기가 무섭게 새까맣게 잊어버린다. 당신도 그랬었던 것처럼 말이다.

이것은 Mr.Big을 탓할 문제만이 아니라 발표자의 잘못이 더 크다고 본다. Mr.Big의 기억을 높일 수 있는 준비를 하는 책임은 발표자에게 주어진 의무이자 책임이다.

구분	3시간 경과 후 기억율	3일 경과 후 기억율
청각에만 국한된 프리젠테이션 (말로만 설명한)	70%	10%
시각에만 국한된 프리젠테이션 (자료만 보여준)	72%	20%
청각과 시각을 동시에 자극하는 프리젠테이션 (슬라이드를 근간으로 말로 잘 설명한)	85%	65%

위 표에서 볼 수 있는 것처럼 청각에만 또는 시각에만 국한된 프리젠테이션의 경우에는 보통 프리젠테이션 종료 3시간 후에는 내용 중 70%만이 기억에 남고 프리젠테이션이 종료된 지 3일이 경과하면 언어만 사용한 프리젠테이션은 10%만, 그림만 제시한 프리젠테이션은 20%만 기억에 남는다. 반면, 언어로 된 설명과 눈으로 보여

지는 자료가 적절하게 조합된 프리젠테이션의 경우에는 종료 후에도 상당히 많은 양을 기억하기 되면서 3일 후에도 약 65%의 기억율을 유지할 수 있다. 이처럼 발표자가 가지고 있는 언어적 메시지에 부합되는 슬라이드는 프리젠테이션에서 정말 중요한 도우미 역할을 하게 된다.

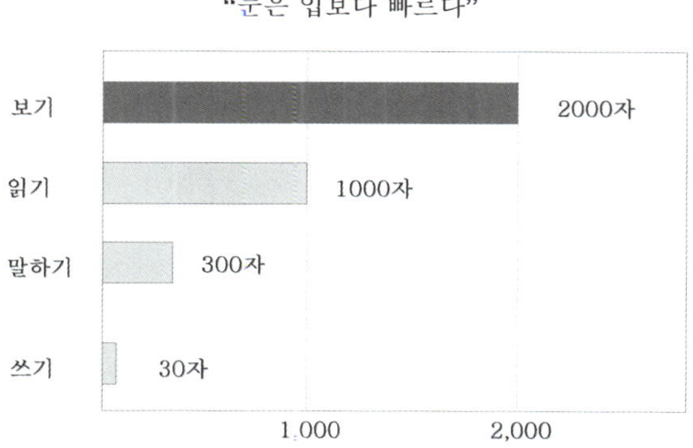

〈1분당 처리할 수 있는 정보의 양〉

적절하게 구성되어 있는 슬라이드는

- 주어진 시간에 보다 많은 정보량을 단시간 내에 전달이 가능하기 때문에 내용에 대한 빠른 이해를 돕는 촉매의 역할을 한다.
- 딱딱한 내용이더라도, 사진과 그림 등의 역동성(Dynamic)을 통해 주목을 시킬 수가 있으며 지속적인 흥미를 유발시킨다.
- 머릿속에 강한 인상으로 남게 되어 기억에 오래 남게 한다.
- 말로만 설명할때 보다 눈으로 설명할 수 있는 기회를 추가로 제시하여 설명하는 시간을 절약하게 한다.

프리젠테이션의 슬라이드를 준비하면서 가장 많이 사용하는 제작 도구가 바로 마이크로소프트 사에서 만든 파워포인트(PowerPoint)이다. 파워포인트! 그 이름만으로도 어떻게 사용해야 하는지 그 의미를 품고 있지 않은가? 파워포인트(PowerPoint)를 단어로 뜯어보면 Power(힘)와 Point(중요함, 강조점)가 합쳐있다. 우리말로 풀어보면 "힘있게 강조한다"는 뜻을 가지고 있다고 볼 수 있다.

그러면 당신은 과연 힘있게 강조하는 용도로 파워포인트 슬라이드를 만들고 있을까? 그리고 마이크로소프트 사에서 만든 문서 제작 도구인 엑셀(Excel)과 워드(Word)와는 확연히 구별되는 용도로서 파워포인트를 사용하고 있을까?

지금까지 지켜본 많은 프리젠테이션의 슬라이드들 중, 절반 이상의 슬라이드들은 거의 엑셀(Excel)형, 워드(Word)형 슬라이드처럼 보였던 게 사실이다.

- 엑셀(Excel)형 슬라이드 : 숫자로 일관되어 네모 반듯한 박스형의 네모 칸에 숫자들이 우글우글한 슬라이드
- 워드(Word)형 슬라이드 : 정해진 칸도 없고, 아무런 그림이나 도형도 없이 글자들이 바글바글한 슬라이드

이제부터 당신은 늘 고민해야 한다. "나는 정말 파워포인트를 쓸 자격이 있는 슬라이드를 만들었는가?" 이 대답에 조금이라도 시원치 않은 것이 있다면, 당신의 슬라이드를 다시 수정해야 한다.

광고 카피 중에는 "보이는 것만 믿으세요"라는 문구가 있다. 엄청난 정보의 홍수 속에 살아가는 지금! 너무 많은 정보들이 넘쳐나기

때문에 단순하게 듣는 정보보다는 직접 눈으로 보여지는 정보들이 믿음과 확신으로 연결되는 시대가 되었다. Mr.Big 또한 다를바 없이 자신의 눈에 보이는 것을 더 믿게된다. 이게 바로 프리젠테이션에서 보이는 것이 중요한 이유이다.

슬라이드가 가져야 하는 예절 기본 세 가지

프리젠테이션에서 훌륭한 슬라이드라는 이름을 얻으려면 아래의 3가지 조건을 만족해야 한다.

첫째, 직독성이란 보는 사람으로 하여금 '슬라이드를 한 눈에 알아볼 수 있도록 한다' 는 것이다. Mr.Big이 슬라이드를 보는 순간 바로 이해하고, 바로 해석이 가능하도록 명확하고 간결하게 의미를 그대로 드러내는 형태의 슬라이드를 구성해야 한다.

둘째, 간결성은 '복잡한 것을 간결하게 압축하여 표현한다'는 것
이다. "이 슬라이드를 통해 무엇을 말하고 싶은가?"에 초점을 두고,
정보의 선택과 삭제를 적용할 때, 다루고 있는 내용이 어렵더라도
쉽게 이해할 수가 있다. 슬라이드는 핵심만을 다루고 있어야 하며
없어도 되는 것은 과감히 없애야 한다.

[예시 1]

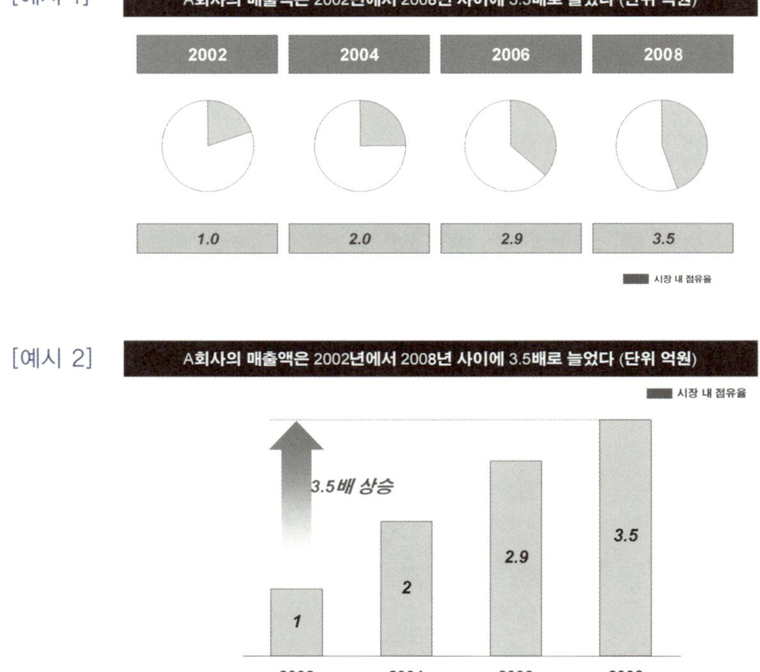

[예시 2]

위에서 제시된 슬라이드를 보더라도 [예시 1]과 [예시 2]가 다루
고 있는 메시지는 동일하다. "A회사의 매출액은 2002년에서 2008

년 사이에 3.5배로 늘었다”의 동일한 메시지를 가지고 있지만 [예시 1]보다는 [예시 2]의 슬라이드가 3.5배로 성장했다는 극명한 차이점을 부각시키면서 훨씬 간결하고 한 눈에 인식할 수 있도록 도와주고 있다.

마지막 세 번째의 훌륭한 슬라이드의 특징, 소구성은 '중요한 점을 눈에 띄도록 강조하고 있어야 한다' 는 것이다. 슬라이드에서 '이것만큼은 봐주었으면 하는 부분' 에 대해서는 색깔처리를 갈리 한다거나 다른 추가적인 기호나 도형 등을 이용하여 눈에 띄도록 표시를 해주는 것이 좋다. 이를 긴급 메시지 형태(Emergency feature)라고도 하며, 이를 통해 Mr.Eig은 중요한 부분에 가장 먼저 시선을 주게 되고, 가장 오래 시선을 멈출 수가 있게 된다.

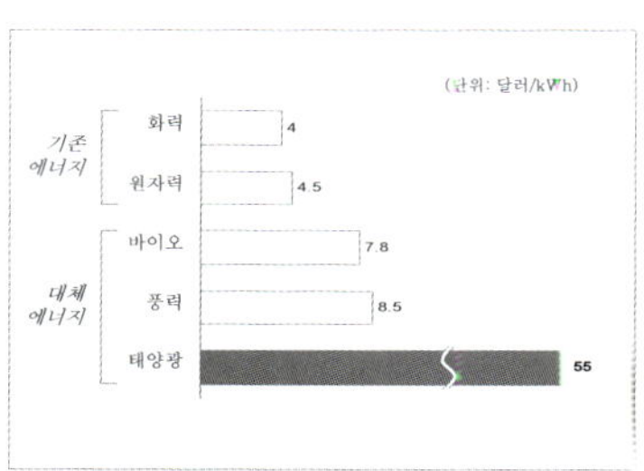

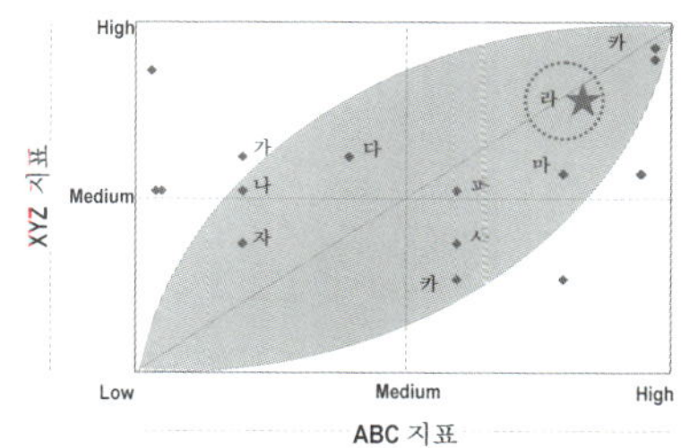

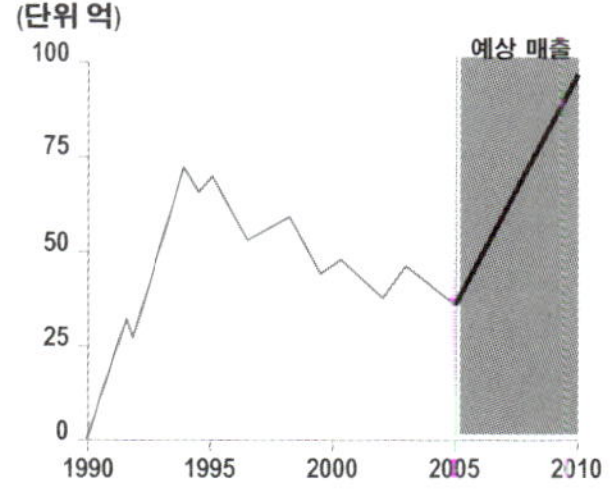

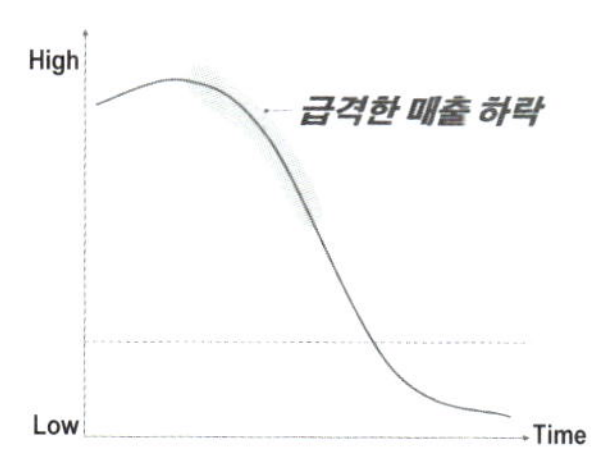

〈소구성을 지향한 슬라이드 예시〉

하지만, 이러한 슬라이드 내의 강조는 장식이 아니라는 것을 명확히 알아야 한다. 강조란 슬라이드에서 다루고 있는 정보를 보다 신속, 명료하게 전달하기 위한 수단으로 도표의 직독성을 높이고 시선 유도성을 높이기 위해 필요하지만, 한 장의 슬라이드에 많은 강조점을 제시하면 너무 복잡하게 되어 오히려 강조의 효과를 잃어버리게 된다.

✽ 직독성, 간결성, 소구성을 표현한 예시

지금부터는 직독성, 간결성, 소구성을 동시에 비교해 보겠다. 다음에 제시될 세 개의 슬라이드 모두 '제품별 매출비중'에 대한 메시지를 다루고 있다. 슬라이드에서 다루고 있는 내용은 동일하지만 서로 다른 유형으로 표현된 슬라이드들로서, 각 슬라이드 간에는 직독성, 간결성, 소구성에 차이를 두어 나열하였다.

[예시 3]

제품별 매출 비중

(단위 %)

제품	매출 비중
A	27
B	36
C	15
D	8
E	14

[예시 3]은 단순하게 네모박스형으로 작성된 슬라이드로서 전형적인 엑셀(Excel)형 슬라이드다. 단순한 정보로서는 의미가 있을 수 있지만, 정보 이상의 가치를 가지고 있는 메시지는 겉으로 드러나지 않고 속으로 숨어 있기 때문에 직독성(한 눈에 알아볼 수 있는가?)이 매우 떨어진다. 또한 무엇을 강조하고 있는지를 볼 수 없기 때문에 소구성(중요한 것이 무엇인가?)은 거의 없는 상태이다. 무엇인가 압축되어 있는 느낌도 떨어지므로 간결성 (단순하게 표현했는가?)도 높다고 보기는 어렵다. 이런 슬라이드는 말 그대로 '죄악 '이다.

[예시 4]

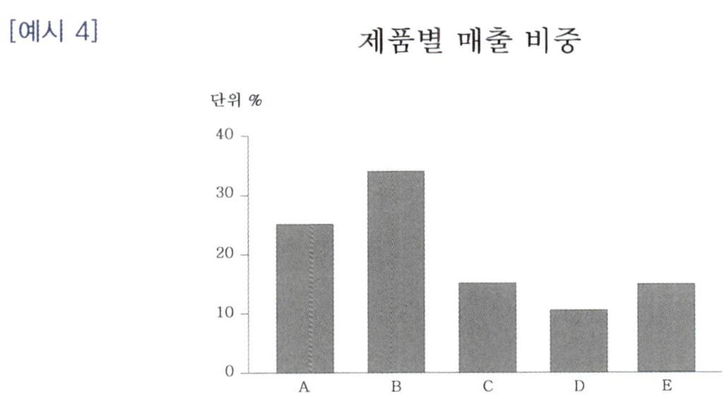

[예시 4]는 [예시 3]에서 보여졌던 숫자들을 그래프 형태로 바꾸어서 표현했다. [예시 3]보다는 직독성(한 눈에 알아 볼 수 있는가?)과 간결성(단순하게 표현했는가?)은 좋으나, 어떤 것이 중요한 것인지를 명확히 부각시키지는 못하고 있어 소구성(중요한 것이 무엇인가?)이 강조되지는 못했다.

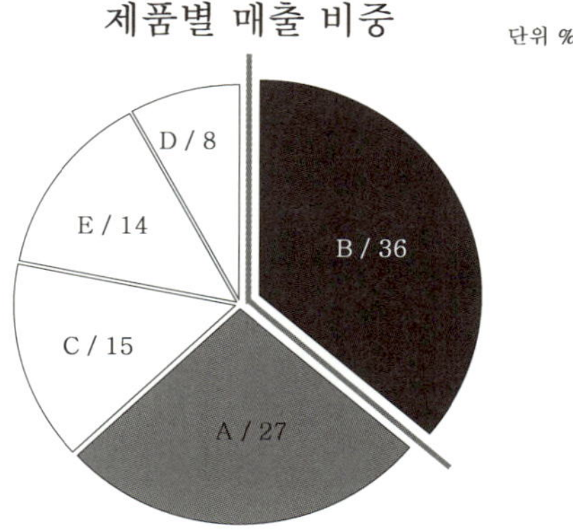

[예시 5]의 경우에는 앞서 제시된 다른 슬라이드들에 비해서 직독성(한 눈에 알아 볼 수 있는가?)과 간결성(단순하게 표현했는가?), 소구성(중요한 것이 무엇인가?)이 가장 높다고 볼 수 있다. 메시지만 간결하게 다루고 있는 것은 기본이며, B 사가 가장 높은 시장 점유율을 보이고 있다는 것이 색깔과 위치로 강조되고 있으며, 가장 큰 비중이 큰 요소부터 시계 방향으로 배열됨으로써 매출 비중의 순위를 단번에 알아볼 수 있다.

같은 내용을 다루고 있지만, 다른 형태로서 직독성, 소구성, 간결성을 높인 경우를 몇 개 더 살펴보자.

[예시 6]

2008 년 ¼ 분기 지역별 매출 비율 (단위 %)		
구분	A社	B社
강북	13	39
강남	35	6
서부	27	27
동부	25	28

[예시 6]은 2개의 회사가 4개의 지역에서의 매출비중이 얼마나 차이가 나는지를 보여주는 표인데 한 눈에 봐도 어떤 메시지인지를 말하고 있는지 알아내기가 참 어렵다. 한참 동안을 뚫어지게 보면서 연구를 해야 A 사와 B 사가 강북과 강남에서의 매출전쟁이 일어나고 있다는 것이 보이기 시작한다.

[예시 7]

이 표는 바로 전에 제시되었던 엑셀형 슬라이드의 내용을 그대로 그래프로 표시한 경우이다. 발표자가 추가적인 설명을 하지 않아도

한 눈에 주요 지역에서의 매출차이를 볼 수 있으며, 주요 매출 경쟁 지역의 구분에서는 같은 색상으로 표현하여 두 개의 막대 그래프가 떨어져 있어도 연결된 것같은 느낌을 받을 수가 있다. 또한 Mr.Big 이 슬라이드를 보게 되는 첫 눈에 바로 강북 지역과 강남 지역을 중심으로 시선이 멈추도록 유도하고 있다.

다음은 글자로 되어 있는 슬라이드에 직독성과 소구성, 간결성을 부여하여 재구성한 사례이다.

[예시 8]

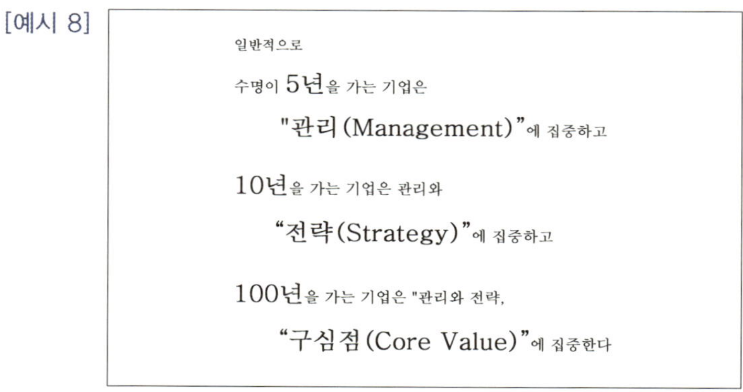

[예시 9]

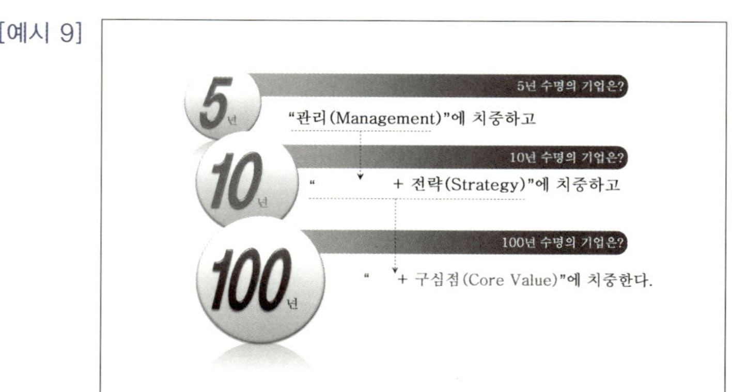

[예시 8]은 앞서 말했던 글자로만 구성되어 있는 워드형 슬라이드로서(글자가 너무 많은 편은 아니지만) 한 눈에 바로 알아 보기에는 시간이 좀 걸리게 되고, 있는 그대로를 끝까지 읽어야지만 큰 맥락과 골자를 알 수 있다. 하지만, 이 슬라이드가 가지고 있는 핵심 메시지를 강조하여 재구성해 놓은 것이 [예시 9]이다. [예시 8]에 비해 중요한 내용만을 근간으로 좀 더 시원하게 구성하여 한 눈에 어떤 것을 말하고자 하는 지를 알 수 있다.

다음에 나오는 그림은 Mr.Big에게 새로운 슬라이드가 제시된 순간부터 3초동안 그의 머릿속에 떠오르게 될 생각들을 정리한 표로서, 직독성, 간결성, 소구성을 가지고 있는 슬라이드(Good)를 보았을 때와 직독성, 간결성, 소구성이 부족한 슬라이드(Bad)를 보았을 때의 차이를 극명하게 볼 수 있다.

슬라이드를 처음 본 Mr.Big의 머릿속에 흐르는 3초간의 생각

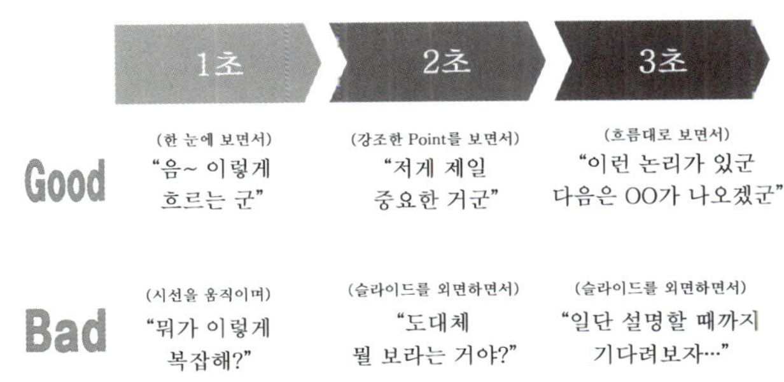

직독성, 간결성, 소구성을 가지고 있는 슬라이드(Good)를 보면 Mr.Big은 3초안에 그 슬라이드가 가지고 있는 정보와 의미, 논리 등을 파악할 수 있지만 직독성, 간결성, 소구성이 부족한 슬라이드 (Bad)를 봤을 때는 내용을 전혀 알아 보지 못하고, 이내 그의 짧은 인내심은 시험받게 된다.

슬라이드를 더욱 간결하게 만들기 위해 스스로에게 끊임없이 던져야 하는 질문!

● 이것들을 그림이나 이미지 또는 도표형태로 바꿀 수는 없을까?
● 이것들을 나열하지 않고, 비슷한 유형이나 관계로 묶어 줄 수 있을까?
● 이 중에서 Mr.Big의 관심을 끌만한 대표적인 단어는 없을까? 그리고 그 단어를 좀 더 충격적으로 만들 수 있을까?
● 힌트만 먼저 던져 주고서, Mr.Big이 찾아내게 하면 어떨까?

Mr.Big이 쳐다도 안보는 굴욕 슬라이드 작성원칙(글자, 숫자, 내용편)

❄ 글자(Text)는 가급적 15 Point 이하로 써라

프리젠테이션에서 글자가 크다고 불평하는 사람은 아무도 없지만, 글자가 알아볼 수 없이 심하게 작으면 불평과 비난, 야유가 시작된다. "내가 눈이 2.0인데, 저 글씨가 안보이네…. 저걸 지금 보라고 써 놓은 거야?" 슬라이드에서 제시되는 글자의 크기를 최소 20 Point 이상을 유지하고 있어야 하며, 그렇지 못한 고객만족에 대한 개념을 상실한 슬라이드들은 비난 받아 마땅하다. 일반적으로 Mr.Big은 슬라이드에 제시된 글자가 크면 클수록 중요하다고 인식하기 때문에, 글자 크기의 차이를 제시하여 강조를 할 수도 있다는 사실도 기억하자.

❋ 숫자가 있는 표는 엑셀에서 작업한 후 복사해서 그냥 붙여라

슬라이드에서는 숫자들을 통해서 제시하려고 하는 내용, 즉 메시지가 담겨야 하는데 아무런 가공이나 분석작업 없이 있는 그대로 숫자를 보여주는 것은 참으로 창피한 슬라이드다.

그냥 수치자료를 띄어 놓고 말로 상황에 맞춰서 대충 풀어가려는 안일한 발표자의 마음가짐에서 이러한 모습이 많이 나오며, 이는 능력의 문제가 아니고 성의의 문제로 볼 수 있다. 반드시 그 숫자들이 가지고 있는 내용과 의미를 파악해서, 그를 가장 잘 이해할 수 있도록 도와주는 그래프나 문장의 형태로 그 의미를 표현해줘야 한다.

❈ 가급적 많은 글자(Text)들로 꽉 채워서, 뭔가 알차다는 것을 강조하라

Mr. Big은 연속해서 3줄 이상 나오는 문장들은 절대 읽지 않는다. 글자가 많은 슬라이드는 한 눈에 보기 힘들어 각 문장들을 하나씩 읽도록 만들게 하며, 결국은 슬라이드를 보는 것이 아니고 읽도록 만든다.

슬라이드를 읽지 않고 보게 하려면 글자가 가진 의미들을 흐름 또는 관계형태로 바꿔서 재구성 해주어야 하며, 긴 문장이라면 몇 개의 중요한 단어 중심으로 그 내용을 함축해줘야 한다.

❈ 다채로워 보이도록 여러 종류의 글자체를 혼합해서 사용하라

글자가 많아도 머릿속이 혼란스러운데, 그 글자들에 사용된 글자체가 제 각각이라면 Mr.Big은 머릿속으로 큰 혼란을 느끼게 된다. 슬라이드를 작성할 때는 가급적 3개 이내로 글자체를 제한하여, 가급적 글자들의 일관성이라도 유지해 주어야 한다.

예를 들면, 단락의 제목이나 머릿글과 같이 대표성을 띠고 있는 글자들에는 고딕체나 헤드라인체, 내용을 담고 있는 글자들에는 명조계열이나 돋움계열 등을 써주는 것이 가장 깔끔하게 보인다. 그리고 희귀한 글자체는 아예 사용하지 않는 것이 좋다. 왜냐하면 간혹 사용한 글자체가 지원되지 않는 컴퓨터를 가지고 급작스럽게 프리젠테이션을 해야 하는 경우에는 글자들이 전부 다 깨져서 어지럽게 흩어져 있는 슬라이드를 만드는 주범이 되기 때문이다.

❋ **명조체를 피하고, 산돌광수체, 볼펜체나 엽서체와 같은 서체로 직독성을 떨어뜨려라**

일반적으로 신문에서 닳이 사용하는 글자가 명조체인 이유는 명조체가 내용에 대해 가장 신뢰감 느끼게 해주는 글자체이며 또한 읽는 데에도 피로감을 덜 느끼기 때문이다.

또한 명조계열이 위/아래(받침)의 구분이 명확하고 글자의 상하비율이 동일하기 때문에 훨씬 더 읽는 속도가 빨라질 수 있다.

반면에 볼펜체, 엽서체 등은 각 글자가 가지고 있는 획의 위치배열이나 글자의 폭 등이 불규칙하기 때문에 명조계열에 비하 읽는 속도가 현저히 떨어지게 되고, 만화 및 일기 등에서 흔히 접하는 서체이기 때문에 읽는 사람으로 하여금 내용을 가볍게 느끼게 하여 신뢰감이 상대적으로 낮아 코이게 한다고 한다. 따라서, 프리젠테이션 슬라이드 구성을 할 때에는 가급적 피해야 하는 서체이다.

구 분	글 꼴
한글	돋움체
	굴림체
	HY견고딕체
	HY헤드라인M
영문	Arial
	Arial Narrow
	Impact
	Tahoma

〈발표용 슬라기드에 어울리는 글꼴〉

✳ 슬라이드에는 설명하지 않을 내용도 포함해서 풍성하게 채워라

슬라이드에는 기재되어 있는데 실제로 발표자는 아무런 설명도 안하고 넘어가는 경우를 겪어 봤을 것이다. 이런 경우, "저건 뭔데 설명을 안 하는 거지?"라는 의구심이 들게 된다. 앞서 말한바와 같이 설명하지도 않을 내용이 담겨있는 슬라이드에서는 발표자가 가진 이기심을 찾아 볼 수 있다.

"혹시 모르니까, 일단 담고 보자, 어차피 설명 안 하면 되는 거 아니겠어?" 아니면 "설명할 때 내가 참고할 것이 많으면 좋은 거 아니야?" 이러한 생각을 가지고 있는 발표자는 설명하지 않을 것도 일단 슬라이드에 담게 된다. 슬라이드에 나오는 내용들은 모두 '명분'이라는 것이 있어야 한다.

시선을 빼앗은 명분, 다른 내용을 제치고 그 자리에 있는 명분 말이다. 여러 슬라이드에서 발표자가 설명하지 않고 있는 내용이 자주 출현하고 있으면, Mr. Big의 심기를 거슬리게 만들며 무언가 의도적으로 빼먹으면서 설명을 듣고 있다고 생각하게 되어, 설명하지 않고 있는 내용에 더욱 집착하게 만든다.

잘 만들어진 슬라이드를 통해서...
- 설득력이 43% 향상된다.
- 결재나 승인을 받을 확률이 2배가 향상된다.
- 내용 기억율이 5배가 증가한다.
- 설명하고 이해하는 시간이 28% 절약된다.

슬라이드 참 빽빽도 하셔라, 거 좀 시원하게 못만들어?

Chapter 13

올리브유(Olive Oil)

■ 올리브유의 분류에 따른 기준 (IOOC기준) - 1

1) **Olive Oil** : 단지 올리브 열매로부터 얻어진 오일로 용제처리나 에스테르화 등의 처리 를 가하지
않아야 함. 他 오일과의 혼입도 불가함.

- **Virgin Olive Oil** : 올리브 열매로부터 기계적 또는 물리적 방법만을 가하여 채유된 오일로,
세척, 정선, 여과, 원심분리 외의 어떠한 공정도 거쳐선 안됨.

① **Extra Virgin** : 유리지방산 함량이 올레인산을 기준으로 환산시 **1g/100g** 이하여야 함.

② **(Fine) Virgin** : 유리지방산 함량이 올레인산을 기준으로 환산시 **2g/100g** 이하여야 함.

③ **Ordinary(or Semi-fine) Virgin** : 유리지방산 함량이 올레인산을 기준으로 환산시 **3.3g/100g**
이하여야 함.

- **Refine Olive Oil** : Virgin O ive Oil의 글리세라이드 구조에 변형을 주지 않는 조건하에서
정제가공 과정을 거친 오일

- **Blending Olive Oil** : 식용에 적합하도록 **Refine Olive Oil**(정제올리브유)와 **Virgin Olive Oil**(압착
올리브오일)을 적정 비율로 혼합한 오일

뭐가 이렇게 빽빽하게 꽉 차있어 이거? 거기다가 전부 글자야?
슬라이드를 만든 게 아니고 완전히 줄줄 써내려 갔구만…. 당신
이 만든 슬라이드는 보는 게 아니고, 읽어야 하는 슬라이드야….
당신은 내가 저거 다 읽을 것 같아?
당신이 하는 말 들으랴, 앞에 있는 슬라이드 한줄 한줄 읽으랴 정신이
없잖아…. 완전히 '눈뜬 장님'을 만들어 버리니 이거 원….

어떤 신문을 고르시겠습니까? 스포츠신문 VS 독립신문

당신이 전달하고 싶은 메시지를 똑같이 담고 있는 신문이 두 가지가 있다고 하자. 하나는 스포츠신문, 다른 하나는 독립신문! 당신이 Mr.Big에게 가서 "이 두 신문들은 담고 있는 내용은 모두 동일합니다만, 어떤 것으로 읽고 싶으시니까?"라고 질문했을 때 Mr.Big은 이 둘 중에 어떤 신문을 골라서 읽을 것 같은가? 십중팔구 Mr.Big은 스포츠신문을 고를 것이다.

왜 그럴까? 독립신문에 비해서 스포츠신문이 좀 더 읽는 사람(讀者)의 입장에서 보다 매력적인 구성을 했기 때문인데, 앞으로 스포츠신문이 독립신문에 비해 구체적으로 어떻게 그리고 무엇이 다른가를 비교해 볼 것이다. 이제부터 나올 내용들을 읽어보면서 당신이 지금까지 만들었던 또는 앞으로 만들려 했던 슬라이드들은 독립신문 유형의 슬라이드였는지, 아니면 스포츠신문 유형의 슬라이드였는지를 솔직하게 생각해 보자.

스포츠신문형	독립신문형
● 글자와 그림을 골고루 잘 활용한다.	● 그림 자체가 아예 없다. 그래서 끝까지 읽어야만 어떤 이야기인지를 알게 된다.
● 글자를 쓰던, 그림을 그리던, 색깔을 칠하던 중요한 내용일수록 크고 시원하게 표현한다.	● 중요한 것과 중요하지 않은 것이 모두 평등하게 같은 위계로 보여진다. ● 슬라이드 내에서 중요한 것을 찾아내는 것은 Mr.Big의 몫이다
● 시선의 흐름에 거슬러서 표현하지 않는다.	● 한 눈에 들어오지도 않고, 읽는 데에도 불편하다 ● 위에서 아래로 읽어야 하며, 우에서 좌로 흐른다. 읽다보면 피곤하다. 저절로 졸린다.
● 적절한 색상과 사진이 사용되어 내용과 메시지가 표현된다.	● 흰색은 종이요, 검은색은 글씨이다. ● 강조 효과, 인식증대 효과를 위한 노력이 전혀 없다.
● 대표 메시지가 매력적이고 매혹적인 글귀로 구성되어 맨 앞에 놓인다.	● 슬라이드에 핵심문구라는 개념이 없으며, 논리의 구성으로 인한 핵심개념의 부각도 겉으로 드러나지 않는다. ● 함축적인 말이나 은유적인 말로 제시하지 못한다.
보면서 이해하는 슬라이드	하나씩 읽으면서 이해하는 슬라이드
시원하다.	답답하다.
본다.	안 본다.
도움이 된다.	별로 도움이 되지 않으며 심하면 오히려 없으니만 못하다.

　위의 표에서 제시했던 것처럼 스포츠신문 형태의 슬라이드는 말 그대로 눈으로 읽는 것이 아닌 보는 또는 보도록 유도하는 슬라이드다. 슬라이드가 담고 있는 전체적인 흐름과 중요한 사실을 한번에 인지할 수 있도록 배열하고 구성하여 보는 것만으로도 슬라이드의 의도를 파악할 수 있다.

　반면에 독립신문형 슬라이드는 읽는 슬라이드이며, 더 심하게 말하면 읽어야만 하는 슬라이드다. 하지만 슬픈 건 Mr.Big은 거들떠보지도 않기 때문에 결국 읽히지도 못하는 슬라이드라는 것!

　중요한 내용에 대한 부각이 전혀 없고, 읽는 것도 눈을 불편하게 만들어 인내심을 가지고 끝까지 읽어야지만 그 내용을 알게 되는 슬라이드이다. 그래서 보는 순간 가슴이 답답해지기 시작하고 프리젠테이션이 진행되는 그 자리를 뛰쳐나가고 싶게 만든다.

만약, 교통 표지판이 모두 글자로 이루어져 있다면?

지구상에 있는 모든 교통표지판은 거의 대부분이 글자로 되어 있지 않고 그림으로 되어 있는 이유를 혹시 생각해 본적이 있는가? 만약, 당신이 시속 100Km로 달리는 차를 운전하고 있을 때 '100미터 앞 철로주의'라고 써있는 교통표지판을 지나쳐 가면서 이 내용을 제대로 볼 수 있을까? 가뜩이나 앞만 보고 달려야 하는 운전자들은 이런 표지판에 0.5초 정도의 시선만을 줄 수 밖에 없는데, 과연 이를 본 운전자들은 그 내용을 그 짧은 순간에 인지하는 것이 가능할까? 거의 불가능하다.

어떻게 하면 짧은 시간에, 짧은 시선만을 가지고도 바로 이해할 수 있도록 할 수가 있을까? 세상에 존재하는 모든 교통 표지판들이 그림이나 단순한 도형으로 만들어져 있는 이유가 바로 여기에 있다. 우리의 뇌와 눈은 글자를 인식하는 것보다 그림을 인식하는 속도가 훨씬 빠르기 때문이며, 좁은 면적에 많은 내용을 담을 수 있는 것도 바로 글씨보다는 그림이기 때문이다.

이처럼, 글자형 슬라이드보다는 그림형 슬라이드가 짧은 시간 안에 그리고 짧은 시선 안에, 보다 많은 내용을 전달할 수 있는 것을 기억하자. 우리의 뇌는 글자보다는 그림을 훨씬 더 빨리 인식하고 오래 기억한다.

❋ 뇌의 이야기

1981년도에 노벨 생리·의학상을 수상한 심리학자 로저 스페리(Roger W. Sperry)에 따르면 인간의 뇌는 좌뇌와 우뇌로 구분되며 이 양쪽의 뇌가 주로 담당하는 기능이 다르다고 한다.

로저 스페리에 따르면 좌뇌는 분석, 글자, 숫자, 논리, 세부사항 등을 담당하는 반면, 우뇌는 그림, 이미지, 균형, 색상 등을 담당한다고 한다. 또한 이 좌뇌와 우뇌는 뇌량이라는 다리로 서로 연결되어 있어 담당 기능이 분리되어 움직이는 것은 아니지만, 어느 정도 자신에게 부여된 고유한 기능을 더 잘 수행하도록 설계되어 있다는 것이다.

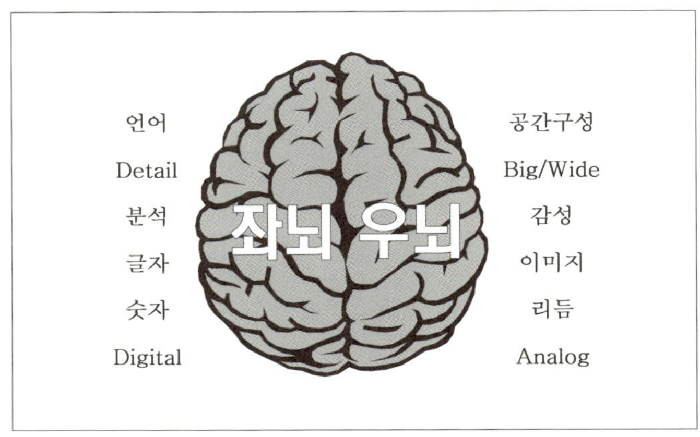

일부 연구결과에 의하면 현대인들 특히 직장인들은 항상 논리 속에서 무언가를 분석하고 수치를 계산하며 글자 중심으로 된 보고문서를 작성하면서 생활하고 있기 때문에 이른바 좌뇌 중심적인 생활과 업무 속에서 그들의 좌뇌는 항상 과부하 상태에 노출되어 있다고 한다. 그래서 직장인들의 좌뇌는 항상 피곤하다.

반면 좌뇌에 비해 직장인들의 우뇌는 조금은 덜 사용되고 있으며 또한 비교적 스트레스를 덜 받고, 덜 피곤한 상태에 있으므로 사용할 수 있는 여유공간이 상대적으로 많다고 한다. 그래서 직장인들의 우뇌는 여유롭다. Mr.Big의 뇌 또한 다를 바 없이 이런 모습일 것이다. 아마 더하면 더했지…

이처럼 프리젠테이션에 참석한 Mr.Big의 뇌를 중심으로 봤을 때 늘 지쳐있는 좌뇌만 공략하게 되면 좌뇌에게 스트레스를 주게 되고 과부하만 더욱 가중시켜서 이해도가 떨어지게 되어, '100'을 전달해 주었을 때 '70~80' 정도만 받아들인다. 반면, 프리젠테이션을 통해 Mr.Big의 여유로운 우뇌가 움직이도록 유도한다면 많은 양의 내용을 이해하고 받아들일 확률이 더욱 높아질 수 있다.

또한 우뇌의 문자 기억용량은 좌뇌의 100만 배에 달할 것이라는 연구결과도 있다.

- 좌뇌 공략형 프리젠테0 션의 특징 : 글자, 숫자 중심의 분석, 논리를 제시
- 우뇌 공략형 프리젠테이션의 특징 : 균형, 색상, 맥락(일관성), 이미지, 큰 흐름을 제시

좌뇌형 프리젠테이션 전략(글자, 숫자 중심의 분석결과 논리를 제시하는)이 나쁘다는 것은 절대 아니다. 이러한 글자, 숫자, 분석, 논리를 빼 놓고서는 절대 프리젠테이션이 구체적이고 현실적일 수 없기 때문이다. 좌뇌형 프리젠테이션을 지양하는 것은 아니지만 글자, 숫자, 논리들이 적절히 표현될 수 있도록 하는 우뇌형 전략(균형, 색상과 이미지, 리듬을 제시하는)을 혼합해서 사용해야 한다는 것이다. 이를 통해 Mr.Big의 좌뇌와 우뇌를 골고루 공략할 수 있

는 슬라이드 구성 전략이 나오게 된다.

좌뇌와 우뇌를 동시에 공략하는 슬라이드의 특징을 정리해 보면 아래와 같다.

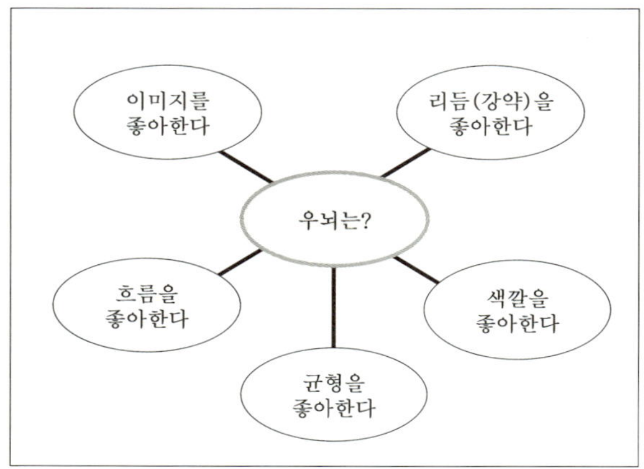

- 숫자만이 아닌 이미지(도형, 그래프)를 중심으로 메시지를 소화한다.
- 분석결과를 끊임없는 논리 속에서 강조하되 슬라이드에서 무엇이 중요한지(강약), 어떻게 흘러가는지(흐름과 맥락)를 바탕으로 표현한다.
- 의미있는 색상, 적절한 색상을 사용하면서 눈의 흐름을 유도한다.
- 전체적인 균형을 통해서 시선이 불편하지 않도록 한다.

이제부터는 슬라이드를 시원하게 만들 수 있는 대 원칙에 대해서 알아 볼 것이다.

'숫자와 글자'들은 기필코 마사지(Massage) 하라!

마사지라 함은 알다시피 피부나 근육을 자극하여 혈액순환을 순조롭게 해주는 치료법을 말한다. 마사지를 받게 되면 뭉친 근육들이 풀어져서 뻐근함도 사라지고 근육들이 이완되고 풀어져서 시원함을 느낄 수가 있으며, 더욱 근력을 발휘할 수도 있게 된다. 슬라이드에게 들어갈 숫자에게도 마사지를 해주면 엉켜있는 숫자들이 풀어져 그 숫자의 의미가 부각될 수 있고, 숫자들이 가지고 있는 에너지가 증폭될 수 있다. 글자 또한 마찬가지다.

숫자나 글자들이 있는 그대로의 모습으로 슬라이드에 뿌려지게 되면 너무 거칠고 딱딱해서 Mr.Big이 눈으로 소화하기 힘들어 지기 때문에, 이러한 1차정보는 가공하는 작업을 반드시 수반해야 한다. 이게 바로 '숫자와 글자의 마사지'이다. 숫자 마사지의 결과가 바로 '그래프'이고, 글자 마사지의 결과가 도형의 연결인 '도해'라고 할 수 있다.

그래프는 각 숫자들이 가지고 있는 의미와 연관성, 상대성, 흐름을 표현 해 놓은 것으로서 10,000개의 숫자들을 한 개의 이미지로 표현할 수 있는 강한 함축성을 가지고 있다.

도해는 도형들을 중심으로 한 표현방식으로, 글자들이 가진 위계와 관계와 흐름을 한눈에 잡아주어 보여주게 되어 슬라이드의 직독성을 최대한 높여 줄 수 있다.

그래프와 도해를 작성할 때에는 나름대로의 원칙과 프로세스가 있다.

첫째, 내용을 잘 표현할 수 있는 가장 적절한 형태를 고르되 이해하기 어려운 유형의 형태는 가급적 피하고, 누구에게나 익숙하고 쉬운 형태를 사용하는 것이 좋다. 멋있다고 해서 그리고 있어 보인다고 해서, 어려운 형태를 사용하게 되면 내용의 전달력이 오히려 떨어진다. 이는 슬라이드의 구성의 가장 큰 대원칙 직독성, 간결성, 소구성에 위배되기 때문이다.

둘째, 단순하게 표현하되, 강조할 포인트를 집중 부각해야 한다. 근원이 되는 숫자와 글자들이 가지고 있는 한 두가지의 메시지를 중심으로 작성해야 한다. 많은 것을 담고 있는 그래프와 도해는 오히려 이해를 떨어뜨리는 역효과를 불러일으키기 때문에, 그래프와

도해를 본 후에 3초 내에 알아볼 수 있는가를 스스로 검증하여야
한다.

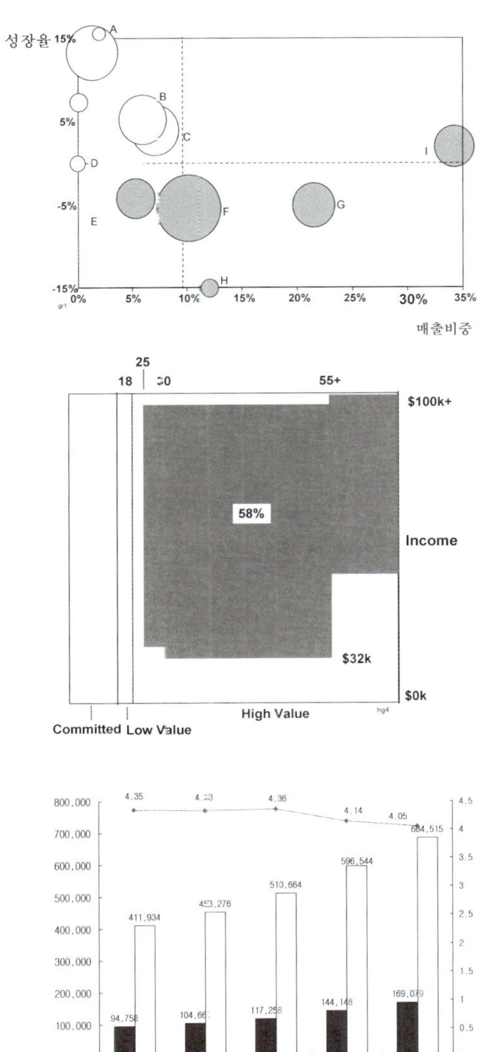

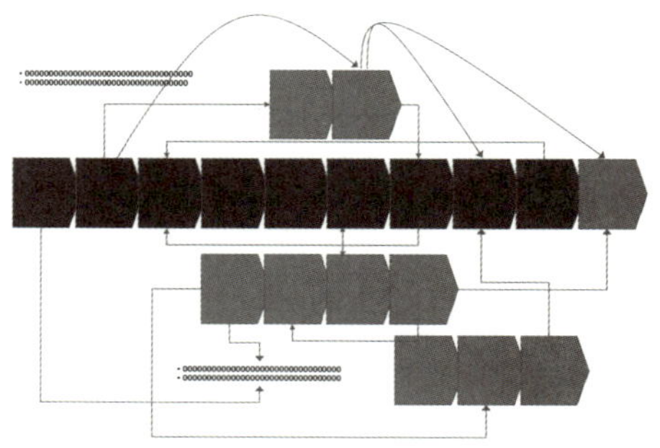

〈읽기 복잡한 그래프 / 도해의 예〉

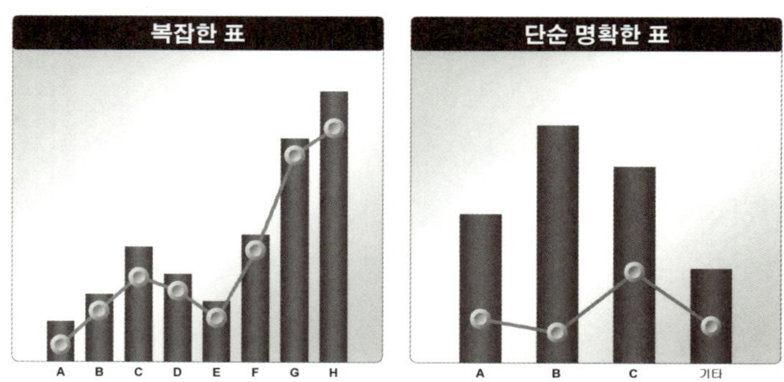

〈동일한 내용이지만, 최대한 단순하게 만든 예〉

셋째, 그래프나 도해를 표현할 때에도 인식의 흐름, 시각의 흐름을 최대한 거스르지 말아야 한다. 지구에 살고 있는 모든 사람들의 뇌 속에서는 시간은 좌에서 우로 흐르고, 위로 올라갈수록 많을 것이라는 무의식적인 기대감이 있어서 이를 거스르게 되면 인식의 저항이 일어나게 된다(본 내용은 다음 장에서 '인식의 흐름'이라는 주제로 더욱 깊이 다룰 것이다).

문장형 슬라이드와 그래프형, 도해형 슬라이드와의 차이

■ 숫자형, 문장형 슬라이드

- 문장에서 각각의 단어가 눈에 띄지 않는다. 숫자는 처음부터 안 보인다.
- 처음부터 끝까지 작정하고 읽지 않으면 이해할 수 없다.
- 보통 두 번은 읽어 봐야 어떤 내용인지 알 수 있다.
- 애매한 표현이나 불충분한 정보들이 문제가 된다.
- 자료를 만드는 과정에서 발표자가 가지고 있는 고정관념이 반영된다.

■ 그래프형, 도해형 슬라이드

- 포인트가 되는 단어나 수치가 눈에 띈다.
- 흐름과 추이를 볼 수 있어, 주장하는 바를 한 눈에 알 수 있다.
- 전체적인 구조나 프로세스, 방법 등을 직감적으로 이해할 수 있다.
- 미세한 부분의 약점들을 피할 수 있고 큰 틀에 관해 먼저 말할 수 있다.
- 인지하는 과정에서 Mr.Big이 가지고 있는 견해를 반영할 수 있어 의도하지 않았던 새로운 발견이 가능하다.
- 단편적으로 흩어져 있는 정보들이 모여 의미있는 메시지로 바뀐다.
- 장황한 설명없이 요점부터 파고 들 수 있다.

알아두면 바로 써 먹을 수 있는, 피가 되고 살이 되는 그래프 작성 방법

일반적인 업무 속에서 가장 많이 하게 되는 분석 유형을 중심으로 이때 사용하게 되는 그래프의 작성방법을 하나씩 알아 보자.

❋ 구성의 비율 표현

원 그래프

전체의 백분율 즉, 각 부분이 전체 중에 차지하는 비율을 나타낼 때 쓰는 그래프로, 가장 활용도가 높으며, 다양하게 표현할 수 있는 장점이 있으며 보는 사람에게 또한 친근하게 느껴지게 한다. 전달하고 싶은 메시지 중에 '비중' 또는 '%'가 있다면 뒤 돌아보지 말고 바로 원 그래프를 그리는 것을 권장한다. 이 때 유의해야 할 사항은 다음과 같다.

- 강조 또는 항목들간의 서열이 없는 한, 12시부터 시계방향으로 비중이 가장 큰 항목의 순으로 기입하고, 기타 항목을 끝에 두어야 인식율이 높아진다.
- 중요한 항목에 색을 넣어 강조해 주면 좋다.
- 수치로 된 비율 정보는 그래프 안에 표시하고, 항목은 밖에 표시하는 것이 인식하기에 더 좋다.

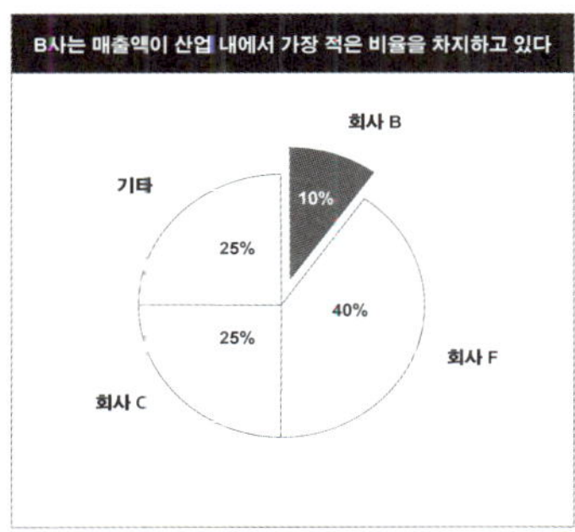

원 그래프의 경우 구성요소가 총 5개 이하인 경우에만 사용해야 한다. 구성요소가 너무 많게 되면 원 그래프가 가지고 있는 직독성이 사라지고 보기도 어려워 지기 때문에, 구성인자의 개수가 많은 경우에는 비중이 크지 않은 요소들을 모아서 '기타'의 항목으로 묶어 별도의 다른 그래프로 나머지 항목의 구성을 보여주는 것이 훨씬 더 보기에 편하다.

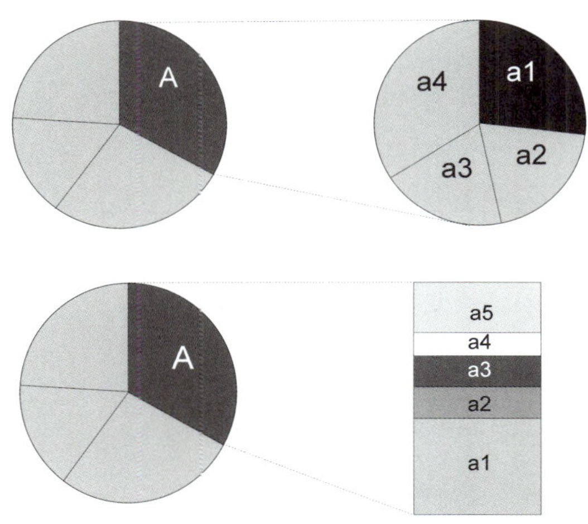

〈원그래프에서 구성요소는 5개 이하로 할 것〉

세로 막대그래프

　세로 막대 그래프는 항목별로 제시된 넓이나 높이만큼으로 비중의 차이를 보여주는 그래프이며 원그래프에 비해 상대적으로 직독성은 낮지만, 공간을 절약할 수 있고, 글자를 좀 더 많이 쓰기에 공간이 여유로운 장점이 있다. 일반적으로는 위아래로 나열되는 막대그래프를 많이 쓰지만 옆으로 전개되는 방식으로 구성할 경우에는 얼핏 보면 시계열의 개념으로 착각할 수도 있음을 유의해야 한다.

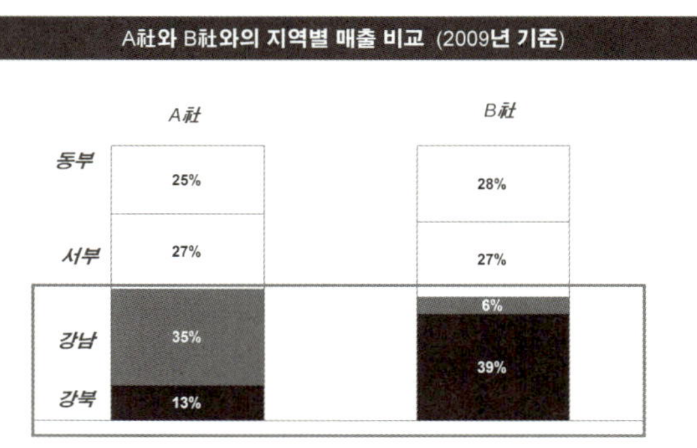

※ 항목의 차이 / 비교 상태 표현

　항목의 양, 크기, 순위 등을 비교하여 항목들의 상대적 차이를 제시해주는 경우로 각 항목의 들의 수치를 높이나 길이로 표현하여 비교하는 그래프들이 많이 쓰인다.

가로 막대 그래프

　가로 막대 그래프는 각 요소들의 크기, 양 등 수치로 표현되는 결과의 순위를 한눈에 비교하되, 그 차이점을 더욱 최대한 부각시켜줄 수 있는 것이 특징이다. 전하고 싶은 메시지 중에 '순위, 변화,

차이, 유사'라는 단어가 있다면 아무 생각하지 말고, 가로 막대형 그래프를 고르면 된다.

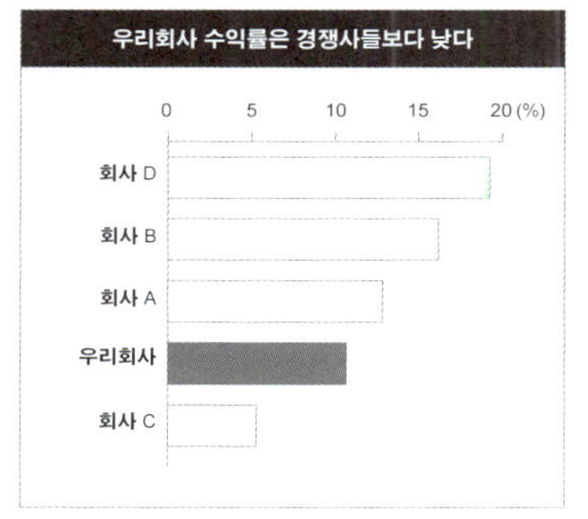

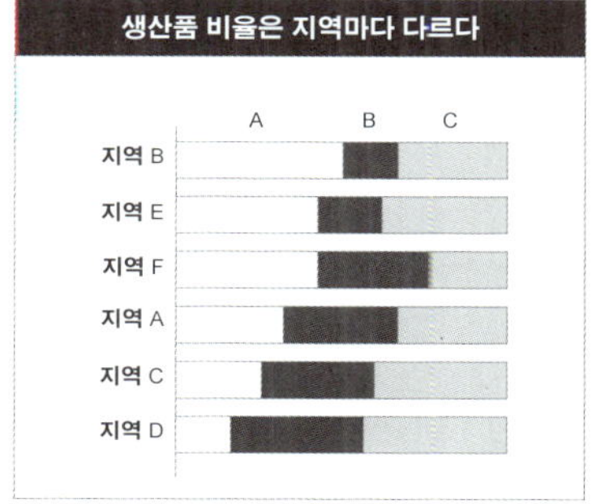

가로 막대 그래프를 그릴 때에는 각 구성항목간 반드시 지켜야 하는 특별한 위계나 서열(예를 들어 반드시 가나다의 순을 맞춰야 하거나 1/2/3, 또는 ABC의 순서를 맞춰야 하는)이 없다면, 위로 올라갈수록 많고 높은 수치를 가지고 있는 구성항목을 그리고 밑으로 내려갈수록 적은 수치를 가진 항목을 배열하여야 직독성을 높일 수 있다.

가로 막대 그래프의 세로축에는 항목의 명을, 가로축에는 눈금의 수치를 넣어 주는 것이 좋으며, 부(負)의 값, 즉 마이너스의 값이 있는 경우 기준 축의 왼쪽으로 막대를 배열하게 되면, 훨씬 더 빨리 알아 볼 수 있게 된다.

폭포형 그래프(Waterfall Chart), 세로 막대 그래프의 변형이다.

각 항목들 하나씩을 조목조목 따져 들어가면서 차이의 요인을 부각시켜서 보여주는 경우에 가장 효과적으로 사용된다. 일반적으로 문제나 현상의 원인을 파고 들어갈 때, 어떤 것이 가장 큰 주요인이 되는지를 한 눈에 볼 수 있게 되어, 문제의 원인을 파고드는 작업을 하는 컨설턴트들이 선호하는 그래프 중에 하나이다.

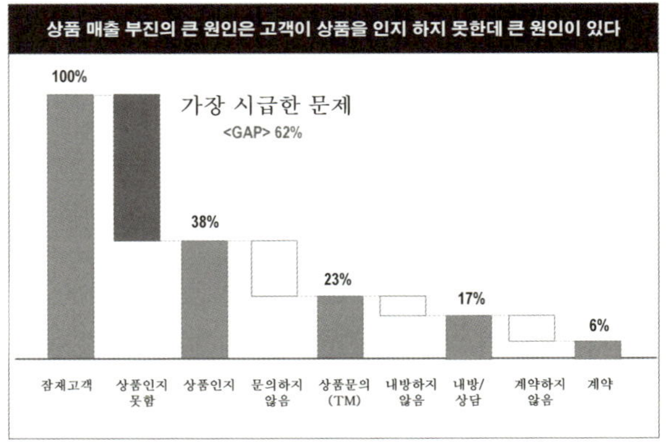

❄ 시간 흐름상의 변화 추이 표현

시간에 따라 각 항목들의 양적인 변화가 있는 경우에 시간을 기준으로 항목의 변화를 그래프에 표현한다. 이 경우 시간은 가로축에 반영하는 것이 좋으며 수치의 기준을 세로축에 표현하는 것이 가장 좋다.

세로형 막대 그래프

세로형 막대 그래프를 사용할 때 유의사항은 너무 많은 항목을 동시에 그래프에 담으려 하면 매우 복잡해 보이고, 답답해 보인다는 것이다. 원 그래프와 마찬가지로 세로형 막대 그래프에서 다루는 항목은 가급적 5개 이상을 넘지 않는 것이 좋으며, 수치 비중이 적은 내용들을 '기타' 항목으로 두어 압축하는 것이 좋다.

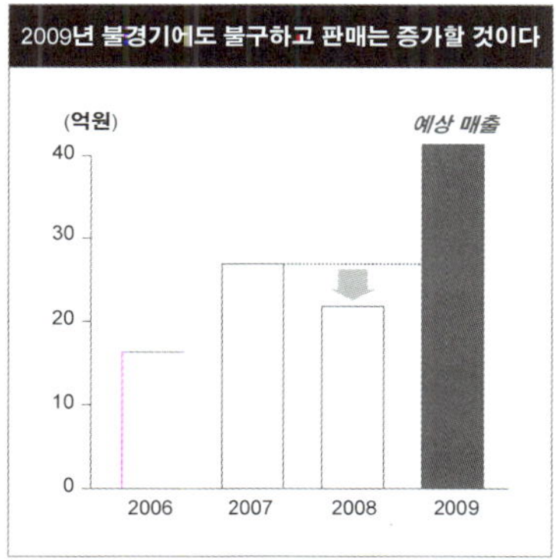

다음의 그래프와 같이, 세로형 막대 그래프를 연결하견 시간 상의 흐름 속에서 항목의 구성비중이 바뀌는 모습을 보여줄 수 있으며 이때 항목별로 색깔을 구분하여 주고, 각 마디별로 선을 연결하여 주면 직독성을 훨씬 높여 줄 수 있다.

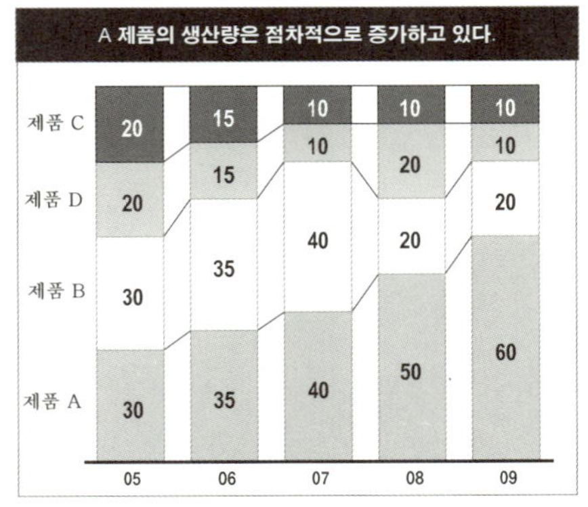

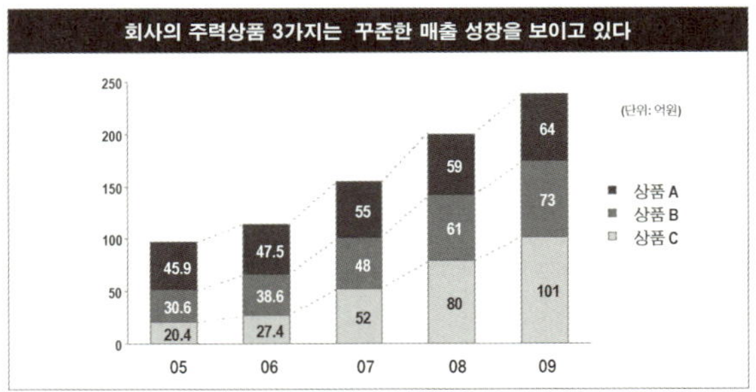

선 그래프

선 그래프는 세로형 막대 그래프에 비해서 보다 길고 많은 시간항목을 다룰 수 있다는 장점과 시간 안에서 움직이는 역동적인 변화가 많이 강조되는 장점을 가지고 있다. 또한 하나의 그래프 내에서 여러가지 항목들을 비교하는 데에 효과적이다. 하지만, 동시에 5개 이상의 항목을 하나의 선 그래프내에서 비교하는 것은 좋지 않다.

선 그래프를 그릴 때에는 보여지는 선의 유형(실선, 점선 등)이나 색상, 두께 등을 달리하여 항목의 대표성을 부각할 필요가 있으며,

중요한 시점에서는 뒤의 배경 색상을 달리 해주면 조금은 더 친절
한 그래프가 될 수 있다. 또한 선 그래프에서도 마찬가지르, 가로축
에 제시되는 시간의 흐름은 반드시 왼쪽에서 오른쪽으로 흘러 가도
록 표현해야 한다.

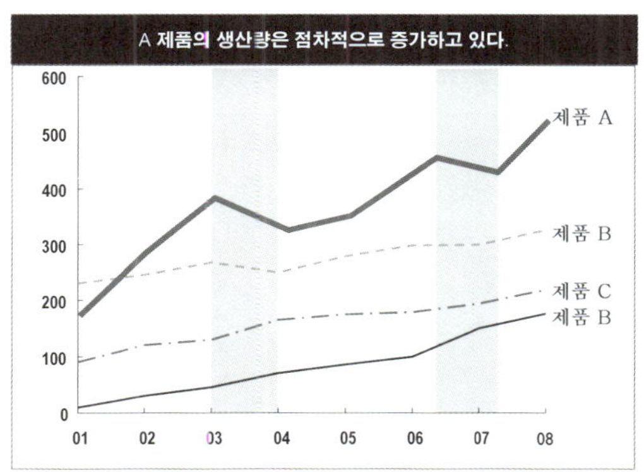

선 그래프에서 비교해야 하는 두 개의 항목들이 가진 눈금이 서
로 다른 경우에는 예를 들면, 아래와 같이 'A'는 제품의 생산량을
표현하고 있어, 톤(ton)을 기즌으로 0에서 1000까지 눈금이 필요한
데 'B'는 인원으로 '명'을 기준으로 0에서 200까지의 눈금을 가져
야 하는 경우, 이 경우에는 반드시 양쪽으로 서로 다른 눈금의 영역
을 제시한 후 이를 명시해 주어야 한다.

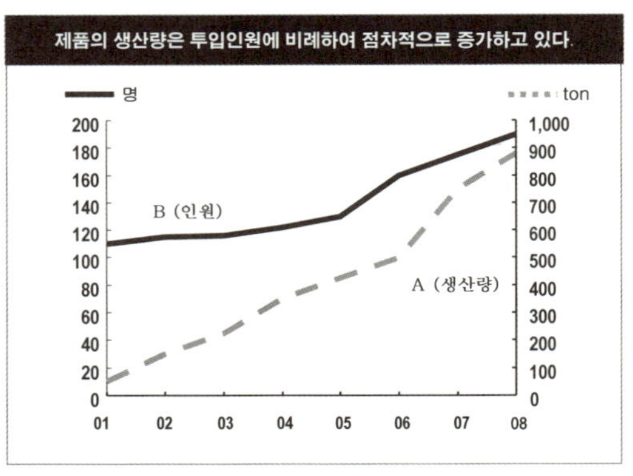

하지만 그래프에는 한번에 2개 이상의 정보를 담는 것보다는 한 번에 하나씩만의 정보를 담는 것이 이해도 증대 측면에서 훨씬 더 유리하기 때문에, 두 개의 다른 눈금을 하나의 그래프에 사용하는 경우는 그 효율성에 대해서 최대한 심사숙고할 필요가 있다. 그리고 무엇보다도 숙련되지 않은 사람일수록 그래프를 그리는 데에 훨씬 더 시간이 오래 걸릴 수 있기 때문이다.

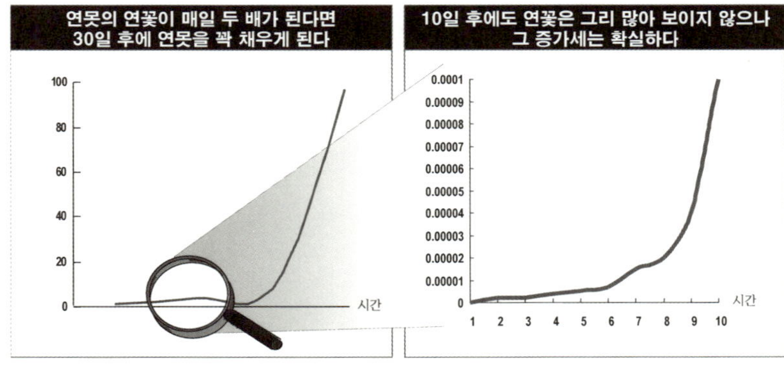

　항목이 가지고 있는 정보들이 어느 곳에 집중되어 있는지 또는 분산되어 있는지를 표현하는 경우이며, 일반적으로는 세로 막대 그래프로 그리거나 선 그래프로 그리게 되나, 다루고 있는 항목의 수가 많으면 선 그래프로 표시하는 것이 좋다.

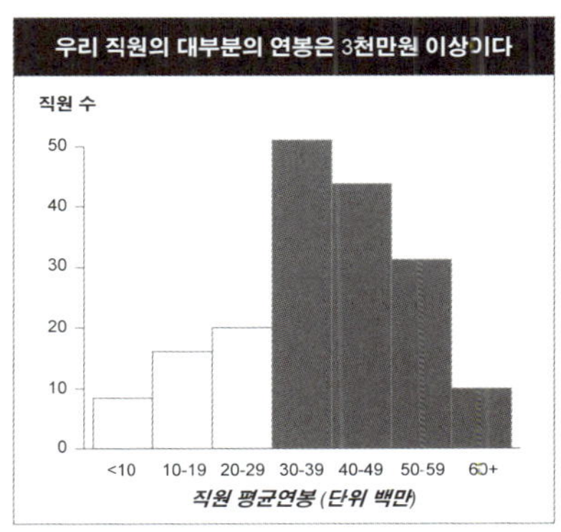

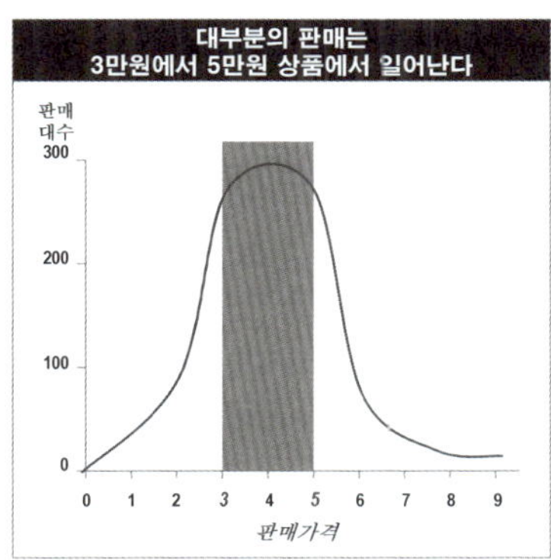

　또한 2개 항목의 선 그래프를 조합시켜서 상호 어긋남과 높이, 폭 등의 차이점을 근간으로 분포의 상황을 동시에 비교하여 표현해 줄 수도 있다. 세로나 가토 막대 그래프로도 어느 정도 표현이 가능하지만, 선 그래프가 보여주는 면적과 높이 차이가 동시에 극명하게 보여질 수 있으므로, 분포의 비교가 목적인 경우에는 선 그래프가 제일 훌륭한 해결책이다.

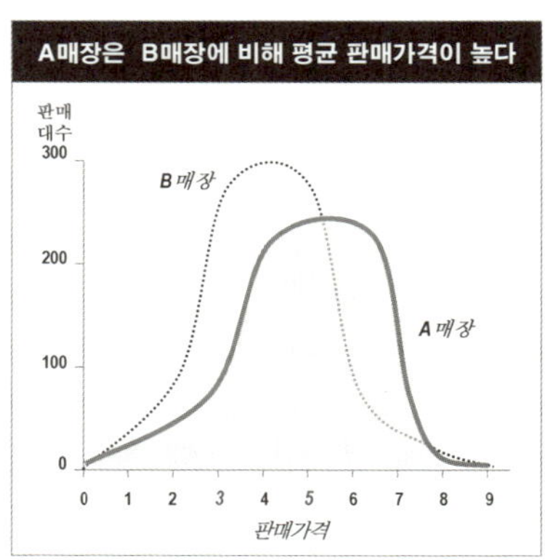

❋ 상관관계의 표현

두 개의 항목들간에 가지고 있는 상관성, 즉 "두 개의 항목들은
서로 연관성이 있는가? 있다면 어떠한 연관성이 있는가?"에 대한
내용을 그래프로 표현해야 하는 경우에는 가로 막대 그래프를 연결
해서 표현하는 방법과, 항목이 많은 경우에는 점 그래프로 표현하
는 방법이 있다.

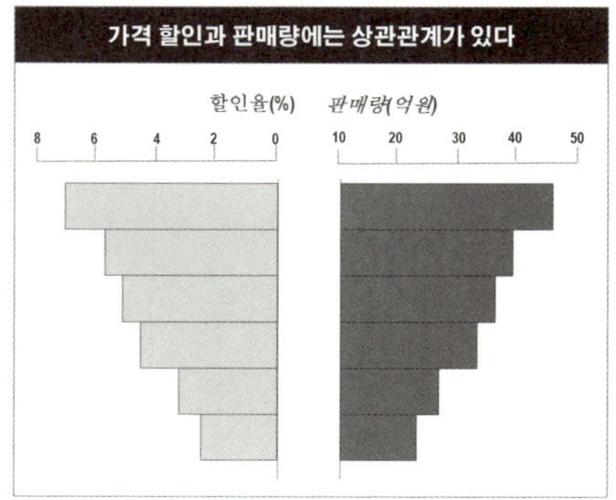

　이 그래프와 같이 두 가지 항목에서 보여주는 막대의 길이가 서로 유사하게 펼쳐지는 유형과 패턴(Pattern)을 가지고 있는 경우에는 두 가지 항목간의 연관성이 높다는 결론을 얻을 수 있다. 반대로, 두 가지 항목에서 보여주는 막대의 길이가 들쭉날쭉 일관성이 없는 유형을 보이면 두 가지 항목간의 연관성은 낮다는 것을 보여준다.

　즉, 이 표에서 보면 할인율이 높을수록 판매량이 증가했고, 할인율이 낮을수록 그에 따라 판매량이 감소하고 있다는 것을 볼 수 있어, 할인율과 판매량은 정비례하는 관계를 볼 수 있다.

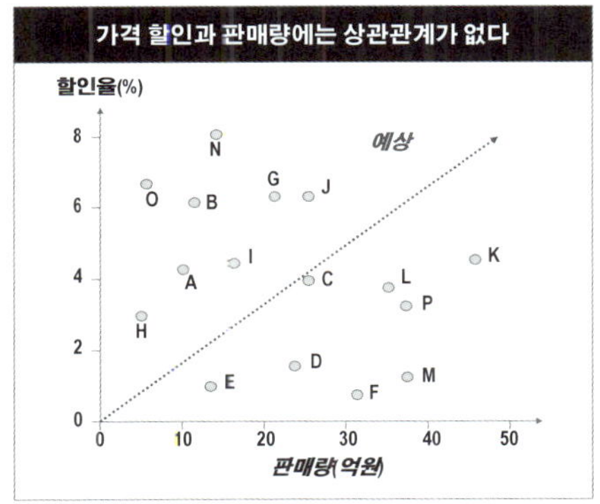

　비교하는 두 개의 항목에서 많은 수의 예시확인을 해 보는 경우에 예를 들면, 전국 지점 약 70여 개의 점포별로 판매량과 할인율의 비교하는 경우에는 막대 그래프보다 점 그래프로 표현하는 것이 더 수월할 수 있다. 점 그래프에서 표시된 점의 분포가 일정한 패턴, 즉 한군데에 일정하게 몰리는 현상을 보이고 있으면 두 항목간의

관계도가 높은 것이고 일정치 않거나 분산되어 있으면 두 비교 항목간에는 관계도가 없다는 것을 보여 줄 수 있다. 점 그래프를 그릴 때에는 원래 의도했거나 기대했던 패턴을 화살표나 별도의 표시를 해주게 되면 더욱 그 상관성을 판단하기가 쉬워진다.

> 슬라이드를 만드는 3가지 원칙
> ● 보기 쉽게! - 그래야 본다.
> ● 이해하기 쉽게! - 그래야 공감한다.
> ● 눈에 띄게 ! - 그래야 기억해 준다.

알고보면 정말 쉬운 도해!

앞서 언급했던 것처럼 글자로 만들어 진 문장은 끝까지 읽어야 그 뜻을 이해할 수 있지만, 이러한 글자들의 뜻을 도해로 표현한 경우에는 끝까지 보지 않아도 충분히 그 의미를 알 수 있게 된다. 따라서 왜곡되면 안되는 중요한 내용같은 경우에는 아주 절제되고 압축된 문장으로 표현하지만, 슬라이드에서 다루는 나머지 정보들은 가급적 도해로 표현 해 주는 것이 좋다. 도해란 주요 핵심단어나 어구만을 가지고 내용 상호간의 관계나 위계 흐름을 나타내 주는 것으로서, 문장이 가지고 있는 속 뜻을 한눈에 볼 수 있게 도와 준다. 따라서 슬라이드를 시원하게 만들고 싶다면, 우글거리는 단어들 속에서 핵심내용만을 끄집어 내어, 핵심 단어만을 근간으로 최대한 도해화시키는 노력을 하는 것이 좋다.

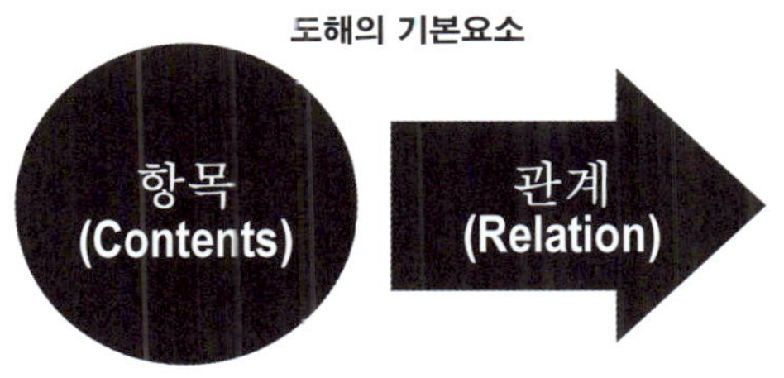

도해에 대한 이야기를 하기 전에, 먼저 '도해를 한다는 것은 핵심단어만을 사용한다는 전제를 가지고 있다는 것'을 잊지 말아야 한다. 도형들을 통해서 문장이 가진 내용과 문맥을 표현하는 것이 도해인데, 각 도형들에 필요없는 단어까지 들어가있다면 이는 도해화를 해도 의미없는 답답한 도형이 되어버린다. 도형에는 중요한 핵심만이 남아 있어야 하고, 그 핵심 단어들의 관계나 흐름에 대한 설명은 추가로 꾸며지는 화살표와 도형이 가지고 있는 모습에 맡겨야 한다.

도해를 이루는 가장 기본적인 요소는 '원과 화살표' 딱 두 가지이며, 이 '원과 화살표'가 바르 도해의 시작이고, '원과 화살표'만 잘 사용해도 좋은 도해를 허 낼 수 있다. '원'은 컨텐츠를 표현하고, 화살표는 컨텐츠간의 관계와 흐름을 표현하기 때문에 아무리 어려운 내용이라 하더라도 원과 화살표만 잘 이용한다면 이 모든 내용을 다 소화시키는 슬라이드를 만들 수 있다.

컨텐츠를 담아 낼 때 다른 도형을 쓰는 경우도 많지만 원이 가장 두루뭉실하고 표현성이 넓기 때문에 초보자라면 처음부터는 원을 근간으로 연습을 하다가 삼각형, 사각형, 오각형으로 확장하는 것이 좋다. 어떻게 보면 '원'이 변형되어 삼각형이나 사각형이 되는 것이므로 도형 사용의 기본을 '원'을 통해 닦는 다고 볼 수 도 있다.

다음의 그림은 원으로 컨텐츠들을 표현한다면, 추가적인 화살표가 없는 경우에도 왠만한 관계성은 모두 표현할 수 있다는 것을 보여준다.

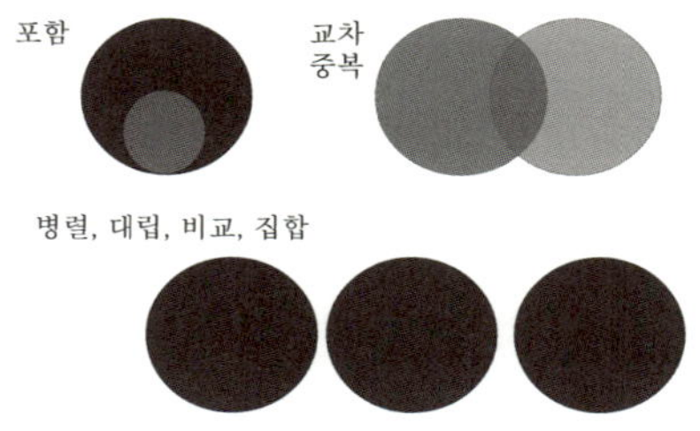

이처럼 슬라이드 내에 도형의 배열이나 위치만으로도 각 컨텐츠들이 가지고 있는 관계를 표현할 수가 있으며, 전체적인 윤곽을 잡을 수가 있다.

이를 통해서 시선의 흐름까지도 유도할 수 있다. 여기에 화살표가 첨가되면 훨씬 더 확장된 관계와 흐름, 위계를 보다 확실하게 표현할 수 있게 되며, 슬라이드가 가지는 내용의 의미는 더욱 뚜렷해진다. 이러한 화살표는 문법으로 치면 '전치사'와 '접속사'의 역할을 하게 되는데 이를 통해서 각 항목이 연결되어 서로를 꾸며줄 수 있으며 항목간에 보이지 않는 미묘한 관계를 표현해 줄 수 있다.

각 항목(Contents)의 관계를 나타내는 화살표
(전치사, 접속사의 역할)

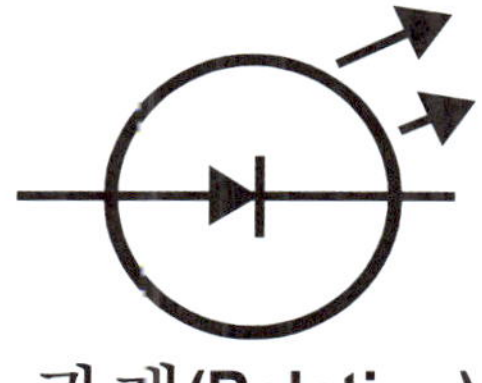

관계(Relation)
(흐름, 시간 순접, 역접, 대립, 의존, 방사, 영향)

화살표만으로도 두 항목간의 진행 단계나 시간의 흐름을 나타낼 수 있고, 두 항목간의 인과관계의 긍정성과 부정성 그리고 포괄하는 상태 에너지를 발산하거나, 위치를 이동하는 상태를 표현할 수 있다. 이를 통해서 각 항목들이 가지고 있는 보이지 않는 움직임을 나타낼 수가 있다.

- 화살표의 색상이나 두께가 진할수록 확신 또는 관계의 강렬함을 나타낸다.

- 화살표는 가급적 자제하면서 사용해야 한다. (Mr.Big의 시선은 화살표를 따라서 움직이는 성향이 강하기 때문에 화살표를 남발하게 되면 시선이 분산되고 어지러움을 느끼게 된다.)

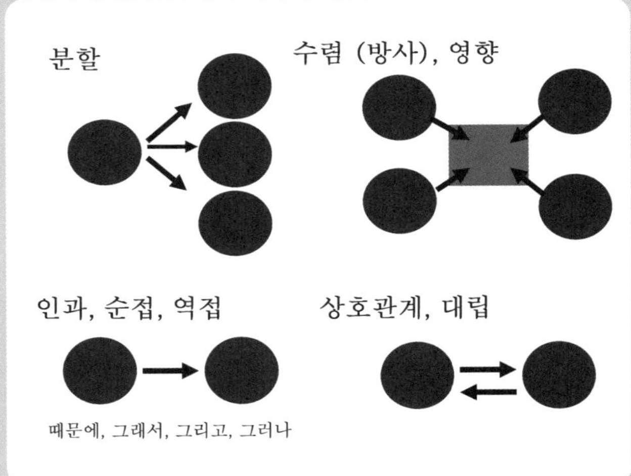

쉽게 따라하는 도해의 기본 흐름 9단계

1단계 – 문장 내에 있는 핵심 단어들을 추출한다

"어떤 것이 가장 대표적이고 중요한 단어지?"

프리젠테이션에는 30초의 법칙이라는 것이 있다.
갑자기 급한 일정이 생겨서 프리젠테이션을 시작하기도 전에
자리에서 일어나 나가는 CEO가 당신에게 이야기 했다.
"내가 엘리베이터를 타고서 1층 까지 가는 동안 설명해 보게"
당신이 말해야 할 내용이 아무리 많더라 하더라도, 그리고 그 내용을 30분 동안
말할거리로 준비를 했다 하더라도 당신은 그와 엘리베이터를 같이 타고 내려오는
30초 안에도 그를 충분히 설득할 수 있어야 한다.
직급이 높은 사람일 수록 바쁘기 때문에 굵고 짧게 핵심 중심으로만 압축되어 있는
보고를 원하며, 길게는 5분 정도 안에 모든 것을 파악할 수 있는 요약된
그 무엇을 원한다.
바쁜 사람을 붙잡고 몇 시간 동안 장황하게 이야기를 늘어놓는다는 것은 어찌 보면
듣는 사람에게는 비효율의 극치이다.
시간은 금이고 Mr.Big은 성급하다.

30초, 엘리베이터, CEO, 핵심,
5분, 요약, 압축, 직급이 높은
30분 프리젠테이션

2단계 – 추출된 핵심 단어를 근간으로, 슬라이드에서 강조할 메시지를 정한다

"이 핵심 단어들을 가지고서 결국 어떤 내용을 강조하지?"

30초, 엘리베이터, CEO, 핵심,
5분, 요약, 압축, 직급이 높은
30분 프리젠테이션

**청중의 직급이 높아질 수록
짧고 간결하게 접근해야 한다!**

"어떤 전개가 가장 이해하기 쉽고, 단순하게 표현할 수 있을까? 연결, 나열, 순환, 흐름, 인과, 순접, 역접, 상승, 관계, 대립, 분산, 집중, 개선?"

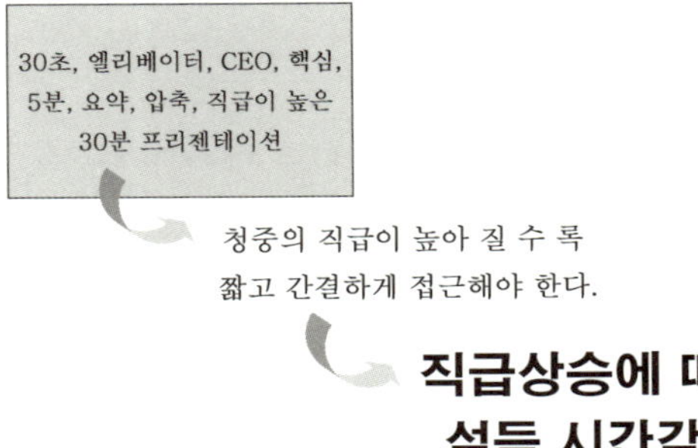

4단계 – 설정된 전개방식, 상호관계를 잘 표현할 수 있는 화면 구조를 정한다

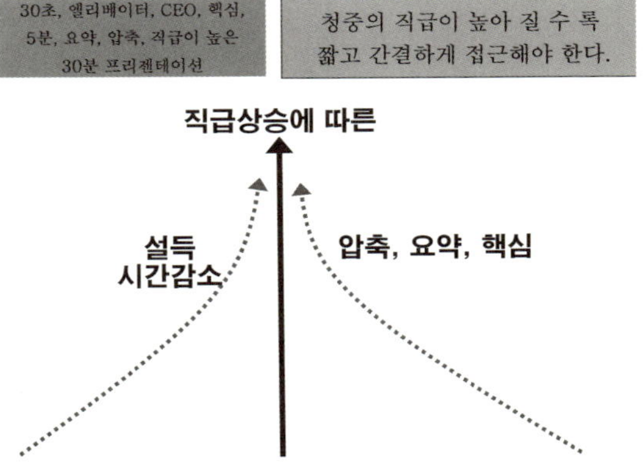

5단계 – 상호관계를 잘 표현할 수 있는 도형과 화살표를 선정한다

6단계 – 균형 잡힌 구조 위에 도형을 배열한다

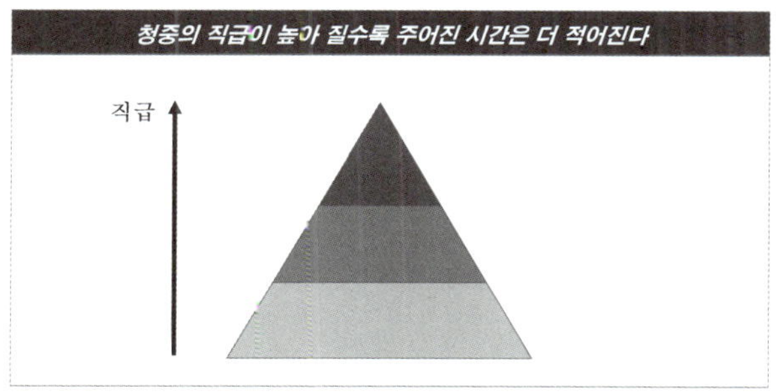

7단계 – 배열된 도형 위에 1번에서 도출했던 핵심 단어를 채워 넣는다

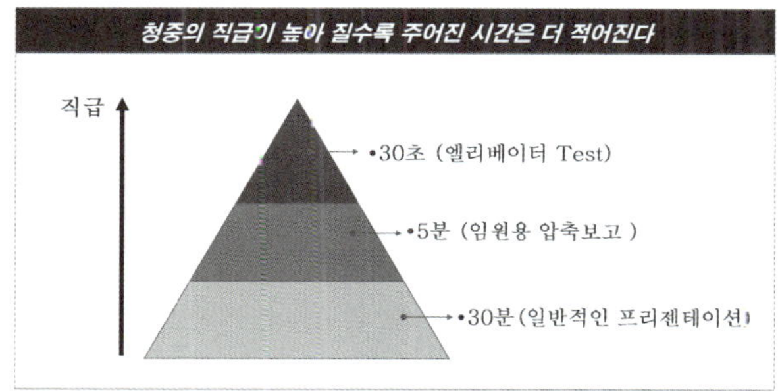

8단계 – 핵심 단어외에 설명이 필요한 부분에 절제된 부연 설명을 채워
넣는다

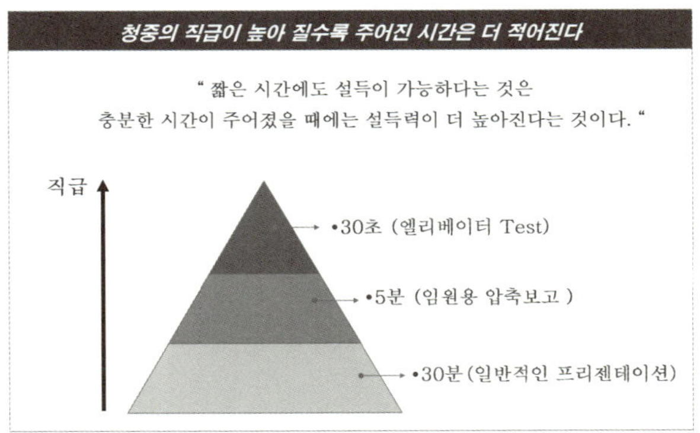

9단계 – 전체적인 흐름과 배열이 적절한가를 검증하고, 필요하면 내용을
첨가 또는 삭제한다

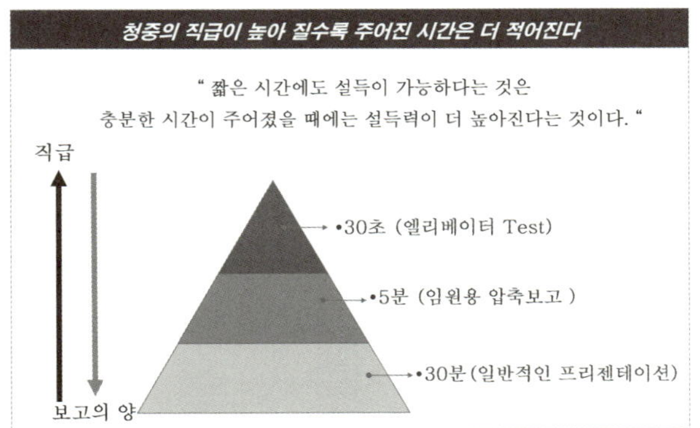

Chapter 14

당신도, 저거 보면 뭔가 불편하지 않아?

제가 오늘 말씀드릴 내용은 3가지입니다.

첫 번째, 타다닥, 타다다다다닥,

신규시장의 매력도에 대한 이야기입니다.

두 번째, 씨~~~~융... 펑! 씨~~융... 펑!

씨~~~융 펑! 펑! 펑! 깜빡깜빡

기존 시장의 확장성에 대한 이야기입니다.

세 번째는 (글자의 회전, 서서히 날아오며 반짝이기)

경쟁업체의 전략분석 내용입니다.

잠깐~~ . 그만해라. 정신 사나우니깐. 그냥 ESC 누르고 화면 크게 해서 보자. 파워포인트가지고 뭐 이렇게 장난을 쳐놨어 그렇게 애니메이션 효과 주면 멋있다고 내가 박수칠 거라고 생각했나? 지금 시대가 어느 시댄데, 이런 쌍팔년도식 잡기술을 쓰고 있는 거야? 내용에 그렇게 자신이 없어? 가뜩이나 슬라이드 맘에 안드는 데 말이야….

쌍팔년도식 애니메이션은 집어 치워라!

파워포인트에는 다른 엑셀이나 워드에는 없는 애니메이션 효과의 기능이 있어서 글자나 도형이 멋지게 날아다니게 만들 수가 있고, 숨었다가 다시 나타나게 만들며, 각종 효과음까지도 넣을 수가 있다. 하지만 Mr.Big은 이러한 애니메이션 효과에 절대 동요치 않는다. 발표자가 전달하려는 내용에 더 관심이 가고, 내용 속에 숨어 있는 논리와 정확한 분석 내용에 흥미를 가지지만, 현란한 파워포인트 애니메이션에는 거의 관심이 없거나, 오히려 쓸데없이 남발한 애니메이션 효과에는 상당한 짜증을 느낀다.

"내가 이 바쁜 시간에 저 타자 소리 나오면서 한 글자씩 튀어 나오는 단어들이나 봐야겠어?" 그리고 저렇게 하나씩 나오니까, 한 번에 전체적으로 볼 수가 없어서 답답하잖아"

그래서, 애니메니션의 남발이 너무 심한 경우에는 Mr.Big은 화를 내며 프리젠테이션임에도 불구하고 아예 슬라이드 쇼를 하지 말고, 그냥 기본 보기 형태로 설정해서 보자고 하는 경우도 많다. 문제는 이렇게 기본 보기를 해도, 애니메이션 효과를 주기 위해 이미 글자들이 겹쳐져 있거나 그림 뒤에 숨어 있어서 도저히 읽을 수가 없는 상태인 경우에는 Mr.Big은 문을 박차고 나가면서 "다음 번에 다시 해!"라고 할 수도 있다.

많으면 오히려 적은 것보다 못한 경우를 과유불급(過猶不及)이라는 말로 표현하는데, 슬라이드에 있어 쓸데없이 과도한 애니메이션 효과를 적용하는 것이 바로 과유불급이다.

필요한 경우에만 사용하고, 최대한 정제된 상태에서 발표자의 발표 내용과 시점(Timing)이 딱 들어 맞도록 잘 설정된 애니메이션 효과는 프리젠테이션이 한편의 드라마와 같다는 느낌을 줄 수가 있다. 하지만, 전혀 의도성을 찾아볼 수 없으며 그냥 심심해서 안하면 섭섭하니까 넣은 듯한 애니메이션 효과는 Mr. Big을 지루하게 만들게 되고 슬라이드에 대한 혐오감을 느끼게 할 수 있다. 뭐라 말하기는 좀 그렇지만, 참으로 느끼하고 낯 간지럽고, 지루하고 촌스러운 슬라이드라고 해야 할까?

담고 있는 내용이 아무리 훌륭하고 좋아도 Mr.Big을 짜증나게 하는 슬라이드를 만들려면 각종 애니메이션 효과를 모든 글자와 도형에 적용해 보자. 여기저기서 날아오고 돌아다니고 내려오고 올라오는 글자들은 오히려 당신이 말하는 내용을 희석시킬 것이다.

Mr. Big을 모시고서 하는 프리젠테이션은 파워포인트 작성기술 경연대회가 되어서는 절대 안 된다. 파워포인트는 힘있게 강조할 때 사용하는 것이지, 내용을 현혹시켜서 포장하게 되면 내용의 진실성이 애니메이션 효과의 등 뒤로 숨어서 밖으로 표출되지 못한다. 내용은 없는데 화려한 기술로만 포장한 것을 보면서 "우와 대단한데! 저거 어떻게 한 거지? 훌륭해~"라고 생각하는 Mr.Big은 이 세상에 존재하지 않는다.

꼭 지켜야 하는 인식의 흐름

질문을 하나 해보겠다. 당신에게 A4 용지만한 크기의 흰 종이를 주고서 시간이 어느 방향으로 흐르는지 화살표를 표시해 보라고 한다면 어디에서 어느 방향으로 흐르는 화살표를 그을 것인가? 아마, 거의 대부분의 사람들은 왼쪽에서 시작해서 오른쪽으로 흘러가는 화살표를 그릴 것이다.

앞서 지구상에 살고 있는 80% 이상의 사람들은 시간의 흐름을 표현할 때 왼쪽에서 오른쪽으로 흐른다고 인지한다고 했다. 즉, 과거일수록 왼쪽에 위치하고, 미래일수록 오른쪽에 위치한다고 생각한다는 것이다. 이처럼 사람들은 누구나 지금껏 인생을 살아오면서 일상생활의 반복 속에서 형성되는 시각과 인식의 관점이 있는데, 이는 지금까지 그래왔으니까 이것도 당연히 그럴 것이라고 생각해서 무의식적으로 적용해 버리는 버릇과 같은 것이다. .

그 대표적인 것이 시간은 왼쪽에서 오른쪽으로 흐른다고 느끼는 것이다. 이러한 인식에 반하는 슬라이드를 구성하게 되면 Mr.Big은 머릿속으로 혼돈을 느끼게 된다. "어? 시간이 왼쪽으로 흐른 것으로 표시한 것이로군, 난 당연히 오른쪽이 나중이라고 생각했었는데 말이야!"라고 생각한 순간, 이미 슬라이드의 매력도는 떨어지기 시작한다.

시간과 마찬가지로 이익 또는 손실, 양의 많고 적음, 질의 좋고 나쁨, 기타 사항들의 높고 낮음 등을 표시할 때에도 이러한 인식의 흐름이 존재하고 있으며 슬라이드를 구성할 때, 즉 도형을 배열하

거나, 그래프를 그리거나 화살표를 배열하는 경우 이러한 인식의
흐름을 거스르지 않으려는 노력을 반드시 해야 한다.

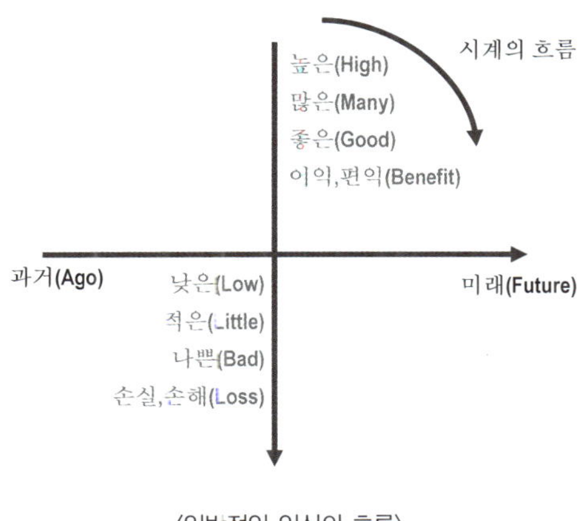

〈일반·적인 인식의 흐름〉

❋ 시간은 좌에서 우로 흐른다. 그리고 시선도 좌에서 우로 흐른다

반드시 시선과 시간은 좌어서 우로 흐르도록 표현하여야 한다. 2
차원의 그래프를 그릴 때에도 O을 기점으로 위/아래, 좌/우를 구분
하면서 위와 오른쪽으로 갈수록 양수(＋)개념, 아래와 왼쪽으로 갈
수록 음수(－)개념으로 표현해야 하는 이유는 무엇일까? 거의 모든
사람들이 그렇게 인식하기 때문이다. 이 장의 초반에 예를 들었던
독립신문을 다시 기억해 보자. 독립신문은 위에서 아래로 시선을
움직여야 읽을 수 있다. 시선의 흐름에 반하는 배열로 인해서 읽는
속도가 현저히 떨어지며 읽는 데에 상당한 불편함을 느끼게 된다.
시간 또한 마찬가지로 Mr. Big의 머릿속에서 시간은 좌에서 우로
흐른다는 것을 반드시 생각해야 한다.

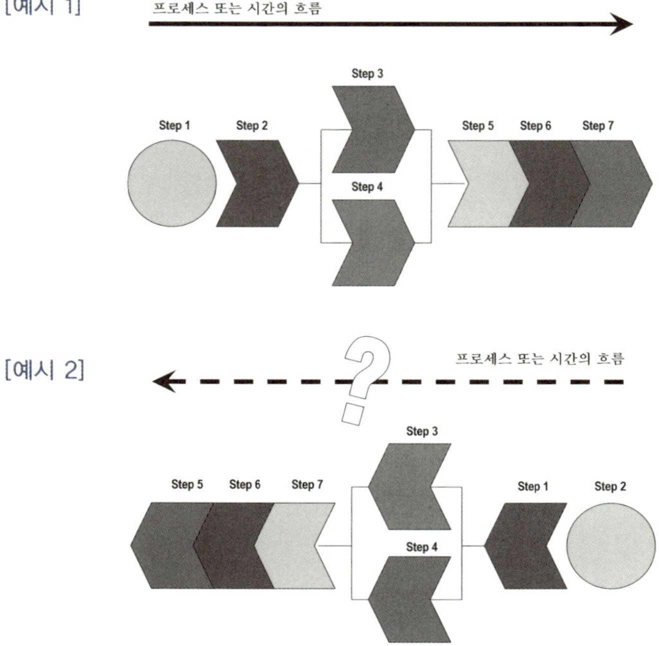

위의 [예시 2]처럼 슬라이드 상으로 시간이 거꾸로 흐르는 것으로 표시해 놓으면 인식의 시행착오가 일어나고, 시선의 흐름을 껄끄럽고 부자연스럽게 만들기 때문에 인식하는 데에는 훨씬 많은 시간을 소요하게 된다.

✳ 원 안에서 흐르는 시선은 12시 시점부터 시계방향(오른쪽)으로 흐른다.

대부분의 사람들이 '원 안에서 나누어져서 움직이는 것!' 하면 가장 먼저 시계를 떠올리게 되는 것처럼 Mr.Big이 원그래프를 보게 되는 순간, 가장 먼저 무의식적으로 비유하는 것이 바로 시계이다.

따라서 원 그래프를 바라보는 시선은 시곗바늘과 같이 시계방향으로 그리고 바로 12시 기점부터 시작해서 1시 방향으로 움직인다는 것을 기억해야 한다. 따라서 원 그래프를 그릴 때는 가장 강조하고자 하는 요소를 12시에서 오른쪽 첫 번째에 위치시켜야 인식률이 높아 질 수 있다.

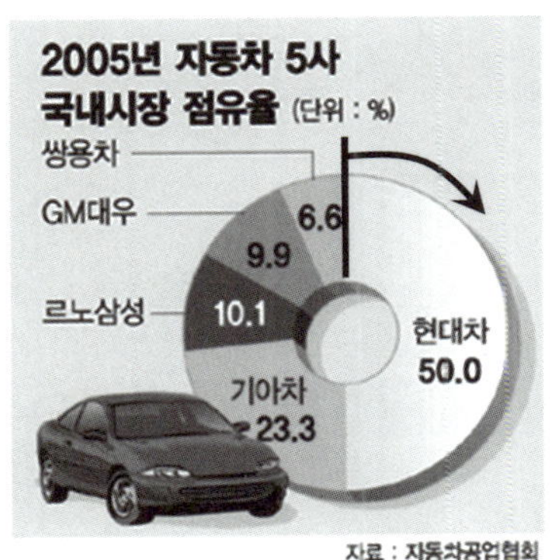

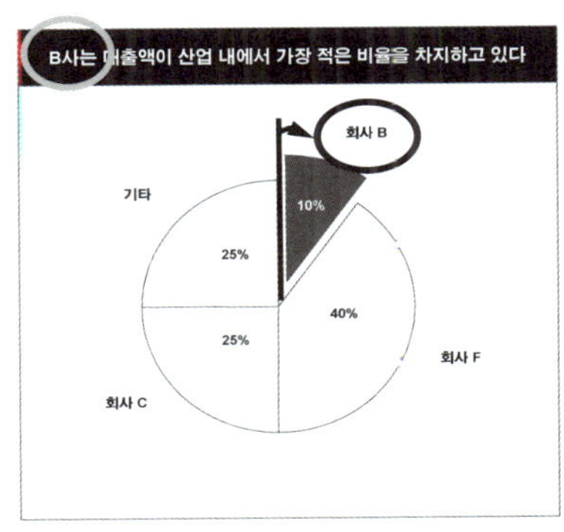

❋ 위로 올라갈수록, '많고, 좋으며, 이익'이라고 인식하며 아래로 내려갈수록 '적으며, 나쁘며, 손실'이라고 인식하게 된다

오른편에 보이는 이 그래프가 시간과 이익, 손실의 개념을 같이 잘 표현한 그래프 중 하나이다. 시간은 좌에서 우로 흐르고 있으며 년간 매출액 대비, 영업이익의 변동추이를 인식의 흐름에 맞춰서 잘 표현했다. 그리고 이익 금액이 위로 올라갈수록 많은 것이고 아래로 내려갈수록 이익 금액이 적은 것으로 표현했다.

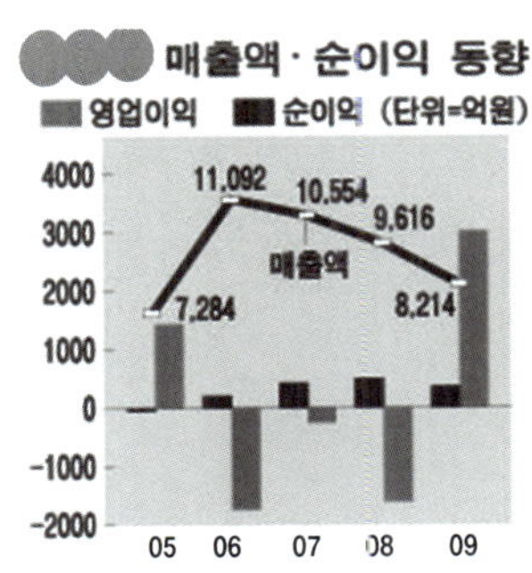

이와 유사한 그래프를 몇 개 더 보자.

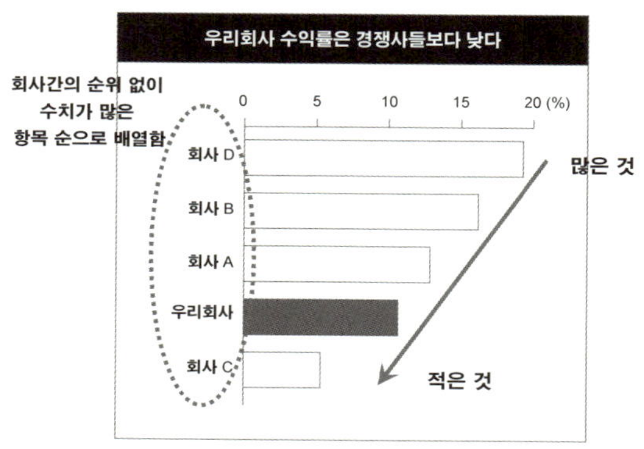

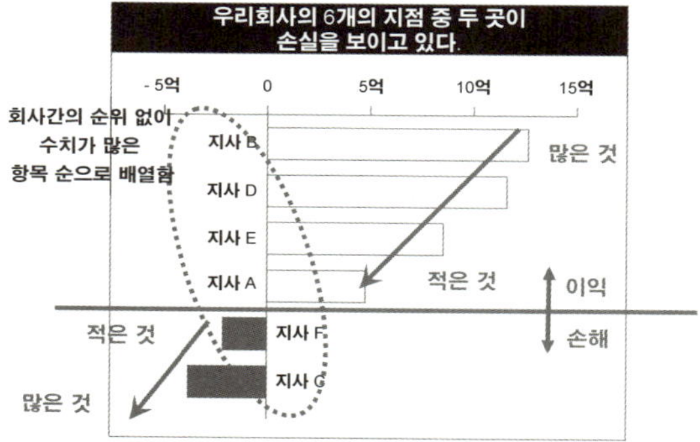

이 그래프들에서 적용되는 인식의 흐름은 '위로 올라갈수록 많은
것 아래로 내려갈수록 적은 것'이다. 가장 높은 순위부터 위에서 아
래로 나열해 주어야 수익율이나 매출의 크기에 대한 상황이 막대의
길이와 비례하여 인식할 수 있기 때문에 회사 이름의 서열을 무시
하고 위에서부터 높은 매출을 가진 회사부터 나열하여 인식율을 높

였다. 또한 손실의 경우에는 아래로 내려갈수록 나쁜 것이기 때문
에 막대의 길이가 오히려 길어지는 모습을 보이게 된다.

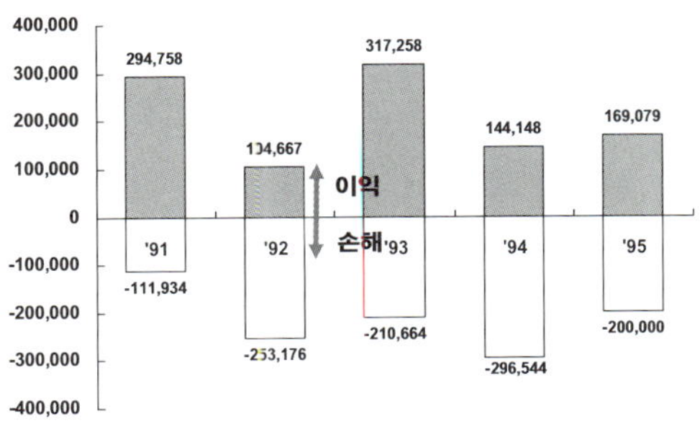

　위 그래프 또한 '위는 이익, 아래는 손실이라는 인식의 흐름'을
지키면서 년도별 매출 대비 손실률을 표현한 것인데 윗 부분은 이
익, 매출을 나타내고 있으나 아래 부분은 손실, 손해의 금액을 나타
낸다.

✻ 사람은 오른쪽으로 가면서 채워지는 것을 기대한다

　우리들은 어려서부터 책을 읽고 쓰거나, 그림을 그릴 때 모두 왼
쪽에서 오른쪽으로 읽거나 채워나가는 것을 배워왔기 때문에 본능
적으로 그러한 흐름을 기대하게 된다. 더 넓게 확대해 보면 왼쪽이
낮고, 오른쪽으로 갈수록 높아지게 되면 다루는 요소의 긍정적인
결과인 상승과 확대라고 인식하게 되며, 반대로 왼쪽이 높고 오른
쪽으로 갈수록 낮아지게 되면 부정적인 결과인 축소, 삭감, 감소라
고 인식을 하게 된다.

　다음 표와 같이 우리회사의 매출이 가장 크다고 제시하는 그래프인 경우에, A 형 그래프보다는 B 형 그래프를 통해서 보다 더 상승하고 있는 것 같은 역동성과 현재 진행되고 있는 것 같은 느낌을 받게 되기 때문에 좀더 가슴에 와 닿는 표현이라고 할 수 있다. 또한 맨 마지막에 우리 회사의 이름을 보기 때문에 더 오랫동안 기억할 수 있게 된다 (보통 사람들은 맨 마지막에 본 단어를 오래 기억한다). 단, A 형 그래프는 회사의 순위가 먼저 강조된다는 장점이 있다.

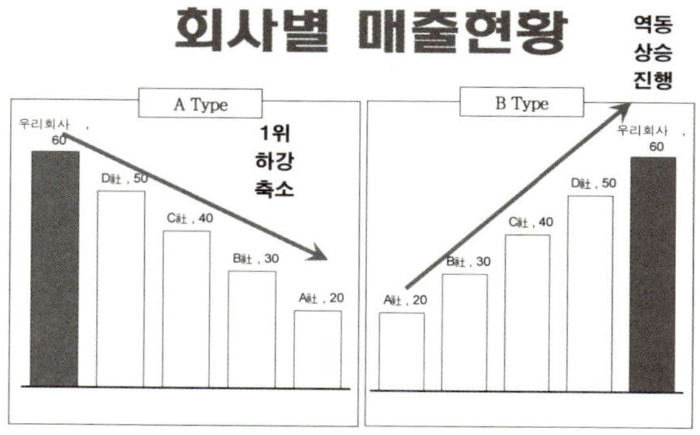

※ 시선은 위에서 아래로, 그리고 왼쪽에서 오른쪽으로 흐른다.

　지금까지 앞서 설명한 4가지의 '인식의 흐름'을 종합해서 보면 Mr.Big뿐만 아니라 모든 사람들은 슬라이드를 인식하면서 시선을 이동할 때 위에서 아래로 훑는 동시에, 왼쪽에서 오른쪽으로 훑는다는 것을 알 수 있다. 일반적으로 아래의 그림에서 제시된 선의 흐름대로 시선의 이동하게 되며 슬라이드 내에 화살표를 쓰더라도 이러한 시선의 이동을 거스르는 방향의 화살표를 사용하는 것은 가급적 지양하는 것이 좋다.

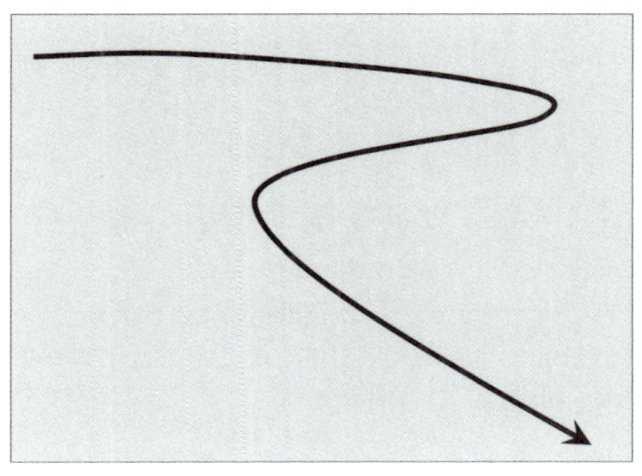

〈시선의 이동 방향〉

슬라이드를 아무리 잘 만들었더라도 2% 부족하게 만드는 아쉬운 실수

❄ 글머리 기호(Bullet Point)

"글머리 기호(Bullet Point)"를 사용할 때는 제발 한 칸을 띄워라, 너무 답답해 보인다."

슬라이드를 만들 때 글머리 기호를 통해서 문장의 강조점이나 구분점을 주게 되는데 이는 슬라이드 작성에 있어 아주 좋은 습관이며 늘 장려하고 싶다. 글머리 기호를 통해서 슬라이드 내 단락의 형태가 보여지고 서로의 맥락이 다르다는 구분을 제시할 수 있기 때문에 문장을 쓰는 경우 단순하게 줄만 바꿔서 써 주는 것보다는 이러한 글머리 기호를 사용하는 것이 훨씬 더 보기에 깔끔하다. 하지만 글머리 기호를 사용할 때는 몇 가지 지켜야 하는 철칙이 있다.

첫째, 글머리 기호를 사용하고 나서는 반드시 한 칸을 띄운 후에
글자가 시작되도록 하여, 답답하게 느끼지 않도록 해야 한다. 참으
로 많은 사람들이 이러한 것을 잘 모르고 글머리 기호 바로 뒤에 붙
여서 글자를 쓰는 경우가 많은데 정말 답답해 보인다.

둘째, 한 장의 슬라이드에서 너무 많은 글머리 기호를 사용해서
는 안되며 보통 한 장의 슬라이드 내에서는 일반적으로 3개에서 최
대 5개 정도의 사용이 가장 적절하다. 한 장의 슬라이드에서 보여
지는 글머리 기호가 너무 많으면 Mr.Big은 "다 중요하구나~ 열심
히 들어야지"라는 생각을 갖기 보다는 시각적으로 쏟아지는 정보
에 중압감을 느끼고 질려버리기 때문에 슬라이드를 눈여겨 보지 않
게 된다.

❈ 원래 이미지의 훼손

슬라이드에 이미지를 삽입할 경우에는 사용하게 되는 원본 이미지의 비율을 훼손해서는 안된다. 많은 사람들이 원본 이미지를 삽입할 때 이미지의 크기를 조정하면서 원본 이미지가 가진 비율을 생각하지 않으면서 위, 아래의 높이만을 또는 좌우의 폭만을 조정하는 경우가 많은데 이렇게 되면 아주 웃기는 이미지가 만들어진다.

초보 발표자들이 만든 슬라이드 중 약방의 감초처럼 빠지지 않고 지적할 수 있었던 게 바로 원본 이미지의 비율 조정 실패이다. 일반적인 도형이나 그림들은 비율조정이 잘못 되어도 큰 문제는 없으나 자신의 회사 로고나 고객사의 회사 로고의 비율 조정이 잘못된 경우에는 일이 상당히 커질 수 있다.

만약 거래처에 가서 프리젠테이션을 하는 경우에 슬라이드에 보여진 거래처의 로고가 찌그러져 있다고 한다면, 고객사의 사장님은 이런 생각을 한다. "(마음 속으로) 지금 우리 회사를 뭘로 보고 얼굴과 같은 로고 이미지를 저 따위로 훼손해서 보여주는 거야? 저러고도 우리와 거래를 하자는 건가?" 이렇게 비즈니스 상에서는 원본을 절대로 훼손하면 안 되는 이미지들이 있기 때문에 최대한 원본 이미지의 비율을 그대로 유지하면서 사용해야 한다는 것을 늘 의식하고 있어야 한다. 참고로 Shift를 누른 상태에서 크기를 대각선으로 줄이거나 늘이게 되면, 원래 이미지의 비율은 그대로 유지하면서 크기를 조정할 수 있다.

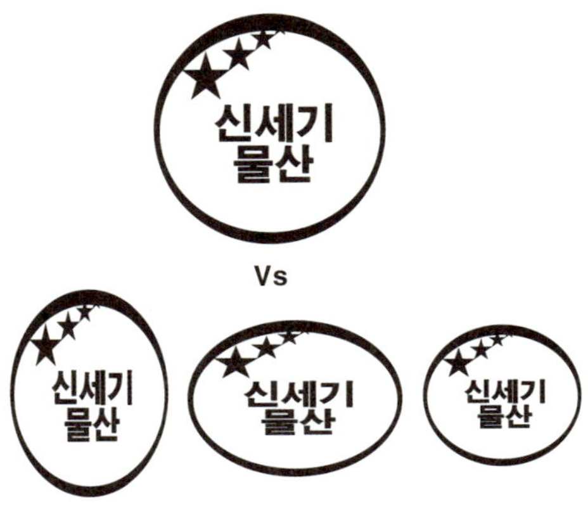

〈이미지 훼손의 예〉

✳ 화면마다 들쭉 날쭉하는 배열들

파워포인트로 만든 프리젠테이션의 발표자료는 공식 문서에서처럼 별도의 규격이나 격식이 있지는 않겠지만 전체적인 윤곽이라는 것은 있어야 한다. 그림이 액자 속에 있는 경우와 액자 속에 없고 구깃구깃한 종이로 덩그러니 남아있는 경우와는 그 값어치가 많이 다르게 느껴질 수 있다.

전체적인 큰 틀 안에서 슬라이드의 구성요소 진열이 일관되게 일어나면 훨씬 더 정갈해 보이고 화면이 바뀌게 되는 과정에서도 훨씬 더 깔끔하게 보여진다. 반대로, 슬라이드 각 장마다 있는 머리글(헤드라인)의 위치나 외곽 여백의 규격이 슬라이드가 바뀔 때마다 들쭉날쭉하게 보이면 이를 보는 Mr.Big은 당연히 무언가 불편하게 느끼게 된다. 많은 사람들이 "에이~ 설마 그게 표 나겠어?"라고 생각하지만 슬라이드의 화면전환 때 유심히 보면 정말 표난다.

파워포인트의 상단 메뉴 중 '보기' ➡ '눈금 및 안내선' ➡ '안내선 설정 _ 화면에 그리기 안내선 표시' 클릭 후 안내선으로 다음의 그림처럼 큰 배열을 위한 윤곽을 설정하게 되면, 전체적인 슬라이드의 배열에 대한 통일성을 가질 수 있다.

- 각 안내선은 컴퓨터 Ctrl 버튼을 누르면서 마우스로 클릭하면 선이 추가되며 이동시킬 수 있고, Ctrl 버튼을 누르지 않고, 마우스로만 클릭한 상태에서 이동시키면 기존 선의 위치가 이동된다.

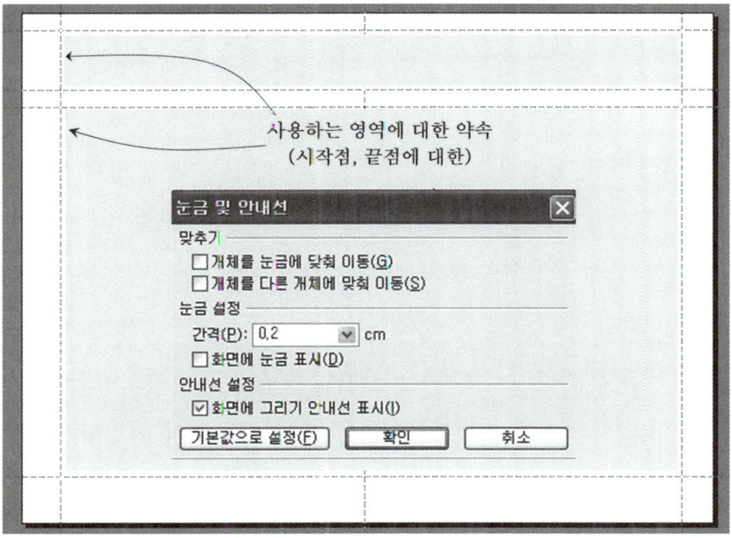

보기에 불편하지 않는 슬라이드를 만들기 위해 고민해야 할 몇 가지 질문

❋ 전체적으로 봤을 때 너무 튀는 건 아닌가?

새롭게 바뀌면서 제시되는 슬라이드들이 모두 제 각각의 위치 배열, 색상처리, 단락처리 방식을 가지고 있으면 이를 바라보는 Mr.Big은 불편함을 느끼면서 슬라이드를 바라보게 된다. 정보들이 일관성있게 슬라이드에 담겨 있으면 훨씬 신뢰감을 가지게 한다. 새로운 주제나 단락이 바뀔 때에 슬라이드의 느낌이나 이미지를 약간은 달리하여 다채로운 느낌을 줄 수 있지만, 슬라이드가 가지고 있어야 하는 전체적인 통일성과 일관성은 놓치지 말아야 한다.

만약 20장 정도의 슬라이드가 있다면 각 장마다 담고 있는 내용이 다르더라도 전체적으로 한번에 펼쳐 보았을 때 동일한 형식 내에서 움직이고 있다거나 유사한 배열과 위치를 찾을 수 있는가를 고민하여, 같지만 다른 동시에 다르지만 같은 슬라이드를 만들어 내야만 한다.

통일성을 유지하기 위해서는 선택한 도형의 유형, 도형의 외곽선 처리, 사용하는 색상과 색상간의 톤, 단어나 문장의 정렬방식, 들여 쓰기, 내어 쓰기, 단락의 구분형태 등에 일관된 약속을 가지면서 슬라이드에 표현한다.

❋ 너무 많이 담은 건 아닌가?

최소한의 투자를 통해서 최대한의 효과를 얻는 것을 경제성이라고 한다면 이 경제성은 슬라이드에 반드시 적용되어야 한다. 즉 최소한의 내용을 담아서 정보 전달의 효율성을 극대화시켜야 한다.

경제성을 가지기 위한 약속

- 내용전달을 위하여 꼭 필요한 요소만을 담아야 한다.
- 중요한 정보와 그렇지 않은 정보를 명확히 구분하고 중요한 정보는 강조하여 처리하고, 중요치 않은 정보들은 버리던가 아니면 간결하게 묶어 줄 수 있는 방법을 찾는다.

❋ 내가 설명하지 않아도 알아 볼 수 있는가?

정보가 가지고 있는 맥락과 내용을 가장 잘 표현하고 있는 상태는 아무런 설명없이 슬라이드만을 그냥 보고만 있어도 그 내용을 70% 정도는 알 수 있도록 하는 상태라고 볼 수 있다. 물론, 아무런 설명이 없어도 이해가 될 수 있는 슬라이드라 함은 설명할 내용까지 다 담아 너무 자잘한 자료로 일관된 것을 말하는 것이 아니고 내용과 정보의 흐름을 최대한 부각시켜서 작성한 슬라이드를 말한다.

Chapter 15

저 유치찬란한 색깔봐라,
조잡하잖아

어휴~, 이 건 또 뭐야? 슬라이드에 완전히 무지개가 떴구만, 그것도 쌍무지개로, 당신 색맹이야? 이거 뭐 색깔의 의미도 없고, 아무거나 손에 잡히는 대로 마구 썼네. 색깔에 통일성은 눈꼽만치도 없고, 게다가 도형에 조잡한 색 처리 효과까지, 차마 눈뜨고 볼 수 없는 슬라이드로구만. 그리고 도형 사용한거 봐라, 손에 잡히는 대로 아무거나 갖다 붙여 놓고 말이야, 내가 발로 만들어도 이거보단 잘 만들었겠다.

많은 사람들이 슬라이드를 만들 때, 가장 애매하고 어려움을 느끼는 것이 바로 색상처리라고 이야기하는 경우가 많은데, 색상사용에 있어 이렇다 할 공식과 정답은 없지만 넘어서는 안되는, 실패를 부르는 원칙은 있다. 이 실패의 원칙만 잘 피하면 디자이너처럼 섬세하고 창조적인 감각이 없다 하더라도 형편없고 조악한 발표 슬라이드는 피할 수 있게 된다.

슬라이드의 색상처리와 관련된 문제들의 근본적인 원인을 파고 들어 보면, 대다수의 사람들이 파워포인트에서 지정해주는 도형이나 화살표 등의 색상을 그대로 사용하는 경우가 많다는 것이다. 속칭 '날로 먹으려는 수작' 이다. 파워포인트의 기능 중에 드형을 삽입하거나, 다른 파일에서 복사해서 붙여 넣게 되면 도형의 색상이 자동으로 정해지거나, 기본으로 설정되었던 색상이 일괄적으로 적용된다. 이렇게 되면 컴퓨터가 배정해 주는 색상에 의존하게 되는데 색상에 대한 감각이라고는 전혀 없는 1차원적인 컴퓨터의 기계적 색상 배정이 진행되면서 정말 촌스럽기 그지없는 슬라이드가 만들어지게 된다. 말 그대로 조악해진다.

이러한 무지막지한 기능을 누가 만들었는지 몰라도 이 기능으로 인해서 우리가 보게 되는 슬라이드는 촌스러움을 기본으로 시작하게 된다. 누군가가 이 기능을 제어할 수 있는, 예를 들면, 도형을 새롭게 붙이거나 그릴 때 적절한 색상의 사용을 위한 추천기능을 제시하는 컴퓨터 프로그램을 만들어서 팔아 본다면 충분히 상업성이 있어 보인다.

색상은 5살짜리 꼬마가 색칠공부 하듯이 손에 잡히는 색연필을 마음대로 쓰면서 일단 채우는 게 절대 아니며, 반드시 의도와 목적을 가지고서 전체적인 조화 속에서 사용해야 한다.

Mr.Big이 정말 싫어하는 굴욕 슬라이드 작성 원칙(색상편)

❄ 빨주노초파남보, 슬라이드에 무지개를 띄어라! 그것도 쌍무지개를….

〈증상의 원인〉

요리할 때 일단 아쉬우면 소금으로 간을 하는 것처럼 자신의 슬라이드에서 뭔가가 부족하거나 아쉽게 느껴지면 내용의 흐름, 도형의 배열이나 위치 등을 바로 잡을 생각을 하지 않고 일단 색깔부터 넣어 보는 행위를 보인다.

〈증상의 해결방법〉

하나의 슬라이드에 사용되는 색상의 수를 가급적 3~6색상 이내로 제한한다는 생각을 가져라. 슬라이드에 새로운 색상을 사용할 때마다 누군가에 비용을 지불해야 한다면 색상 선택에 있어서 좀 더 신중을 기하게 된다. 하나의 슬라이드에서 사용되는 색상이 많아질수록 슬라이드는 복잡해 보이고 조악해지기 시작하며 또한 슬라이드 군데군데에서 일관성없이 쓰여지는 색상들은 시선의 흐름을 방해한다는 것을 기억해야 한다. 하나의 색상만을 선택해서 색상의 진하고 옅음을 조정하면서, 시선 흐름을 유도하면 최대한 적은 수의 색상을 쓰면서 다양한 효과를 얻을 수 있다.

❄ 전체적인 색상의 통일성을 깡그리 무시하라

〈증상의 원인〉

파워포인트에서 '슬라이드 마스터'가 가지는 역할을 전혀 모르고 있는 사람이다. 파워포인트의 '슬라이드 마스터'는 전체 슬라이드들의 엄마 역할을 하게 되어 새로운 슬라이드가 추가될 때마다 '슬라이드 마스터'에서 지정해 놓은 똑같은 배경을 가지도록 지정해 주는 기능이다.

보통은 발표 슬라이드를 제작하기 전에 '슬라이드 마스터'를 지정하면서 전체 슬라이드의 색상이 정해지게 되는데, 문제는 각 슬라이드를 만들 때 '슬라이드 마스터'가 가지고 있는 색깔과 전혀 상관없는 색상을 사용하면서부터 참혹한 색상의 슬라이드가 만들어지기 시작한다. 슬라이드 마스터가 가진 색상과 전혀 무관한 색상을 가지고 있는 개별 슬라이드들은 그 근원이 묘연하여 부모님을 잃은 낙동강 오리알 신세가 된다.

〈해결방법〉

여성들이 하고 있는 색조화장의 방식을 생각해 보자. 전체적인 화장의 톤을 정하고 나서, 눈에 바르는 아이셰도우나 입술에 바르는 립스틱, 볼 터치 등은 전체적인 색조의 톤에 맞춰서 해야 원하는 화장 이미지가 나오게 된다. 이를 지키지 않고, 눈은 푸른 톤의 아이셰도우에, 입술은 꽃 분홍색 립스틱을, 볼은 검은 색 톤을 칠하게 되면 그야 말로 도깨비가 따로 없게 된다.

색상은 '슬라이드 마스터'를 따라줘야 한다. '슬라이드 마스터'에서 설정한 배경이나 기본 색상이 있다면 이와 같은 톤의 색상을 사용하는 것이 눈에 거슬리지 않고 통일성을 가지면서 훨씬 편안하게 보이기 마련이다. 예를 들어, '슬라이드 마스터'의 기본 색상이 초록색이라면 각 슬라이드에서 사용하는 도형에서 사용하는 색상은 초록색 계열로 국한시켜 사용하는 것이 좋다.

❋ 색에 아무런 의미를 두지 말고, 잡히는 대로 마구 써라

〈증상의 원인〉

색상을 아무 고민없이 닥치는 대로 사용하는 증상도 가졌지만 색상을 사용하는 것은 단순한 치장이라는 생각을 가졌기 때문에 일어나는 현상이다. 색상은 내용의 강조와 흐름을 위해서 사용하는 것이지 단순히 슬라이드를 예쁘고 화사하게 꾸미는 용도가 절대 아니다.

〈해결방법〉

정말 필요한 경우에만 색상을 절제하여 쓰되, 붉은색 계통 등의 강렬한 색상은 슬라이드에 남발하지 않아야 한다. 예를 들면, 이 색상은 중요한 곳에만 사용할거야라고 생각하는 한가지 색상을 미리 정해두어 강조하는 포인트에만 일관되게 사용하게 되면 Mr.Big으로 하여금 그 색상이 나오면 "저건 중요한 건가 보군"하는 인식하게 유도하게 할 수 있다. 앞 단락에서 얘기했던 소구성을 위한 색상을 미리 정해 놓는 것이 필요하다는 말이다.

또한 색상의 톤이 옅은 곳에서 짙어지는 곳으로 시선이 움직이도록 유도할 수 있다는 것도 알아둘 필요가 있고 이를 적용하는 것이 좋다. 대부분의 컨설팅 회사들은 프리젠테이션의 슬라이드에서 많은 색상을 한꺼번에 쓰기보다는 하나의 색상을 정해 놓고 그 색상의 톤을 조정하면서 색을 사용하는 경우가 바로 이러한 시선의 이동이 가능하기 때문이다. 이러한 경우에의 장점은 슬라이드를 흑백

프린터로 출력했을 경우에도 강조하는 요소와 색상이 그대로 부각되면서 인쇄될 수 있기 때문에 유인물을 제작할 때에도 훨씬 유용할 수 있다.

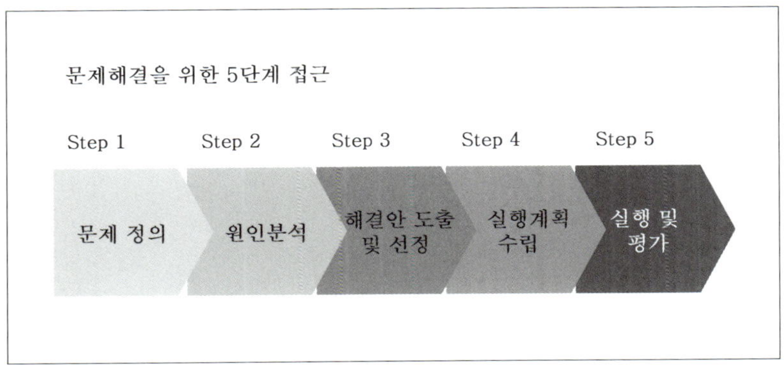

〈동일색상의 톤을 조정하여 시선의 이동을 유도한 사례〉

　파워포인트를 통해서 사용할 수 있는 색상이 약 80만 가지가 되는데 많은 컨설턴트들은 이중 79만 9천 9백 9십 4개는 버리라고 훈련 받는다고 한다. 나머지 6개의 색상은 검은색, 노란색, 파란색, 빨간색, 녹색, 흰색이며 이 6개의 색상만을 가지고서도 충분히 슬라이드의 의도성을 살릴 수 있다는 것이다. 이중에 빨간색과 녹색은 매우 큰 의도성을 띠게 되는 데 빨간색은 적자, 부족 등 비즈니스상의 부정적인 내용에 사용된다면, 이와 반대로 녹색은 흑자, 초과 등 상대적으로 긍정적인 내용에 사용되는 경우가 많다.

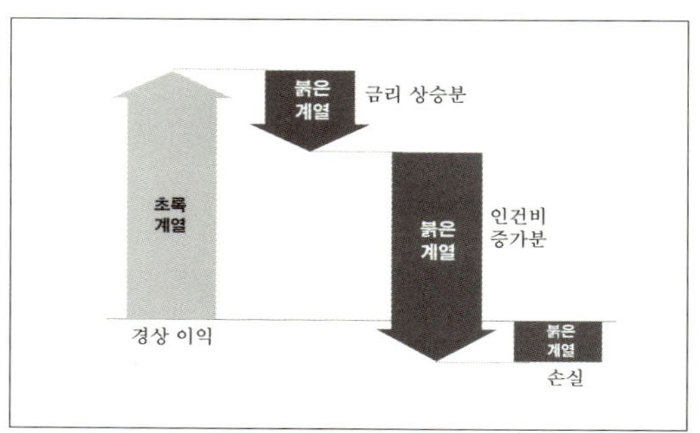

〈색상의 의미를 염두하여 작성한 사례〉

또한 보여지는 내용 중에 시간의 차이에 대한 구분을 나타낼 때에도 그 시간에 해당하는 배경의 색상을 달리해주면 인식율이 훨씬 높아질 수 있다.

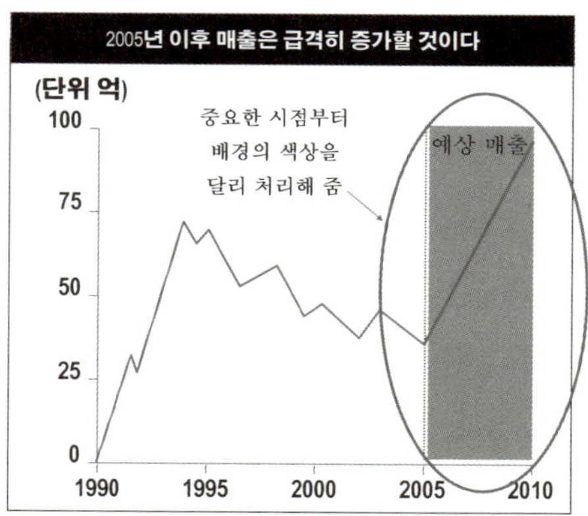

이렇게 색상의 의도성을 가지고, 일관되게 사용하여 주면, 그러한 색상이 반영된 슬라이드는 그야말로 발표자를 도와주는 또 하나의 든든한 지원군이 될 수 있다.

❋ 여백이 있으면 성의 없어 보이므로, 일단 무언가 칠하라

〈증상의 원인〉

흰색을 색상으로 인정하지 않는 편견을 가지고 있기 때문에 이러한 현상이 발생한다. 슬라이드라 하면 일단 무언가 칠해져 있어야 한다는 강박관념을 가지고 있으며 자신의 슬라이드에 흰색이 있는 상태를 불편하고 불안하게 느껴서, 어떻게 해서든 무언가를 채워야 한다고 생각한다.

〈해결방법〉

불안해 하지 마라! 흰색도 색이다! 흰색도 색상임을 인정하고, 적극적으로 활용해야 한다. 흰색이 많으면 성의없다고 느끼는 것은 발표자가 가진 오해에서 비롯되는데, 발표자와는 다르게 Mr.Big의 입장에서는 꽉 차있는 슬라이드보다 흰색과 여백이 많은 슬라이드를 오히려 시원하게 느끼는 경우가 많다. 우리나라 전통 회화에서 '여백의 미'를 강조하는 것처럼 적절하게 여유있도록 남겨둔 비움의 공간에서는 새로운 생각을 유도하게 만드는 채움이 있다는 것을 당신의 슬라이드에도 적용하라.

❋ 강렬한 색상의 남발로 눈을 아프게 하라

〈증상의 원인〉

강렬하고 눈에 팍팍 띄는 색상이 많을수록 Mr.Big의 마음을 파고 들 것이라고 착각을 하는 것에서 비롯된 현상이다. 강한 색상은 필요한 경우에만, 강조해야 하는 경우에만 사용하는 것이 좋으며 기본적인 것은 전체적인 색상과 조화되는 선에서 사용하는 것이 좋다. 강한 대비의 색상을 가진 글자를 사용하면 Mr. Big의 눈을 쉽게 피로하게 만들고 그의 미간은 찌푸려지게 된다.

〈해결방법〉

색상이 강렬하다고만 해서 집중도가 높아지는 것은 아니다. 예를 들어, 새빨간 바탕에 노란색 글씨를 쓴 경우에는 시선을 끌어 들이는 주목성은 높아질 수 있으나 눈의 피로감이 상당히 높아지는 단점이 있다. 그렇다면 슬라이드의 바탕은 어떤 색을 사용하는 것이 좋을까? 전문가들은 진한 푸른 계열의 남색 바탕을 사용하기를 권장하고 있으며 실제로 거의 대부분의 정통 프리젠테이션 전문가들은 푸른 계열의 바탕을 많이 사용한다. 푸른 색 계통이 보는 이로 하여금 보다 이성적으로 느끼게 만드는 동시에 감정을 차분하게 만들어주는 효과가 있기 때문이라고 한다. 또한 푸른 계열에서는 흰색 글씨가 기본으로 활용할 수 있으며 노란색이 강조의 표시로 너무 튀지 않게 활용 될 수 있다.

> **명시성과 주목성**　　　**Tip Box**
>
> 색상의 적절한 활용으로 얻을 수 있는 두 가지가 바로 명시성과 주목성이다.
> 명시성은 멀리에서도 잘 보이는 성질로서 색상, 명도, 채도의 차이가 클수록 높다. 예를 들면, 검정바탕의 노랑색, 녹색바탕의 노랑색, 파랑색 바탕의 흰색을 사용한다.
> 주목성은 시선을 강하게 끄는 성질로서 명도나 채도가 높을수록 주목성이 높다.

아무도 가르쳐 주지 않았던 세련된 도형처리 방법

슬라이드에 도형을 삽입을 해 놓고 보면 참 촌스럽고 투박하게 느껴지고 뭔지는 모르겠으나 2%로 부족하게 느껴지는 경우가 있다. 이럴 때면 아래에 지시된 방법들을 염두하면서 체크하고 수정해 보면, 좀 더 멋진 슬라이드로 만들어 질 수 있다.

❋ **도형은(특히 색상을 가지고 있는 도형은) 가급적 테두리를 없애 주는 것이 훨씬 부드럽게 느껴지고 투박하게 느껴지지 않을 수 있다**

뒤에 나오는 그림에서 왼쪽에 있는 도형들과 오른쪽에 있는 도형들은 모양과 음영변화(그라데이션)는 같은데 무언가 느낌이 좀 다르게 보인다. 딱 하나 다른 것이 검은색 선의 테두리를 가졌는가와 없는가의 차이이다. 왼쪽보다는 오른쪽에 있는 도형들이 훨씬 세련된 듯하고 부드러운 느낌을 가진다.

도형의 외곽선을 넣으면 안된다는 말이 아니라 중요한 도형에는 외곽선을 넣어서 강조하는 것이 필요하지만, 슬라이드에 보여지는 모든 도형들이 외곽선을 가지고 있으면 답답하고 딱딱한 느낌을 갖게 되기 때문에 가급적이면 도형의 외곽선은 쓰지 않는 것을 권장한다.

또한 도형의 외곽선을 쓰더라도 생뚱맞은 색상을 쓰지 않고, 도형이 가지고 있는 원래의 색깔에서 크게 벗어나지 않는 색상을 사용해야 한다.

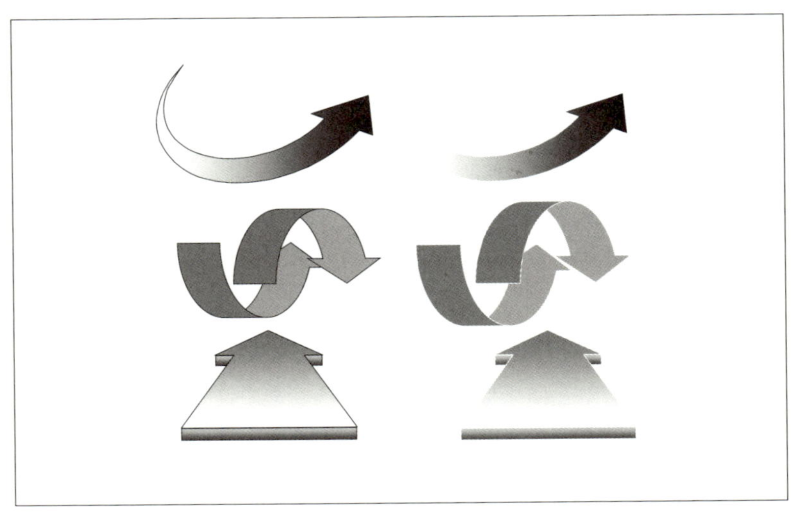

〈테두리선의 여부에 따른 차이〉

❋ 슬라이드에 있는 모든 도형에 그림자 또는 3차원 효과를 넣으려 하지 말아야 한다

모든 도형들이 3차원의 입체 효과를 가지고 있는 촌스러운 슬라이드를 우리는 지겹도록 많이 볼 수 있지만, 거의 10년 째 계속해서 어렵게 않게 접할 수 있는 걸 보면 오히려 정겨워 보이기도 한다. 슬라이드에 보여지는 모든 도형에 그림자 효과나 3차원 효과가 무분별하게 적용되어 있으면 슬라이드는 번잡스러워지고, 지저분해 보이게 되므로 필요하고 가장 중요한 부분에만 3차원을 살짝 적용해야 강조하는 느낌이 살게 된다. 또한 만약 슬라이드에 있는 모든 도형들에게 3차원 효과를 사용하여야 한다면 각도를 일률적으로 맞춰야 시각의 흐름을 불편하게 하지 않는다.

[예시 1]

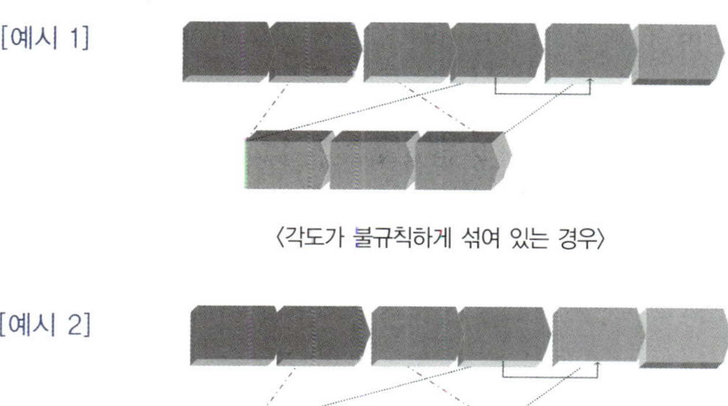

<각도가 불규칙하게 섞여 있는 경우>

[예시 2]

<각도가 일관되게 적용된 경우>

[예시 1]에서는 적용된 3차원의 각도가 다른 몇 개가 도형들이 있는데 이렇게 되면 슬라이드가 뒤틀어져 있는 듯한 느낌을 받게 되기 때문에 Mr.Big의 시선이 불편하게 만드는 원인이 되며, 프리젠테이션이 가진 완벽성에 대한 의문을 초래한다.

❇ 시선이 이동하는 방향으로 색상을 짙게 표현한다

도형을 삽입 할 때 3차원 효과나 그림자 효과처럼 습관적으로 넣는 것이 색상의 음영변화(그라데이션) 효과인데 색상의 음영변화(그라이데이션)는 시선의 이동을 유도하는게 되므로 일관된 방향의 음영변화를 사용해야 한다.

예를 들면, 위에서 아래로 짙어지는 것을 선택했다면 다른 도형들도 동일한 유형을 적용해야 하며 왼쪽에서 오른쪽으로 짙어지는 것을 선택했다면 이 또한 마찬가지로 다른 도형에도 똑같이 적용되어야 한다. 음영변화(그라데이션) 효과를 설정하는 것은 시선이 색

의 옅은 부문에서 짙은 부분으로 움직여야 하는 것을 전제로 설정
하여야 하는데 일반적으로 초보 발표자들이 설정한 음영변화(그라
데이션) 효과는 시선의 움직임을 전혀 고려하지 않고 맹목적으로 적
용하는 경우가 많은 것 같다.

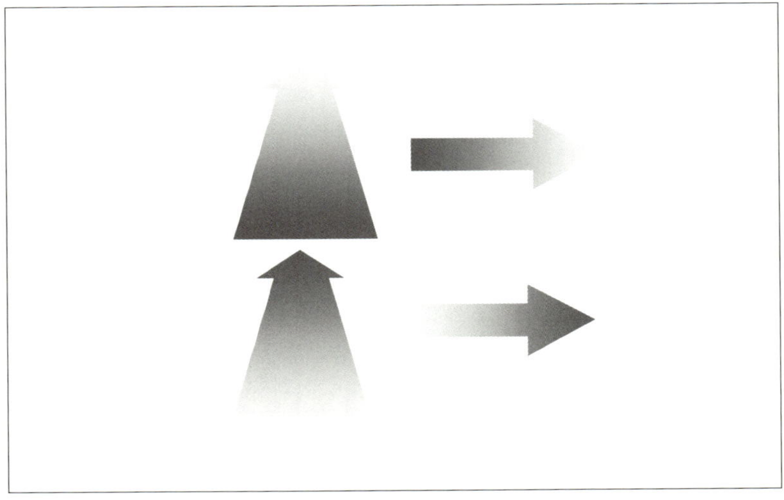

〈시선의 방향으로 짙게 표현〉

　두 가지 색상을 사용한 음영변화(그라데이션)를 설정할 때에도
파워포인트가 자동으로 추천해주는 색상으로 설정하게 되면 도형의
색상은 의미없이 휘황찬란해지면서 조악해 보이게 된다. 파워포인
트 상으로 별다른 설정을 하지 않은 상태에서는 거의 보라색에 파
란색의 조합이 되는 경우도 있고, 붉은 색에 노란색의 조합으로 되
는 경우도 있다. 참으로 촌스럽기 그지없는 색상의 도형이 여기에
서 만들어진다.

음영변화(그라데이션) 효과 지정 시에 권장할 수 있는 두 가지 색상의 조합은 같은 계열에서 선택하는 것이 중요하며 진한 색을 시선 흐름의 최종 방향으로 그리고 같은 계열의 색상 중 연한 색을 시선 흐름의 최초방향으로 배열하여 주는 것이 가장 무리가 없다. 이를 통해 음영변화(그라데이션)가 가진 원래 목적을 만족시킬 수가 있다.

❋ 테이블 표(가로 세로 칸이 나누어진 네모박스 형태의 표)를 넣을 때에는 양 옆구리를 틔어 주어 시원하게 보여줘라

슬라이드에서 엑셀형 테이블 표를 작성할 때에도 맨 마지막에는 테이블 표의 양 옆구리에 있는 선을 없애주면 보다 더 세련되고 시원한 테이블 표를 만들어 낼 수 있다. 슬라이드에 세로 선이 있으면 시선의 흐름을 막아서 인식의 분절을 일으킬 수 있다는 사실을 알면 왜 이래야 하는지 이해가 갈 것이다.

하나의 슬라이드에 테이블 표를 2개 이상 넣어야 하는 경우에는 꼭 이러한 옆구리 트임 작업을 해주는 것을 권장한다. 사각형으로 막혀있는 도형들이 여러 개가 동시에 나열되면 아주 답답해 보이기 때문이며 표의 양 옆구리가 트여있을 때와 막혀있을 때의 느낌은 확연히 다르다.

Chapter 16

뭘 이렇게 베베 꼬아서 어렵게 썼어?
저 문구 초등학생이 썼어?

~하지 아니 할 수 없다고 말하기 어려움
전략적 투자, 독립성 증대/확보를 위한 기준정립 및 역할 향상
방안 마련

뭐야 이거? 뭐 이렇게 어려워? 꽈배기야? 엄청 꼬아 놨네… 지
금 무슨 법전 읽어? 조사 빼고는 죄다 한문이네... 저건 세네 번
을 머리 싸매고 읽어야지만 이해가 되는 수준인데...

~하면 큰일 남
다음 년도에 쓸 돈을 마련하기 위해 먼저 해야 할 일 들에 대한
생각

뭐야 이거? 지금 수필 써? 친구한테 문자질 하는 거야? 아무리
쉽게 쓴다 하더라도 완전히 구어체(口語體)로 썼네. 우리 아들도
이렇게는 안 쓰겠다!

너무 어렵지도 않게, 하지만 유치하지도 않게…

슬라이드에 사용되는 글귀들은 반드시 쉽게 이해할 수 있도록 써야 하지만 이와 동시에 경박스럽거나 아마추어적인 문구가 들어가면 안된다는 양쪽의 상반된 요구사항을 맞춰야 하는게 어렵다. 초보 발표자들이 가장 많이 어먹으면서 항상 고민하는 부문이 바로 이 대목 "문장을 어렵게 써도 안되고, 그렇다고 너무 쉽게 써도 안된다"이다.

다음은 실제로 있었던 내용으로, 한 연구소의 연구원이 자신의 연구결과에 대하여 기자들 앞에서 발표를 했었는데 동일한 내용을 서로 다른 3명의 직업을 가진 사람이 다시 그 내용을 기술한 사례이다.

- 기자회견 시 배포자료 : 디셀포 비브리오로 폐수 속 중금속의 침전 성공(작성자 : 연구원)
- 신문기사 : 광산 폐수 미생물로 정화(작성자 : 신문사 기자)
- TV기사 타이틀 : 중금속 먹는 세균 발견(작성자 : 방송국 기자)

기자회견 시 배포된 자료에서는 어지러운 맥락 속에 전문적인 단어들이 마구 꼬여있어서, 직접 작성한 연구원이 아니면 이 뜻을 한번에 읽을 수가 없었지만 신문사 기자나 TV 방송국 기자들은 한번에 읽어도 쉽게 이해 알 수 있는 단어로 아주 정갈하고 쉽게 맥락을 풀었다. 이처럼 보는 사람의 입장에서 최대한 읽기 쉽고 친근한 단어를 선별하여 보여주어야 슬라이드의 직독성이 높아지고 Mr.Big과의 교감이 그 자리에서 바로 일어날 수가 있다.

　하지만, 이와는 반대로 너무 일상적인 단어 또는 도를 넘어서 너무 쉬운, 유치한 단어들을 사용하면 이 또한 Mr.Big의 심기를 건드릴 수도 있다. 비즈니스 상황 하의 프리젠테이션이라면 슬라이드에서 제시되는 단어들은 문어체로서 약간은 고풍스럽고 업무스러운 냄새를 가지고 있어야 하는데 특히 신입사원들이 가장 난감해 하는 분야가 바로 이러한 적절한 비즈니스 용어의 선별이다. 슬라이드에 써 넣을 문구를 찾을 때, 막히면 참고할 만한 비즈니스 용어들을 다음의 표에 정리해 보았다.

〈비즈니스 단어〉

형용사	동(명)사
(목적관련) 전략적, 계획적, 의도적, 종합적, 공식적, 체계적, 성과지향적, 실질적, 궁극적, 본격적, 유기적, ~를 기반(근간)으로 한, 확고한, 철저한, 유연한, 유효한, 효율적, 관리적, 미래지향적, (시간관련) 지속적, 장기적, 단기적, 영속적, 끊임없는, 단(분)절된, 주기적, 달성, 도모, 촉진, 개선, 방식, 공유, 발전, 강화, 확보, 활용, 시도, 추구, 구축, 점유,	분류, 협업, 창출, 정착, 수익, 분석 전개, 확산, 탐색, 기반, 함양, 필요, 극대화, 이슈해결, 확보, 발판, 활성화, 문제해결, TROUBLE SHOOTING 설계, 개발, 도출, 시도, 마련, 제공 수립, 접목, 발굴, 전파, 제시, 보강, 취약, 격차, 배양, 진행, 가능, 미흡, 감소,증대, 성장, 하락, 적용, 육성, 검증, 저조, 제고, 제공, 준수, 정립, 유도, 발현, 편중, 투입, 도입, 인식, 습득, 강화, 고취, 유지, 절감, 상승, 접근, 진출

앞의 표 사용방법의 순서는

1. 슬라이드에 들어갈 적절한 문구와 단어를 구상한다.

2. 적절한 단어가 떠오르지 않으면 위에 제시된 단어의 표에서 적
   절한 용어를 선별하여 선택한다.

3. 필요한 경우, 앞에 있는 형용사와 조합하여 그 단어가 가진 뜻을
   풍성하게 한다.

   예 장기적＋절감/지속적＋유도/체계적＋발현

4. 필요한 경우, 3개 정도의 단어를 조합하여 하여도 그 뜻을 풍성
   하게 한다.

   예 수익＋극대화＋시도/수익＋발판＋마련

5. 새로운 비즈니스 단어들을 접할때 마다 추가로 등록한다.

슬라이드에서 제시되는 문구, 문장들의 칠거지악

과거 조선시대에는 칠거지악이라 하여 아내를 내쫓을 수 있는 7
가지 이유나 허물을 규정하여 궁중에서도 엄격하게 적용하였다고
하는데, 과히 좋은 문화는 아니지만 슬라이드 작성 시에 대표적으
로 범하게 되는 문장, 문구의 오류들을 7가지로 모아서 이를 칠거지
악이라는 용어를 붙여 봤다. Mr.Big이 가장 싫어하는 슬라이드의
유형별 특징을 모두 모아서 지시하였으므로 이러한 7가지의 잘못된
슬라이드 내 문장,문구 유형만을 피해도 90점 이상은 맞을 수 있는
슬라이드를 만들 수 있을 것이다.

진실에서 멀어질수록 중언부언이 필요한 것이다.
"짧고 분명하며 명쾌하게 써라."

❋ 주절 주절 길게 늘어지는 문구들

이러한 형태를 속칭 '달리는 문장 또는 늘어지는 문장' 이라고 하며 너무 욕심을 부려서 핵심이 되는 문구만을 제시하는 것이 아니고, 자신이 마음속에 하고 싶은 이야기까지 기술해 놓은 문장을 말한다. 이러한 경우에는 절반 이상이 사족(蛇足)이며 Mr.Big 입장에서서 냉철한 마음과 시각을 가지고서, Mr.Big이 알아야 하고 봐야 하는 단어 위주로 모두 정리 즉, 가지치기를 해 주어야 한다.

당신이 프리젠테이션을 해야하는 주제와 관련하여 Mr.Big에게 전보를 쳐야 한다고 생각해 보라. 절대 중언부언 쓰지 않을 것이며 핵심만 함축적으로 담고 있는 단어들로 단숨에 맥락을 이해할 수 있는 용어를 쓸 수 밖에 없을 것이다.

"전보 치듯 써라."

❋ 중복되거나, 불필요한 음절을 가진 문구들

"필요 이상으로 많은 문구들은 반드시 서로 충돌하게 되어 있다."

너무 욕심을 부려서 한 얘기를 또 하고, 미사여구가 동원되어 동일한 의미를 가진 단어를 중복해서 쓰여진 경우가 이에 해당하는데, 이를 '의미없는 중복' 이라고 부른다. 내용이 중요하여 Mr.Big

의 마음속에 각인시켜주기 위한 의도적 중복이면 모르겠으나 자신
도 모르게 중복되는 단어를 남발하는 경우가 있다. 이러한 중복은
민감한 Mr.Big에게는 눈엣가시처럼 보이게 된다.

예 중요한 핵심 : '중요' 의 개념이 중복됨
마지막 결론 : '마지막' 과 '결론' 이라는 개념이 중복됨
미래 계획 : '미래' 라는 시점이 중복됨
각 계열사별 매출 : '제각기' 와 '별도' 라는 개념이 중복됨
수상자의 수상 소감 발표 : '수상' 이라는 개념이 중복됨
박수쳐 주세요 : '박수' 자체가 치는 개념임
축구 차다 : '축구' 자체가 차는 개념임

이처럼 중복되는 의미들이 연결되는 문구들도 좋지 않지만 전혀
의미없는 음절이 섞여 있어서 문구의 의미를 흐리게 만드는 경우도
많다. 특히 슬라이드에 표현되는 문구들은 최대한 짧게 쓰는 것이
미덕이기 때문에 의미없는 음절이나 중복되는 음절은 정리를 해주
는것 이 필요하다.

예 서로간의 주장이 상반됨 ➡ 서로간 주장이 상반됨
A지역에 있어서는 ➡ A지역에서는
B지점 외의 모든 지점 ➡ B지점 외 모든 지점
○○원인에 의하여 ➡ ○○원인으로
고객으로부터 수렴한 ➡ 고객에게 수렴한

※ **어려운 단어, 전문용어들로 이루어진 문구**

"모든 신문과 잡지들은 문맥과 단어들의 수준을 중학교 3학년 정도에 맞춘다."

슬라이드에 사용하는 문구를 선택할 때 자신의 지식이나 전문성을 자랑하기 위해서 어렵고 난해하거나 너무 전문적인 용어를 남발해서는 안 된다. 쉽게 이해하기에 어렵고, 일반적인 사람들은 평소에 사용하지 않는 특수용어로만 구성된 대표적인 문구들을 법전에서 쉽게 찾아 볼 수 있다. 법전은 오해의 소지를 최대한 배제해야 한다는 특수성을 가지고는 있지만 인간적으로 좀 심하다. 너무 어려운 용어들이 사용되고 있고, 같은 뜻을 가졌다 하더라도 훨씬 어려운 고급 난이도의 단어들로만 구성되어 있다.

다음의 법전 샘플을 보자.

"압류의 효력은 압류재산으로부터 생기는 천연과실 또는 법정과실에 미친다. 다만 체납자 또는 제3자가 압류재산의 사용 또는 수익을 하는 경우에는 그 재산으로부터 생기는 천연과실(그 재산의 매각으로 인하여 권리를 이전할 때 까지 수취되지 아니한 천연과실을 제외한다.)에 대하여는 미치지 아니한다.

도대체가 무슨 소리를 하는건지 한번 봐서는 절대 모르는 수준이다. Mr.Big으로 하여금 위의 예처럼 문구들을 읽으면서 별도의 '해석'을 하도록 만들면 절대 안되기 때문에 슬라이드에 들어갈 문구들을 작성할 때에는 글을 쓰는 것이 아니라, 말을 다듬어서 쓰는 것이라는 것을 생각해야한다. 또한 Mr.Big을 포함한 프리젠테이션 참석자들을 '똑똑하지만 배경을 모르는 자' 들로 간주하면서 문구를 작성하고 검토해야 한다. 그리고 단어를 선정할 때에도 Mr.Big과 사전에 교류했던 단어가 아니면 아예 처음부터 사용하지를 말아야 한다.

❋ 끝의 형태가 서로 다른 구미호형 문구

"시작은 다르더라도 끝이 같다면 절도있고 박력있게 보인다."

각 단어, 문구들의 마무리에 통일성이나 일관성이 없으며 서로 다른 형태로 끝나서 조악하게 느껴지는 경우를 말한다. 이러한 슬라이드를 읽다 보면 자신이 작성한 것이 아니고 여러 가지 자료들을 복사해서 조합해 놓은 듯한 원시적인 슬라이드라는 느낌을 갖게 되면서 각 문구에 대한 신뢰성이 떨어진다.

슬라이드에 나오는 문구들의 끝은 동사 또는 명사로 정리하는 것이 좋다. 동사면 동사, 또는 명사면 명사로 통일하여 보여주는 것이 좋으나, 가급적 '임 / 음 / 함' 으로 문구의 끝 단어유형을 통일해 주면 좋다(예. 필요함, 제시함, 했음(하였음), 추구함, ○○임).

❉ 단어의 허리가 잘려버리는 잔인한 문구

"시선의 흐름에 따라 뇌도 같이 움직인다. 이를 끊지 마라"

Mr.Big의 시선이 이동함과 동시에 이해가 되도록 하는 것이 가장 좋은 슬라이드인데 이렇게 만들기 위해서는 물 흐르는 듯한 도형의 배열이나, 위치 등도 중요하지만 슬라이드에서 사용하는 단어에서도 많은 영향을 받는다. 읽고 있는 단어의 허리가 갑자기 끊기게 되면 그 단어는 인식 대상의 흐름에서 제외되기 때문이다.

<table>
<tr><td>

어떤 결론을 내리는데 있어서 근거가 될 수 있는 모든 사실을 통칭하여 데이터(또는 자료)라고 한다. 데이터는 숫자, 문자, 화상, 소리 등의 형태로 표현될 수 있지만 데이터 분석에서는 주로 수치 데이터를 대상으로 한다. 이렇게 어떤 현상에 대해 수치를 부여하는 과정을 '**수치화**' 라고 한다.

</td><td>

어떤 결론을 내리는데 있어서 근거가 될 수 있는 모든 사실을 통칭하여 데이터(또는 자료)라고 한다. 데이터는 숫자, 문자, 화상, 소리 등의 형태로 표현될 수 있지만 데이터 분석에서는 주로 수치 데이터를 대상으로 한다. 이렇게 어떤 현상에 대해 수치를 부여하는 과정을 '**수치화**' 라고 한다.

</td></tr>
</table>

허리가 잘리는 문구란 예를 들어 정해진 넓이의 도형에 문구를 써 넣을 때, 줄 바꿈을 하지 않으면서 글자를 마구마구 집어 넣게 되면 해당 줄의 맨 끝에 걸리는 단어가 음절단위에서 잘려버리는 경우를 말한다. 이런 경우에는 문구를 읽어가던 시선이 갑자기 의미가 없어지는 음절을 보면서 뇌가 잠깐 인식활동을 중지하고, 다음 줄에 있는 나머지 단어와 조합을 해야 하는 번거로움이 생기므로 슬라이드의 직독성을 현저히 떨어뜨리게 된다.

이럴 경우에는 아예 줄을 바꿔서 단어들이 온전하게 자리를 잡도록 해주는 것이 훨씬 좋으며 오른쪽도 도형에 맞도록 꽉 채워야 한다는 고정관념을 버리면 된다.

❊ 내용상 구분이나 위계가 전혀 없는 단락

슬라이드에 있는 문구들을 읽기 편하게 그리고 빨리 읽게 해 주려면 유사한 단락이나 같은 맥락의 구절끼리는 서로 묶어주고, 다른 맥락을 가진 단락과는 일정의 간격을 벌려서 유지해 주는 '단락 짓기'에 신경을 써 주는 것도 좋은 방법이다.

단락 간의 줄 간격을 달리 해주는 것만으로도 보는 사람으로 하여금 슬라이드를 시원하게 느끼도록 해줄 수 있으며 간격이 발생한 단락은 서로 다른 의미라는 개념을 가지도록 도와준다. 이와 같은 개념이 또한 들여쓰기인데, 왼쪽부터 오른쪽으로 들여 써서 같은 단락 내에서 가지고 있는 위계의 표현을 해 주는 것을 말하는 것으

로 제목보다 제목의 세부항목이 좀 더 오른쪽으로 들어가서 써야
한다는 것을 말한다.

1. 오픈 목적
(1) 대상 층의 기호변화 포착 후 대상의 요구에 즉시 대응
(2) 신상품의 시장 투입시의 위험 감소를 통해
   대상 층의 금일의 요구를 통해 내일의 신상품 경향을 정확히 예견
2. 시장 조사
(1) 거리에서 앙케이트 조사(정량분석)
(2) 그룹 인터뷰(정성 인터뷰)9월 말일까지 조사
   다음 영업 기획 회의에서 [안테나 샵 오픈 계획서] 제출

1. 오픈 목적

  (1) 대상 층의 기호변화 포착 후 대상의 요구에 즉시 대응

  (2) 신상품의 시장 투입시의 위험 감소를 통해
   대상 층의 금일의 요구를 통해 내일의 신상품 경향을 정확히 예견

2. 시장 조사

  (1) 거리에서 앙케이트 조사(정량분석)

  (2) 그룹 인터뷰(정성 인터뷰)9월 말일까지 조사
   다음 영업 기획 회의에서 [안테나 샵 오픈 계획서] 제출

❈ 오탈자와 잘못된 숫자가 난무하는 문구

"지구에 종말이 와도, 바퀴벌레와 오타는 살아 있을 것이다."

슬라이드는 발표자의 또 다른 얼굴이다. 프리젠테이션이 진행되
는 시간동안 Mr.Big이 바라보는 것은 발표자의 얼굴과 슬라이드인
데 이렇게 시선을 많이 받게 되는 슬라이드에서 제시된 내용이 잘
못되었다는 것은 상당한 실례이며 창피한 일인 것이다. 특히나, 발
표하는 내용의 중요성이나, 진실성을 떠나서 오탈자가 3회 이상 발

견된다는 것은 발표자의 정성과 신뢰도에 대한 강한 의문을 제기하게 만든다.

글자도 이 정도로 오탈자에 민감한데 부정확한 숫자인 경우에는 상태가 더욱 심각해 질 수 있다. 비즈니스 상의 프리젠테이션에서는 사업성이나 매출현황, 이익율, 시장점유율 등의 수치적인 자료들이 수없이 많이 제시되는데, 제시된 숫자가 잘못되었다는 것은 프리젠테이션의 신빙성에 치명적인 독약으로 작용하게 된다. 숫자의 신빙성은 발표자의 마지막 남은 자존심이어야 한다는 것을 기억해야 하며 이게 무너지는 순간 당신의 프리젠테이션은 순탄치 못한 길을 걷게 된다.

수치(특히 금전적 현황을 나타내는)가 틀렸다는 것은 프리젠테이션에 참석하여 들었던 모든 내용에 대한 검증을 해야 하는 거 아닌가라고 생각하게 만드는 의심의 연쇄작용을 불러일으키기 된다. 더 나아가 제시된 결론을 받아들일 때 나중에 직접 계산기를 가지고서 검산(檢算)을 해본 후 그 때가서 결정하겠다는 방패를 설정하도록 만든다. 전쟁으로 치면 이미 수도를 함락당한 것과 같다.

예전부터 이런 말이 있다. "오타는 살아있다" 자기가 작성한 슬라이드에서 오탈자를 찾지 못했더라도, 제 3자에게 찾아 달라고 하면 족집게처럼 정말 잘 찾아낸다. 오탈자를 최소화시키는 방법은 프린트물로 출력해서, 차근차근 차가운 머리로 직접 읽으면서 찾아내던가, 정말 중요한 자료라면 제 3자에게 찾아봐 달라고 부탁을 하는 것이 좋다. 참 희한하게도 오타는 자기 눈에는 잘 안 보인다.

　아래는 예전에 실제 슬라이드에 잘못 기재되어 엄청난 물의를 일으켰던 오타의 사례인데. 황제를 칭송하는 대황의 큰 대(大)자가 개 견(犬)으로 바뀌어서 순식간에 황제를 개로 표현하는 경우가 있었고, 대통령의 큰 대(大)자 또한 개 견(犬)자로 표현되어, 대통령 또한… 아마, 이 자료를 작성한 사람은 그 자리에서 목이 날아갔을 것이다.

犬皇

犬統領

〈오타의 대표적 사례〉

슬라이드 편에서 얻은 교훈 Chapter 17

지금까지 당신은 Mr.Big이 했던 독설에 대해서 하나씩 그 사례와 이유를 살펴본 동시에 어떻게 하면 그러한 말을 듣지 않을까를 고민했다. 그리고, Mr.Big의 입에서 나왔던 각각 독설마다, 그를 피해갈 힌트를 얻게 되었다.

Mr.Big의 독설 : 저걸 보라고 만든거야? 당신도 안 보잖아!

〈한 눈에 보이게 한다〉

슬라이드는 문서와는 다르기 때문에 슬라이드는 한눈에 알아 볼 수 있어야 하며 그를 위해서는 간결해야 하고 또한 단순해야 한다. 프리젠테이션 발표자료로서의 명분을 가지려면 한 눈에 모든 상황을 금새 파악할 수 있

도록 해 줄 수 있어야 하며 읽는 슬라이드가 아닌 보는 슬라이드 형태를 가지고 있어야 한다.

한 눈에 보이도록 만들어야 Mr.Big도 알아보기 편하고, 발표자인 당신도 무대 위에서 슬쩍 보면서 참고할 수 있기에 편하다. '슬라이드는 쓰는 것이 아니고, 화면에 쏘아지는 그림을 그리는 것과 같은 것이다'

Mr.Big의 독설 : 슬라이드 참 빽빽도 하셔라, 거 좀 시원하게 못 만들어?

〈 '100'이 있다면, '30'을 슬라이드에 담고, 나머지 '70'은 무대위에서〉

설명해야 하는 내용이 아무리 많다 하더라도, 중요한 핵심만을 추려서 슬라이드에 담아내야 한다. 그리고 글로서 많은 내용을 담기 어렵다면 많은 내용을 담을 수 있는 다른 방식을 찾아서 활용해야 하는 데 그게 바로 그래프와 도해이다.

그래프와 도해만 잘 사용하고 작성할줄만 알아도, 훌륭한 슬라이드를 만들 줄 아는 것이겠지만 이는 단순한 파워포인트나 엑셀을 다루는 기술적인 측면을 넘어서 훨씬 더 어려운 영역이다. 무엇이 핵심인지, 어떤 방식으로 표현하는 것이 가장 좋은지를 알고 있는 상태여야 하며, 이에 대해 늘 고민을 하고 있어야 훌

륭한 그래프와 도해를 담고 있는 슬라이드를 만들어 낼 수가 있다.

Mr.Big의 독설 : 당신도 저거 보면 뭔가 불편하지 않아?

〈인식의 흐름을 거스르지 않는다〉

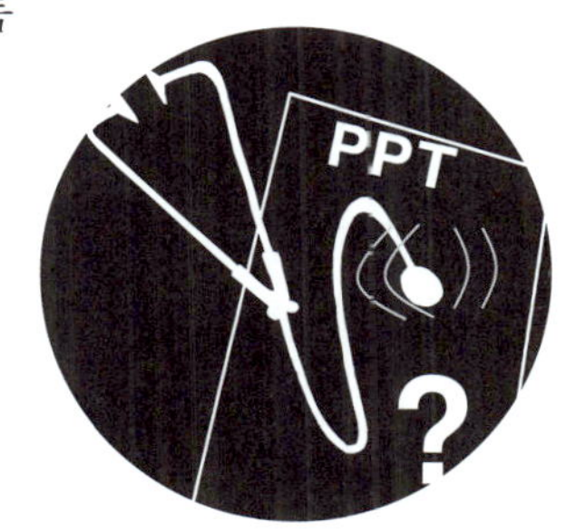

슬라이드도 건강한 게 있고, 시름시름 아픈 게 있다. 모양이나 형체는 모두 갖췄는데, 보면 이상하게 뭔가가 아쉽고 한눈에 들어 오지 않는 표현 방식을 가지고 있는 슬라이드는 뭔가 병들어 있는 슬라이드라고 볼 수 있다. 이 원인을 잘 알고 처방을 잘 한다면 건강한 슬라이드로 바뀔 수 있지만 이러한 처방을 적용하지 않으면 당신이 만들 슬라이드는 평생토록 고쳐지지 않는 불치병에 시달리게 될 것이다.

사람들의 머릿속에서 생각하는 일반적인 상식과 인식의 흐름에 절대 도전해서는 안된다. 계란으로 바위치기와 같이 게임이 안되기 때문에 이를 적극적으로 수용하고 받아 들여야 한다. 인식의 흐름과 친해져서 늘 슬라이드 제작 시 반영해야 한다.

Mr.Big의 독설 : 저 유치찬란한 색깔봐라…. 조잡하잖아

〈색상은 명확한 의도를 가지고 필요한 경우에만 사용한다〉

당신이 디자이너가 아니더라도 슬라이
드에서 사용되는 색상에는 책임을 질
필요가 있다.

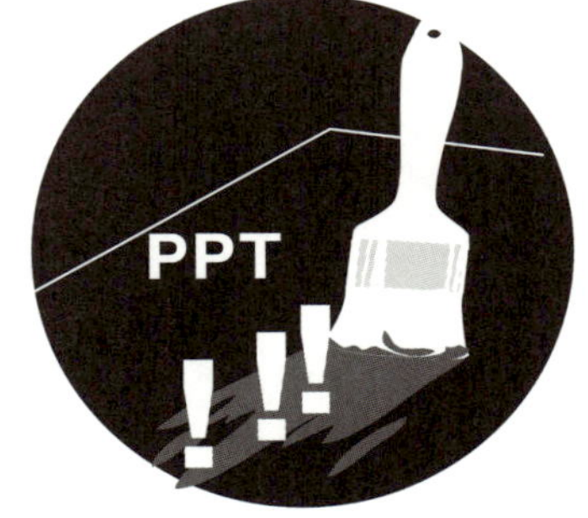

"저기에 저 색을 왜 썼어요?"라
고 물었을 때, 바로 답변을 할 수
있도록 고민하면서 색상을 사용해
야 하며, 최대한 절제된 상태에서 색
상을 선택하는 버릇을 가져야 한다. 파워
포인트가 제공해 주는 자동 색지정 기능을 깡그리 무시하고서 순수
하게 본인의 의도에 맞는 색상을 지정해야만 당신의 슬라이드에 쌍
무지개가 뜨지 않는다.

Mr.Big의 독설 : 뭘 이렇게 베베 꼬아서 어렵게 썼어?
저 문구 초등학생이 썼어?

〈눈이 움직이면서 바로 이해가 갈 수 있도록 쓰고 편집한다〉

눈의 움직임과 동시에 뇌에서 일어나는 정
보처리가 수반되지 않으면 Mr.Big의 눈
은 다른 곳으로 신경을 돌려 버린다. 슬
라이드에서 보여지는 내용들은 보기에

도 쉬워야 하고 동시에 읽기에도 쉬워야 하는데 이를 위해서는 슬라이드에 사용하는 문구나 단어들을 최대한 어렵지 않게 함축된 단어들을 사용하여야 하며, 사용되는 문장들 또한 가급적 눈이 피로하지 않도록 계속 신경써야 한다.

슬라이드편을 마치며

단락 중에서 그림과 액자의 비유를 통해서 내용을 담아 내는 슬라이드가 중요하다는 것을 언급했었다. 아무리 훌륭하고 좋은 그림이라도 종이 쪼가리처럼 둘둘 말려 있다가 사람들 앞에서 가서 꼬깃꼬깃한 것을 펼쳐 들고서 혹시 구매할 의향이 있냐고 묻는 것과 휘황찬란하고 네모 반듯한 액자에 멋있게 표구해서 사람들에 보여 주며 혹시 구매할 의향이 있냐고 물어 보는 것은 천지 차이의 결과를 가져 온다.

아무리 전달하고자 하는 내용이 세상을 뒤엎을 만한 놀라운 내용이라 하더라도 이 내용이 적절하게 표현되고, 눈에 잡힐 듯이 묘사되지 않는다면 그 의미와 중요성은 절반 정도로 떨어질 수 있다. 내용이 '50'이라도, 보여지고 포장되어 있는 상태가 훌륭하면 '100' 또는 그 이상의 완결성을 가질 수 있는 것처럼 프리젠테이션에서 절대로 간과해서는 안되는 것이 바로 슬라이드이다.

본 파트에서 함께 알아봤던 프리젠테이션의 슬라이드 작성은 바로 '그릇'에 해당하는 영역이다. 앞에서 알아본 '전략'이 멋있게 담기는 '그릇' 말이다.

- 충분히 함축적이고, 이해하기 쉽게 표현되어 있는가?
- 설명하지 않아도 쉽게 이해할 수 있고, 3초 안에 문맥을 이해할 수 있는가?
- 통일성을 가지며 세련되고, 완결성을 가지고 있는가?

이 3가지의 질문에 확실한 답을 못했다면 슬라이드를 다시 만들어라.

철저한 준비를 했더라도
실전에서 잘못하면 모든 것이
허사가 되어버리는 것이 바로 프리젠테이션!

Mr.Big이 선호하는 발표자의
모습과 행동들을 알아보자.

실행편

Part 04
계열1

당신은 이제 무엇을 어떤 방식으로 말할 것인지에 대한 명확한 구성전략을 가지고 있으며, 이를 간결하고 세련된 슬라이드에 아주 멋지게 담기도 하였다. 옆에서 당신을 지켜보고 있던 동료는 이렇게 말한다. "우와, 이제 모든 준비 다 끝났네…. 남은 건 무대 위에 올라서 말만 잘하면 되는 것만 남았네, 그까짓 거 뭐 대충 슬라이드 힐끔힐끔 보면서 생각나는 대로 그냥 읊으면 되는 거 아니야?"

"지금까지 내가 해온 게 얼만데, 무대 위에서 대충 때워?" 그래서, 마지막으로 무대 위 발표자의 모습, 행동 등이 어땠을 때 Mr.Big이 분노했었는지를 알아 봤다.

그의 입에서는 이러한 독설이 나왔었다.

"연습 안했어? 당신 유체이탈한 것 같아…."
"슬라이드를 읽기만 할거면, 차라리 문서로 보고하지 그랬어"
"동작 그만?"
"계속 웅얼웅얼댈래?"
"난 그냥 허수아비 청중이 아니란 말이야"
"저 문구 초등학생이 썼어?"

마침, 다행히도 그가 이런 말을 했었던 프리젠테이션의 상황을 촬영했던 영상을 입수할 수가 있어, 영상을 하나씩 보기 시작했는데, 차마 눈뜨고 볼 수 없는 발표자들의 실수…. 아니 만행이 쏟아져 나왔다. 이번에도 그가 했던 말들이 모조리 이해가 되었다. 그래서 당신은 "나는 기필고 무대 위에서 저러는 말아야지"라고 생각하며, 그러한 상황을 만들지 않기 위한 노력을 하기 시작한다. Mr.Big의 독설이 나왔던 상황을 정리하고, 어떻게 하면 그 독설을 피할 수 있는지를 자세히 알아보게 되었다. 그 과정에서 당신은 또 다시 피가 되고 살이 되는 교훈을 얻게 된다.

Chapter 18

연습 안했어?
당신 지금 유체이탈한것 같아

(붉게 상기된 얼굴토) 오늘 제가 말씀드릴 주제는(입이 바짝 말라 침을 꼴깍~) 중국 사업 진출에 대한, 그러니깐 아~(머리를 긁적 긁적), 중국 사업의 진출 여부에 대한 타당성을 보~~~~~고(염소 소리처럼 목소리가 떨리고) 드릴 것입니다. (점점 핏기가 없어지고, 노랗게 질린 얼굴로) 슬라이드에서 보시는 것처럼 (레이저 포인터의 버튼을 누르지만, 심하게 떨리는 손 때문에 붉은 색 레이저의 점이 요동치며) 현재 우리 회사 내에서는 중국사업에 대한 의견이(몸에 열이 오르며, 이마에 식은 땀이 나며) 두 가지로 나누어지고 있습니다. (숨이 가빠지는 것 같이 숨소리가 거칠어지며) 새로운 기호 창출로(헉 ~헉) 바라보는 낙관적인 의견과……

당신 연습 안했어? 유체이탈한 것 같애. 그 분이 오셨나? 당신도 당신이 무슨 말 하는지 잘 모르겠지? 나도 잘 모르겠어 그러다가 심장마비로 쓰러지는 거 아니야?

여러 사람들 앞에서 발표를 하거나, 연주, 노래, 연기 등을 할 때 심한 불안을 느끼는 것을 무대 공포증이라고 하는데, 이미 널리 알려져 있지만 미국에서 실시한 연구조사에 따르면 프리젠테이션을 하는 데에 있어서 느끼는 무대 공포증은 일반적인 심리적인 압박감을 넘어서 자신이 물에 빠져 죽는 것을 상상하는 것보다도 그리고 불에 타 죽는 것을 상상하는 것보다도 더 큰 스트레스를 감내해야 하는 상황으로 느낀다고 한다.

심한 무대 공포증을 느끼게 되면 인간의 내면 속에서 느끼는 긴장감이 밖으로 표출되어 나오면서 무대에 서 있는 동안, 계속해서 부자연스럽고, 보기에 불편한 모습을 가지게 된다. 문제는 이러한 무대 공포증을 한번 겪게 되면 좌절감과 두려움이 머리속에 들어앉아서 이후에 프리젠테이션을 다시 하게 될 때 똑같은 심리적 증상을 반복하여 느끼는 경우가 많기 때문에 한번 발병하게 되면 완치가 어려운 '비즈니스 난치병' 이라고 할 수 있다.

> "우리가 두려워 할 것은 두려움 그 자체일 뿐... 그 이상도 그 이하도 아니다."
> −루즈벨트 대통령의 1933년 세계 대공황 중 한 연설에서−

무대 공포증! 우황청심환으로도 안된다

❄ 무대 공포증으로 인해 느끼는 심리적 느낌과 생각

- 나 스스로가 덜 떨어져 보이는 것 같고, 앞에 있는 모든 사람들이 비웃는 것 같다.
- 세상에 혼자 남아있는 듯한 극도의 외로움을 느낀다.
- 그분(?)이 몸 속으로 들어 오시면서 정신적 공황상태로 빠져들게 된다.
- 나 스스로도 무슨 이야기를 하고 있는지, 앞으로는 무슨 이야기를 해야 하는 지를 모르는 상태가 반복되며 점점 미궁 속으로 빠져드는 무념무상의 세계를 경험한다.
- 세상이 어떤 큰 일이라도 생겨서 이 자리를 피할 수 있기 만을 간절히 기원한다.
- 제발 시간이 빨리 갔으면 하는 바램이지만 1분이 1시간처럼 더디게 흐른다.

❄ 무대 공포증이 밖으로 표출되는 모습

- 심장이 평소보다 훨씬 빨리 그리고 심하게 요동치면서 뛰는 것을 스스로도 느낀다(100미터 달리기를 마치고 난 직후처럼).
- 입이 바짝바짝 마르면서 발음이 어눌해진다.
- 목소리가 염소처럼 떨린다(메~~).
- 불안함이 손으로 전이되며 손으로 무언가를 만지작거리거나 머리를 긁적이거나 손을 파리처럼 비빈다.

　다음은 인터넷의 UCC에서 떠돌아다니는 영어 노래를 본적이 있어서 간단하게 옮겨 봤는데 무대 공포증을 느낄 때의 심정을 정말 잘 표현한 글귀이다.

난 프리젠테이션이 너무 싫어! 프리젠테이션을 할 때마다 나는 내가 아닌 딴 사람이 되는 것 같아.
사람들의 시선이 나에게 집중되어 있는 것이 너무 부담스러워.
내 몸 속에 이상한 벌레들이 기어 다니는 것 같고, 말하다 보면 숨이 금방 턱에 차서 헉헉거리지. 내 머리 스타일이나 옷 입은 모양새 모두 촌티나는 것 같아서 창피할 뿐이고 시작하기 전에는 속이 너무 울렁거려서 화장실로 가서 토하고도 싶어.

난 프리젠테이션이 죽도록 싫어! 프리젠테이션을 할 때마다 나는 내가 아닌 딴 사람이 되는 것 같아.
너무너무 긴장해서 돌아버릴 것 같고, 내 목은 사막처럼 바짝 말라 붙어서 목소리는 쩍쩍 갈라지고, 머릿속도 빈 깡통이 되지. 이제 말까지 더듬기 시작했고, 사람들은 수근 대기 시작했어. "저 바보같은 놈~~" 제발 빨리 시간이 가기를 바랄 뿐이야.

난 프리젠테이션이 미치도록 싫어! 프리젠테이션을 할 때마다, 나는 내가 아닌 딴 사람이 되는 것 같아.
나는 무언가에 홀린 것 같고, 내 몸이 내 몸 같지가 않아.
내 뇌도 그렇고, 내 입도 그렇고, 내 손이나 발도 그렇고
내가 가진 명확한 논리들이 모두 하찮게 느껴져,
지금 나는 바보 같고, 너무 너무 외로워

일반적으로 프리젠테이션과 관련된 서적에서는 이러한 무대 공
포증의 원인을 초보 발표자들이 가지게 되는 현상으로만 치부하지
만 사실은 그렇지 않다. 무대 공포증은 숙련자와 비숙련자의 차이
에서 발생하는 증상이 결코 아니며 단언컨대, 프리젠테이션 숙련자
들도 무대 공포증을 느끼고 있으며 단지 이겨내고 제어할 수 있는
가의 능력을 가지고 있다는 것만 다를 뿐이다. 이 세상에 프리젠테
이션을 하는 도중 무대 공포증을 느끼지 않는다면, 아무런 감정을
느낄 수 없는 영화 터미네이터에서 나오는 기계인간 즉 '사이보그'
이던가, 아니면 완전히 '정신이 외출해 버린 사람' 둘 중 하나이다.

숙련된 발표자에게는 공포라는 단어보다는 '긴장' 이라는 단어를
쓰는 것이 적절할 수 있겠지만, 사람이라면 누구나 이러한 무대 공
포증을 느끼기 마련이며 또한 항상 느끼고 있어야 생생하고, 설득
력있는 프리젠테이션을 Mr.Big에게 선사할 수 있다.

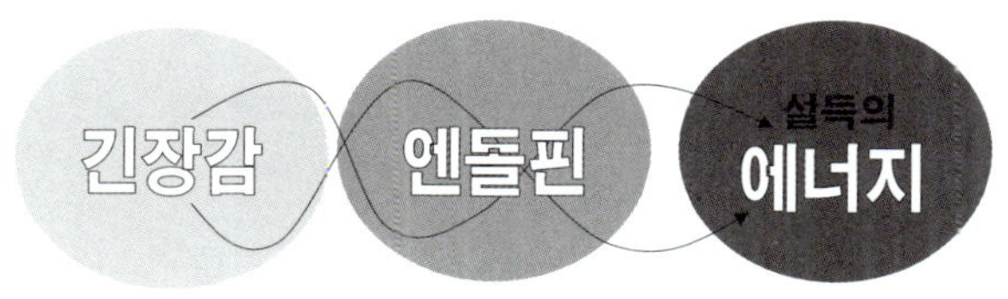

긴장감을 많이 느끼게 되면 내면적으로는 발표자가 가지고 있는
생각이나 의도까지 위축되어, 부드럽고 유연하게 내용을 설명해 나
가기가 어려워지며 적절한 상황에서의 애드립이나 유머 등을 구사
하기가 어렵다. 외형적으로는 독일병정과 같이 기계적인 모습을 보
이게 되거나 반대로 사시나무 떨 듯 덜덜 떨면서 힘겹게 말하는 것

처럼 보여서, Mr.Big으로 하여금 불편하고 안쓰럽게 느끼게 한다.

반대로 전혀 긴장하지 않고 있으면 자기 마음대로 휘황찬란하게 움직이는 손, 발, 자세들이 내용을 의도하지 않은 방향으로 틀어 놓아, 프리젠테이션에서 지향하는 논점이 삼천포로 빠질 수 있고 발표자의 모습 또한 가볍게 보이게 되어 신뢰도가 떨어진다. 프리젠테이션이라는 행위 자체가 굉장히 중요한 비즈니스 상황이기 때문에 막이 내려지고, Mr.Big이 퇴장할 때까지는 절대 긴장감을 늦춰서는 안된다. 즉, 너무 풀어져도 문제가 발생할 수 있다는 얘기다.

이렇게 도를 넘어서지 않는 선에서 적절한 수준의 무대 공포증은 반드시 필요하며 프리젠테이션에 활력을 불어 넣어 주는 비타민과 같은 역할을 한다.

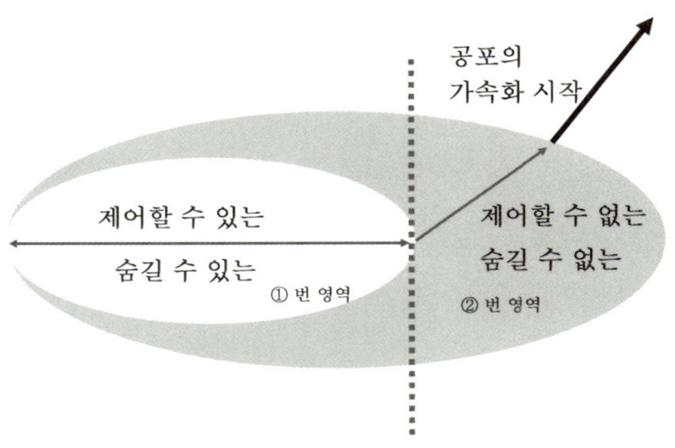

위 표를 보면, ①번 원에 있는 발표자는 무대 공포증을 느끼지만 이를 스스로 제어하면서 적절하게 즐길 수 있는 영역의 발표자이다. 적절한 긴장감 속에서 자신의 생각과 논점을 놓치지 않으면서 여유롭게 프리젠테이션을 실행한다.

하지만, ①번을 지나서 ②번의 원까지 옮겨 가버리게 되면 즉 무대공포증이 통제할 수 없고, 숨길 수 없는 수준으로 넘어서게 되어 위에서 언급했던 공포증의 증상이 드디어 발동하기 시작하여 밖으로 스물스물 기어 나오기 시작한다. 그리고 이러한 증상들은 발표자를 더욱 난처하게 만들어 '공포의 가속화'를 만들어 낸다.

숙련된 발표자는 ①번의 원 안에서 최대한 무대 공포증을 묶어둘 수 있는 노하우를 가지고 있으며 이것이 바로 숙련된 발표자와 숙련되지 않은 초보 발표자와의 차이이다.

잡아라! 무대 공포증

그렇다면, 이러한 무대 공포증을 어떻게 적절히 관리할 수 있을까? 신체적인 통제기술과 정신적인 통제기술로 나누어 정리해 보면 아래와 같다

※ 아무도 가르쳐 주지 않던 신체적인 통제 기술

① 시작 전에는 가벼운 움직임을 가지면서 혈액순환이 잘 되게 하는 것이 중요한데, 긴장된다고 해서 가만히 자리에 계속 앉아만 있

다가 갑자기 무대 위에 오르게 되면 심장이 더 빨리 뛰게 된다. 프리젠테이션 직전이라면 자리에 가만히 앉아 있기보다는 일어서서 손과 발을 움직이면서 가볍게 자리를 서성여 주는 것이 긴장 완화에 좋다

② 시작 직전, 즉 무대 위에 올라서 말을 하기 직전에는 밖으로 보이지 않을 정도로 크게 심호흡을 한 후에 멘트를 시작하는 것이 좋다. 심호흡을 하면 마음이 안정되기 때문이고 충분히 폐 속에 공기를 들이마신 후에 첫 멘트를 하면 좀 더 많은 이야기를 하나의 숨으로 소화할 수가 있다.
대게 긴장하게 되면 첫 호흡을 짧게 해서 약간은 숨이 찬 상태에서 말을 시작하게 되고 말을 할수록 숨이 가빠지게 된다. 또한 첫 호흡조절에 실패하게 되면 불안한 발음이 시작되며 입 속이 마르기 시작한다.

> **시작 전에 하게 되는 깊은 심호흡은, 여유로운 출발을 가능하게 한다.**

③ 시작은 반드시 밝고 경쾌한 목소리로 힘차게 시작한다. 처음을 무겁고 조그만 목소리로 시작하면 가뜩이나 엄숙한 분위기를 더욱 떨어뜨리게 되며 나중에 이를 밝고 경쾌한 목소리로 끌어올리기 위해서는 몇 배의 노력이 더 필요하게 된다.

처음부터 경쾌하고 힘 찬 분위기를 만들기 위해서는 등장하면서
춤을 출 수도 없고 체면상 몸 개그를 할 수도 없으므로 오직 밝
고 경쾌한 목소리로 Mr.Big의 첫 마음을 사로잡아야 한다. 유명
한 레크레이션 강사들은 스스로를 긴장에서 자유롭게 벗어나 처
음을 자연스럽게 밝고 힘찬 목소리로 시작하기 위해서, 무대 위
에 올라 섬과 동시에 밝고 빠른 노래를 하면서 등장하는 경우도
있다고 한다.

④ 시작 직후에는 사전에 철저하게 준비한 가벼운 인사말과 위트있
  는 유머 등 무겁고 어렵지 않은 주제로 시작하는 것이 좋다. 무
  대 공포증이 극에 달하는 시점이 바로 시작 이후 약 3분정도이기
  때문에 처음에 이야기할 너용이 가벼운 주제여야 머릿속이 정리
  되지 않은 상태에서도 기억하기가 쉬어, 자연스러운 시작이 가
  능해진다.
  어려운 주제는 많은 논리를 바탕으로 시작이 되는 경우도 많기
  때문에 긴장이 어느 정도 완화된 프리젠테이션 중반에 꺼내는 것
  이 좋다.

❋ 아무도 가르쳐 주지 않던 정신적인 통제 기술

① 성공한 체험을 되살릴 수 있는 물건을 가지고 임한다. 예를 들면
  예전에 성공했었던 프리젠테이션 때에 가지고 있었던 기념사진
  이나 만년필 등 과거의 성공을 기억할 수 있는 구체적인 물건을
  주변에 두거나 가지고 있게 되면 이는 마음 속에서 수호신(守護
  神)의 역할을 하게 되어 자신감을 유지하는 데 도움이 된다.

② Mr.Big을 포함한 다른 청중들을 나와 친한 사람이라고 생각한
   다. 내가 실수를 해도 웃으면서 너그러이 이해해 줄 수 있고 무
   슨 이야기를 해도 충분히 다 이해해 줄 수 있는 나의 막역한 선
   후배 또는 친구라고 생각하면 분위기를 좀더 포근하게 느끼면서
   프리젠테이션을 진행할 수 있다.

③ 내 앞에 있는 모든 청중들을 초등학생이나 유치원생 정도로 생각
   하며 이 정도면 충분히 저들에게 새롭고 신선할 것이라는 자기최
   면을 건다.
   발표자가 평소에 열등감에 시달리는 사람일수록 무대 공포증이
   더 심해질 수 있다고 하는데, "청중들의 욕구를 만족시켜 주지
   못하면 어떻게 하나?"라는 걱정에서 오는 부담감이 그 원인이라
   고 볼 수 있다. 어떨 때는 차라리 모든 청중들을 마네킹이라고
   생각하는 것도 좋은 방법일 수 있다.

④ 스스로를 칭찬한다. 시작 전에 화장실에 들러서, 나를 많이 비춰
   줄 수 있는 큰 거울에 비친 자신의 모습을 보며 스스로에게 "힘
   내라, 혁종아!", "달려라 혁종아!", "해보자 혁종아!"라고 자신만
   의 주문을 외치면서 정말 멋진 프리젠테이션을 하고 있는 자신의
   모습을 상상하는 것도 좋은 방법이다.
   이런 활동을 '이미지 트레이닝'이라고 하는데 상상을 통해 경험
   하게 될 상황을 미리 인지하고 그에 대한 적절한 처신이나 대응
   방법을 머릿속에 각인시켜 실제 그 상황을 맞았을 때 자신도 모

르는 사이에 자신이 생각해 두었던 모습이나 기술을 발휘하는 것을 말한다.

실제로도 많은 효과를 내기 때문에 올림픽과 같이 큰 경기를 앞둔 선수들이 전문가를 통해서도 별도의 이미지 트레이닝을 받고 있다고 한다.

⑤ 중요한 순간이라고 새 옷을 입거나 새로운 물건을 사용하면 오히려 익숙하지 않아서 더 긴장할 수도 있다. 중요한 자리일수록, 중요한 프리젠테이션일수록 익숙한 옷과 물건을 지니고 가는 것이 좋다.

예를 들면 손에 익어야 편하게 사용할 수 있는 노트북이나 스마트 포인터(또는 레이저 포인터) 등의 장비들은 늘 자신이 써왔던 것을 가지고 사용하는 것이 좋다. 실제로, e-Sports계의 프로게이머들은 늘 경기장에 자신이 쓰던 마우스와 키보드는 꼭 가지고 다니는 이유가 바로 여기에 있다.

⑥ 프리젠테이션 장소에 약 30분 전에 도착해서 전체적인 분위기와 청중의 자리배열, 특히 Mr.Big의 위치 등을 사전에 파악해야 한다. 그렇지 않고 정각에 겨우 맞추어 장소에 허둥지둥 들어오게 되면 침착성을 잃은 채 무대 위에 설 수밖에 없으며 이렇게 되면 팝의 황제 마이클 잭슨도 떨 수밖에 없다.

이렇게 시간에 빠듯하게 장소에 도착하여 급작스럽고 정신없이 프리젠테이션을 시작하게 되면, 도중에 소변이 마렵다거나 넥타이가 풀어져 있거나 와이셔츠 단추를 채우지 않았거나, 심지어는 남대문을 열어 놓은 채 헉헉 대며 등장하여 낭패를 당할 수도 있다.

최소 30분전에 도착하여 전체적인 자리 구도를 보고, 슬라이드를 직접 하나하나 넘겨 가면서 체크해 보고, 화장실에 가서 옷매무새를 다듬을 수 있는 시간적 여유를 가져야 한다.

> 아무도 당신의 동의 없이는 당신에게 정신적인 고통을 가하지 못한다.
>
> −엘리노어 루즈벨트−

5분간의 사투에서 반드시 이겨라

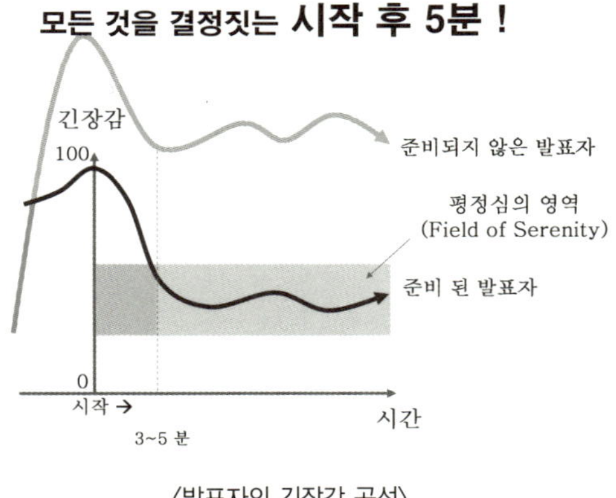

〈발표자의 긴장감 곡선〉

앞서 언급했던 것처럼 최고의 백전노장인 발표자라 하더라도 프리젠테이션에서는 긴장감을 느끼기 마련이지만, 이들은 긴장감을 조절할 줄 아는 능력을 가지고 있다. 이러한 긴장감을 적당히 즐기고 창조적인 긴장감으로 활용할 수 있는 정도의 긴장 수준을 '평정심의 영역'이라고 부르는 데 이 평정심의 영역에 들어서면 자신의 마음이나 신체를 스스로 통제하면서 부드럽게 청중을 리드하고 프리젠테이션을 진행할 수 있게 된다. 하지만 시작 후 5분간의 순조로움을 겪은 후에만 평정심의 영역에 안착하게 된다.

숙련된 발표자는 프리젠테이션 시작 후 5분 동안의 순조로움을 위해 사전 연습시간 중 40% 정도를 할애한다. 시작 후 5~10분 동안 일어나게 될 상황과 자신의 멘트를 머릿속에 완벽히 각인시키고, 동시에 청중의 눈빛이나 분위기를 미리 마음속에 상상하여 마음의 준비를 하게 된다.

다시 말하면 처음 5분동안 만큼은 완벽히 짜여진 각본을 준비하여 큰 문제없는 상태로 어두은 긴장감의 터널을 지나, 서서히 평정심의 영역으로 차근차근 걸어 들어간다는 것이다. 반면, 충분히 준비하지 못한 발표자의 모습을 보면, 사전의 준비나 연습이 충분치 않아 오히려 프리젠테이션이 시작하기 전에는 아무런 긴장도 하지 않다가, 시작 직전에 긴장감이 급격히 상승하면서 통제수준 밖으로 긴장감이 표출되기 시작한다.

입이 바짝바짝 마르면서 다리에는 힘이 빠지고, 머릿속이 하얗게 되고 심장은 쿵쾅쿵쾅!! 그리고 시작은 했지만 자신이 어떤 말을 하는지 모르고, 앞으로 무슨 말을 이어가야 할지 기억이 가물가물하고, 다음 슬라이드가 무엇인지 기억이 나질 않게 되며 설단현상(입에서는 단어들이 맴도는 현상)이 시작되어 "어 / 저 / 그래서" 등의 우물쭈물하는 말들이 튀어나온다.

　이렇게 심한 긴장의 상태에서 5분이 지나가게 되면 프리젠테이션을 진행하는 내내 쉽게 긴장감은 떨어지지 않게 되며, 평정심의 영역에 들어가지 못한 프리젠테이션은 아무런 효과없이 끝나게 된다. 아니 끝나기만 하는 게 아니고, 안 하니만 못한 상태로 될 수 있다.

　어떤 프리젠테이션이더라도 처음을 잘 준비해야하며 그렇지 못한 경우에는 삼천포로 빠진다. 따라서 프리젠테이션은 초기 5분의 승부라고 해도 과언이 아니다.

왕도(王道)는 없다! 연습만이 살길이다

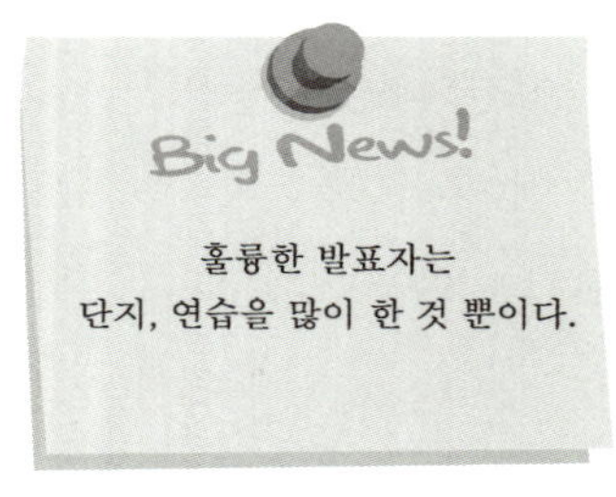

정말 맞는 말이다. 태생 자체가 훌륭한 발표자로 태어난 사람은 아무도 없기 때문에 '얼마나 많이 연습했는가' 가 그리고 '얼마나 많이 프리젠테이션을 해 봤는가' 가 그 사람의 프리젠테이션 실력을 좌우한다. 프리젠테이션을 한번도 안 해보고, 연습도 별로 안 해보고 좋은 프리젠테이션을 기대하는 것은 운전면허도 없이, 운전을 할 줄도 모르고, 교통신호를 읽을 줄도 모르는 상태에서 광화문 사거리에 차를 가지고 나와서 우리나라 교통문제를 비판하는 것과 다를 게 없다.

　이미 알고 있는 바와 같이 우리나라 평창 동계올림픽 유치를 위한 프리젠테이션의 준비 모습은 수 많은 사람들이 하나로 뭉쳐 거의 몇 년 동안을 준비하고 연습에 연습을 거듭해서 무대 위에 오르는 것처럼, 중요한 프리젠테이션의 경우에는 정말 치밀하고 엄청난 양의 연습이 수반된다. 멋진 프리젠테이션의 성공 포인트는 다름아닌 처음부터 끝까지의 계속되는 연습!, 연습!, 연습 뿐이다.

> 지속적인 연습을 통해 발표자는 긴장감에 점점 무뎌지게 되어 그의 마음 속에는 긴장을 심하게 느끼지 않을 수 있는 굳은 살이 만들어진다.

왜 연습을 해야 할까? 연습을 많이 하면 어떤 효과가 생기나?
- 자신감을 가지기 위해서
- 명확하게 기억하기 위해서
- 좀 더 보강 하기 위해서

　하지만, 아무런 목적이나 방법 없이 무조건 열심히 하는 연습에서는 일정 수준의 도움 밖에 얻지를 못하게 된다. 그렇다면 어떻게 연습을 해야 할까?

❋ 무조건 큰 목소리로 진행한다

발표자의 목소리 크기는 자신감과 정비례한다는 것을 잊지 말아야 한다. 연습할 때 작았던 목소리가 실제의 무대 위에 올라가서는 큰 목소리가 될 수 있을까? 절대 아니다. 연습할 때 사전에 의도적으로 연습했던 힘찬 목소리는 실전에서 더욱 돋보이는 자신감있는 목소리로 표출되기 마련이므로 연습할 때에도 주눅들지 않고 소심하게 하지 말아야 하며, 실전에서와 같이 자신있게 큰 목소리로 진행해야 한다.

군대의 신병 훈련소의 입구에 크게 써 있는 문구 '훈련은 실전같이'의 의미를 생각해 보자. 모든 것을 실제 상황으로 간주하면서 연습하면 그 연습은 실전이 되고 이러한 연습이 반복되면 실전이 연습이 되어 발표자로서의 지속적인 성장이 일어날 수 있게 된다.

> 약 1~2시간에 걸쳐 진행되는 대통령의 기자회견은 사실상 한 달 전부터 철저한 조사와 더불어 엄청난 횟수의 리허설을 바탕으로 진행된다.

❋ 최대한 빠른 속도로 진행 해보며 전체 흐름을 인지한다

어느 정도 혼자서의 연습이 끝나면 주변 동료에게(또는 거울을 보며) 요점과 주제를 잃지 않는 범위 내에서 최대한 빨리 말하여 보는 예행연습을 해본다. 이때, 최대한 빠르게 말하되 내용의 핵심을 놓치지 않고, 단락이 새로 바뀔 때의 부연설명을 놓치지 않고 진행하여야 하며 진행 후에는 지켜본 동료들의 의견(무엇이 중복되었는지? 무엇을 빠뜨렸는지?)을 수렴하여 반영한다.

이를 통해

- 프리젠테이션의 전체 구성내용이나 진행흐름을 인지할 수 있으며
- 중복되는 내용을 인식하는 동시에
- 좀더 깊게 다루어야 하는 중요한 핵심내용을 파악할 수 있게 된다.

따라서, 슬라이드 상으로 또는 머리속에서만 존재하던 프리젠테이션 내용들이 보다 구체적으로 손에 잡히는 상태가 되어 보다 실질적인 내용의 보완작업이 가능해지고 결국에는 전체적인 내용구성을 이해하고 기억하기 쉬워진다.

> 챔피언은 경기장에서 만들어지는 것이 아니다.
> 챔피언은 자신의 내면 깊숙이 있는 소망, 꿈, 이상 그리고 피를 토하는 처절한 연습에 의해 만들어진다.
>
> −전 헤비급 세계 챔피언, 무하마드 알리−

※ 자신이 준비한 모든 내용을 리허설하여 시간을 재 본다

자신이 준비한 내용의 전부를 모든 제반 효과(슬라이드 쇼, 질의 응답시간 등)를 제외한 상태에서 실제 발표하는 속도에 맞춰서 진행해 보는 예행연습을 해본다. 이를 통해서 준비된 내용이 충분히 전

달되었을 때 소요되는 예상시간을 측정해 보고 전체적인 관점에서 시간안배의 적절성을 판단한다.

초기에 너무 많은 시간을 쏟고 있지는 않은지, 또는 특정 소주제에만 너무 시간을 낭비하는 것은 아닌지를 측정해 본 후 적절한 시간을 다시 배분하여 프리젠테이션의 내용 중 늘이거나 줄여야 하는 부분을 도출하여 반영한다.

또한, 사람들에게 약속된 프리젠테이션의 시간 안에는 단순히 발표자가 이야기하는 시간 외에도 Mr.Big을 비롯한 청중의 질문이나 의견을 받고 추가적인 정보를 설명해야 하는 것도 포함되어야 하므로 질의 응답 시간을 추가로 반영하여 예상시간 안에 모든 활동이 가능토록 준비하여야 한다.

이를 통해,

- 프리젠테이션에 소요되는 적절한 시간을 예측할 수 있으며
- 시간이 모자라면, 내용을 압축하고 좀더 중요한 내용에 집중할 수 있게 되고
- 시간이 남게 되면, 추가적인 사례를 발굴하여 설명을 보강할 수 있게 된다.

❄ 제일 싫은 프리젠테이션 유형 1위 "시간 초과"

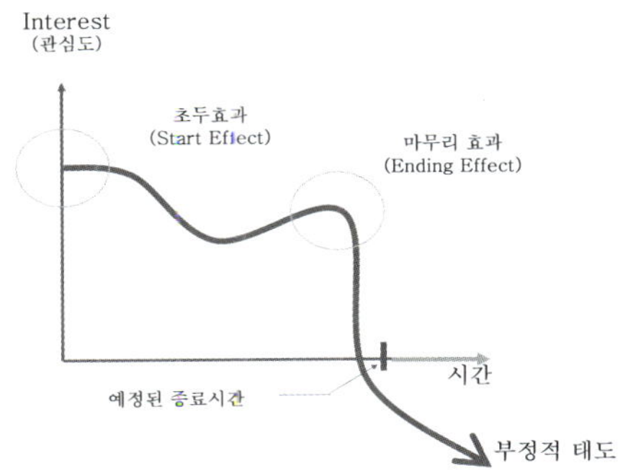

〈예정된 시간을 초과한 경우 발생하는 청중의 관심 변화〉

프리젠테이션에 소요되는 예상 시간을 정확히 예측해 내는 것이 중요한 이유는 무엇일까? 그냥 정해진 내용만 잘 전달하면 되는 거 아닌가?

위에서 보는 그림처럼 Mr.Big의 관심도는 일반적으로 시작과 종료시점에 가장 높아지게 된다. 앞 장에서 설명했던 프리젠테이션의 결승전(結承傳) 구성방식이 당신의 프리젠테이션에 잘 반영되어 있다면, 프리젠테이션 도입부에서 Mr.Big은 "음~~ 그래 무슨 말을 할 것인지 어디 보자!" 프리젠테이션의 마무리에서 Mr.Big은 "음~ 끝나고 있구만, 무슨 말을 했는지 다시 한번 정리해 볼까?"하는 생각을 가지게 될 수 있다.

이처럼, 프리젠테이션의 초반부와 후반부에 관심도가 상대적으로 증가되는 현상을 초두효과(Start Effect) 그리고 마무리 효과(Ending Effect)라고 한다. 하지만, 당신의 이야기를 귀담아 듣던 아군들은 약속된 시간을 초과하는 순간부터 바로 적군으로 돌변하여 쓸쓸한 표정을 지으며 자기의 손목 시계를 또는 벽에 걸려있는 시계를 쳐다 보게 되고 약속된 시간에서 5분 이상이 지나면 Mr.Big을 포함한 모든 사람들은 그 때부터 아무런 소리도 듣지 않고 이런 생각만을 하게 된다.

"뭐야… 이거~ 약속된 시간보다 10분이나 지났네?"
"저 사람 저렇게 시간 관념 없는데, 앞에 했던 말들 잘 지킬 수나 있겠나?"
"다음에 있는 중요한 회의 가야 하는데~~"

이렇게 되면, 발표자는 어색하고 술렁이는 분위기에 당황하여 황급히 마무리 지으며 프리젠테이션을 마치게 되는데, 이를 통해 용두사미(龍頭蛇尾) 형 프리젠테이션의 전형적인 모습이 나오게 된다.
시간 약속을 지키지 못하는 것은 자신의 프리젠테이션에서 담았던 훌륭한 제안이나 아이디어를 일순간에 물거품으로 만드는 자살행위와 같기 때문에 자신에게 약속된 시간 안에 프리젠테이션을 충분히 진행하고 적절한 질의 응답 시간까지 소화해 내는 것도 정말 중요한 발표자의 능력이다.

시간 부족은 부족 그 자체가 아니라 관리의 문제다.

-피터 드러커-

※ 리허설을 하는 자신의 모습을 촬영한 후 분석한다

어느 정도 연습을 통해서 내용이 교정되고 자신감이 생기게 되면 실전을 가장한 상태에서 리허설을 해야 하는데, 리허설 시에는 프리젠테이션을 하게 될 장소에서 해야 하며 실제로 사용할 슬라이드와 기자재를 그대로 유지한 상태에서 해야 한다.

쉽게 말하면 청중의 자리, Mr.Big의 자리만 비어있는 상태에서 실제로 프리젠테이션이 진행되는 모든 상황을 동일하게 연출하는 것이다. 리허설을 할 때에는 자신의 모습을 비디오로 촬영하여 이를 다시 틀어 보면 그 동안 자신이 인식하지 못했던 개선 필요점들을 속속들이 볼 수 있게 된다. 비디오 속 자신의 모습을 바라보는 것은 참으로 낯 부끄러운 일이 아닐 수 없지만 제 3자로서 바라보는 ‘발표자로서의 자신의 모습’을 보게 되는 것만으로도 굉장히 큰 힘이 되며 많은 개선 포인트를 얻을 수 있게 된다.

목소리, 손동작이나 자세, 외모, 위치의 이동 등 Mr.Big에게 비춰질 자신의 모습을 객관적으로 바라보면 실제로 발생할 상황에 익숙해 지면서 긴장감이 완화되고 스스로를 교정하기 시작하게 된다.

1) 촬영한 직후 평가 금물
2) 잘한 점 3가지를 먼저 생각
3) 목소리, 자세를 따로 따로 체크

비디오 촬영 후 포인트 도출에는 3가지 기본원칙이 있다.

1) 촬영한 직후에 바로 하는 것은 금물이다

리허설을 하고 난 직후에는 스스로가 상당히 긴장된 상태에 있기 때문에 이 상태에서 자신의 모습을 담은 영상을 보게 되면 정말 우스꽝스럽게만 느껴지기 마련이다. 이렇게 되면 오히려 좌절만을 느낄 확률이 높아지게 되어 오히려 무대 공포증이 더 심해질 수 있다.

2) 잘한 점을 먼저 생각하고, 이후에 고쳐야 할 점을 생각해야 한다

비디오 촬영을 잘못 생각하면 나빴던 점만을 지적하는 것으로 오해를 하는 사람들이 많은 데, 못하고 있는 점만을 들춰 내게 되면 프리젠테이션을 준비하는 초보자는 심한 좌절을 느끼기 때문에 이 또한 무대 공포증을 더 심하게 만드는 요인이 될 수가 있다.

따라서 지적 사항만을 들춰내는 용도의 비디오 촬영은 일정 수준 이상의 위치 있는, 유능한 발표자에게만이 유용할 수 있다. 초보 발표자의 경우에는 잘한 점을 찾아 충분히 동기부여 한 후에 개선점을 찾아 보는 것이 적절한 순서이다.

3) 음향을 없애고 나서 보면 자세나 동작에 더욱 집중할 수 있다

영상과 음향을 동시에 보게 되면, 자신의 목소리와 자세를 동시에 체크하면서 의미있는 내용들을 추출하기 어렵기 때문에, 영상과 음향을 분리해서 보는 것이 좋다. 그래서 처음에는 음향을 없앤 상태에서 영상만을 보고 난 후 나중에 영상과 음향을 동시에 보게 되면 목소리와 자세를 보다 집중적으로 체크할 수 있게 된다.

다른 사람들로부터 인정을 받기 위해서는 부단한 연습이외에 다른
방법이 없습니다. 타고난 재능이란 인간이 만들어낸 허구에 불과
합니다.
나는 슬럼프에 빠지면 더 많은 연습을 통해 정상을 되찾곤 합
니다.   -골프황제, 타이거 우즈-

Chapter 19

슬라이드를 계속 읽기만 할거면,
차라리 문서로 보고하지 그랬어?

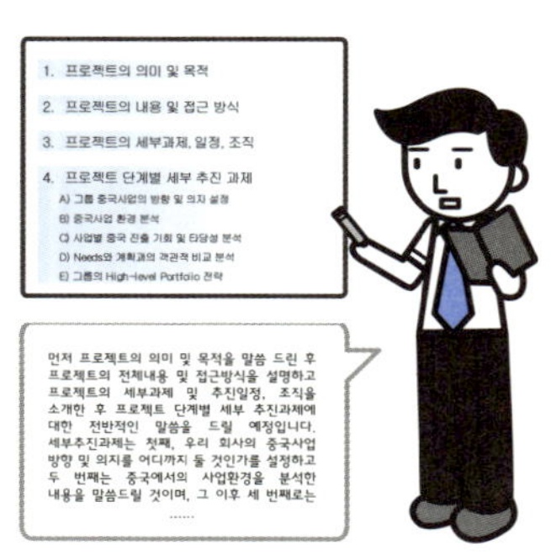

앞으로 약 한 시간 동안 말씀드릴 내용은 슬라이드에서 보시는 바와 같습니다. 먼저 프로젝트의 의미 및 목적을 말씀드린 후 프로젝트의 전체내용 및 접근방식을 설명하고 프로젝트의 세부과제 및 추진일정, 조직을 소개한 후 프로젝트 단계별 세부 추진과제에 대한 전반적인 말씀을 드릴 예정입니다. 세부추진과제는 첫째, 우리 회사의 중국사업방향 및 의지를 어디까지 둘 것인가를 설정하고, 두 번째는 중국에서의 사업환경을 분석한 내용을 말씀드릴 것이며, 그 이후 세 번째로는….

(오 마이 갓! 저 친구 저대로 놔두면, 슬라이드를 계속 읽을 태세구만!) 잠깐! 지금 당신 발표하는 내용을 보아하니, 계속해서 슬라이드를 읽고 있는데 말이야. 나도 눈이 있고, 나도 글을 읽을 줄 알아! 당신이 읽어주는 글을 눈으로도 보고 귀로도 듣고 있는 게 얼마나 화나는 일 인 줄 아나? 내가 그렇게 한가한 사람으로 보여? 여기 있는 사람들이 장님인줄 알아? 이렇게 읽어줄 거면 차라리 문서로 보고하는게 맞는 거 아니야?

책을 읽어주지 마라! 눈은 입보다 빠르다

서툰 발표자들이 가장 많이 범하는 오류가 바로 '그대로 읽어주기'이다. 생각해 보라! 정말 바쁜 업무시간 중 귀하고 귀한 시간을 빼서 당신의 프리젠테이션에 Mr Big이 참여했는데 발표자가 뚜벅뚜벅 등장해서 가벼운 눈인사 후에 슬라이드에 보이는 내용들을 하나도 빠짐없이 글자 그대로 똑같이 읽어주는 모습을... 이런 경우에는 앞에 있는 발표자가 나를 무시하고 있다고 느끼게 되어 Mr. Big이 아니더라도 이건 정말 화가 나는 일이다.

발표자는 절대로 '책을 읽어주는 사람'이 되어서는 안 된다. 자신은 친절하게 설명해 준다고 생각해서, 그대로 읽어주기를 실행하면 Mr. Big의 머리는 이미 다른 생각으로 가득하게 되고, 눈을 감고 슬라이드를 보지도 않게 되며 귀를 닫고 듣지도 않게 된다.

❋ 바람직한 슬라이드 설명방법

슬라이드에 글자가 많은 경우에는 맥락을 중심으로 설명한다

예를 들면 유명인사의 어록 인용구, 속담, 격언, 고객의 소리, 핵심 포인트를 대표하는 구절을 그대로 읽어주면 Mr.Big은 현실감을 느낄 수 있어 좋지만, 이를 제외하고는 슬라이드에 있는 내용을 그대로 읽어주는 경우는 거의 없어야 한다. 또한 필요한 경우 어쩔 수 없이 내용을 읽어주더라도 한줄 이상의 문장을 그대로 읽어주지는 말아야 한다. 그렇다고 슬라이드에 보이는 글자와는 전혀 무관하게 설명을 하는 경우에는 Mr.Big이 슬라이드의 어디를 봐야 할지를 모르도록 만들기 때문에 이 또한 권장하고 싶지는 않다.

슬라이드를 설명할 때 60~70% 정도는 보여지는 글자, 단어를 중심으로 한 맥락 중심의 멘트를 유지하되, 나머지 30~40% 정도는 슬라이드에 보여지는 것 이외에 발표자의 의견이나 생각을 더하여 설명을 해주는 방식이 가장 좋다.

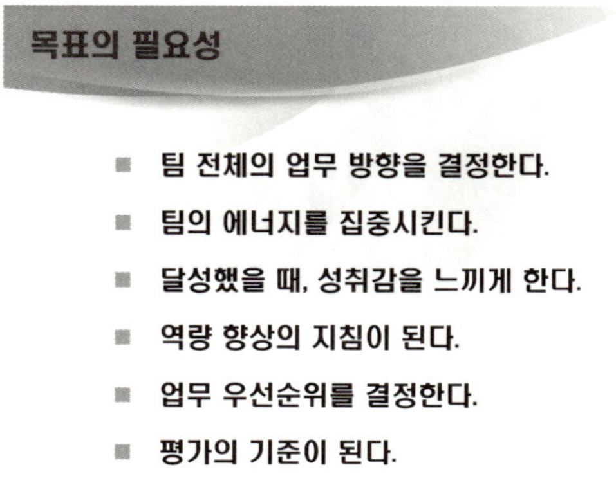

예를 들어 위와 같은 슬라이드인 경우에는 글자 중심으로만 구성되어 있어 전체적인 맥락과 흐름이 표현되어 있지 않다. 이 경우에는 하나씩 문구들을 읽어가는 것보다는 슬라이드에 보이는 순서대로 설명을 하되, 부연설명의 내용들을 녹여서 멘트를 하는 것이 좋다.

"명확한 목표를 가지고 있는 팀은 어떤 이점을 얻을 수 있는지를 설명해 보면, 팀이 가지고 있는 모든 에너지와 단위업무들이 목표를 향해서 방향 정렬이 될 수 있습니다. 또한 이를 통해 목표 달성을 했을 때의 크고 작은 성취감을 느끼게 되며 무엇을 잘했는지 왜 그렇게 되었는지를 파악하여 앞으로 더 잘할 수 있게 되는 역량 향상의 방향과 지침을 얻을 수 있게 됩니다."

비교적 복잡한 내용을 담고 있는 슬라이드인 경우에는 큰 것부터 먼저 설명하는 것이 좋다

인지구조상 사람은 큰 것을 먼저 이해시키고 난 후 그 안의 작은 것을 설명해 줄 때 훨씬 더 많은 것을 머릿속에 담아둘 수 있게 되므로 내용을 담고 있는 큰 구조를 먼저 설명하고 세부내용을 설명한다. 따라서 하나의 슬라이드에서 담고 있는 5개 정도의 정보가 있으면 그 정보들을 엮어주는 큰 흐름이나 맥락, 관점, 구분항목을 먼저 이해 시킨 이후에 각각의 정보를 설명하는 방식을 취해야 한다.

다음에 나올 슬라이드의 내용을 사전에 파악하여 연결을 매끄럽게 한다

요즘에 많이 들리는 '한편의 드라마같은 프리젠테이션' 의 비결은 동영상을 많이 보여줘서 그럴까? 절대 아니다. 매끄럽게 진행되는 프리젠테이션을 보는 동안, Mr.Big의 머릿속에는 전체적인 스토리를 느낄 수 있으며, 그 스토리가 단절되지 않고 계속해서 연결될 때, 한편의 미니 드라마를 보는 것 같은 느낌을 받게 된다.

따라서 슬라이드를 설명할 때 다음에 나올 슬라이드의 내용을 사전에 인지할 수 있게 하여 긴장감과 기대감을 계속해서 유지시켜주는 설명전략을 구사할 수 있다. 예를들어

"다음에 보시게 될 내용은 본 사업의 중국시장에 대한 분석결과입니다. 아마 때에 따라서는 충격적인 의외의 결과를 보실 수도 있을 것 같습니다. 그래서 그 결과들을 슬라이드에 담아야 하는지를 많이 고민하였지만, 도움이 되실 것 같아 일단 소개를 드립니다."

라고 말하고 다음 슬라이드로 전환해 주면 Mr.Big의 마음 속에는 "왜 그런 거지? 도대체 뭐길래 저렇게 말을 할까?"하는 기대감과 긴장감이 생기게 될 것이다. 또한 특별히 슬라이드의 내용을 주시하게 하고 싶은 경우, 이러한 멘트를 통해 미리 안내해 주면 배포된 참고자료나 유인물을 보고 있다가도, 앞에 있는 모두가 고개를 들고 슬라이드를 보게 될 것이다.

눈을 맞춰라, 그러면 안 되는 것도 될 수 있다

EYE CONTACT…5초의 대화

모든 발표는 5초의 짧은 대화가 계속 이어지는 것이다.

대부분의 초보 발표자들이 앞에 앉아 있는 사람들과 눈을 맞추는 대신 벽이나 책상, 컴퓨터 화면, 앞에 보이는 슬라이드에만 시선을 주는 경우가 많은데, 이럴 경우 Mr.Big도 마찬가지로 발표자의 눈을 바라보지 않고 다른 곳으로 시선을 옮겨 버리게 된다.

나를 쳐다보지도 않는 사람인데 그 사람의 눈을 계속해서 바라보며 눈을 맞추려는 행위는 말 그대로 손해보는 장사인 '눈맞춤의 짝사랑'이라고 할 수 있다. 더구나 냉철하고 독한 Mr.Big이 뭐가 아쉬워서 이런 짝사랑을 할까? 절대 안한다.

프리젠테이션을 진행하는 시간 중 80% 정도는 앞에 있는 청중과 시선을 마주쳐야 하며 이 중 20% 이상은 Mr.Big과 시선을 마주치는 것이 좋다. 나머지 20%의 시간은 컴퓨터 화면과 슬라이드를 간혹 힐끔대거나, 의도적으로 다른 곳을 바라보며 생각하는 모습을 보이며, 무대에 있는 자신의 모습을 연출하는 것이다. 프리젠테이션을 하면서 눈을 마주치지 않는 다는 것은 앞을 보면서 운전을 하는 것이 아니고, 차의 속도계만을 바라보면서 운전을 하는 것과 같아 정말 위험하고, 무책임한 행위이다.

Mr.Big에게 눈길을 주지도 않으면서 그가 날 쳐다보지 않았다고 실망하고 좌절할 것인가? 당신이 연예계 최고의 스타가 아니라면 "제발 저를 바라봐 주세요, 여기 좀 바라봐 주세요"라고 외치는 열광적인 팬은 아무도 없다. 발표자가 먼저 손을 내밀고 바라봐야 한다.

❄ 아이 컨택(Eye Contact)은
아이 컨택은 Mr.Big에게 다가가는 호의적 행위이다

프리젠테이션에 참석한 모든 사람들과 악수라도 하면서 "오늘 저 좀 도와주세요"라고 말하고 싶은가? 그렇다면 반드시 아이 컨택을 해야 한다. 물리적으로 모두와 악수를 하면서 친근함을 표현할 수는 없지만 오고 가는 아이 컨택 속에는 "나는 당신을 좋아합니다"라는 무언의 메시지가 숨어 있어 이를 통해 당신의 아군을 많이 만들 수 있기 때문이다.

아이 컨택은 발표자를 더욱 돋보이게 하는 행위이다

발표자의 전문성이나 프리젠테이션 능력을 평가한 결과에 따르면, 발표자가 실시한 아이 컨택의 양에 따라서 상당히 많은 차이가 있다는 것을 볼 수 있다.

아이 컨택(Eye Contact)의 양이 15% 이하일 경우

- 냉정하다.
- 변명한다.
- 미숙하다
- 자신이 없다
- 신뢰성이 결여되어 있다.

아이 컨택(Eye Contact)의 양이 80% 이상일 경우

- 성실하다.
- 친근하다
- 능숙하다
- 자신있어 보이고 신뢰할 수 있다.

아이 컨택은 발표자의 메시지를 더욱 강력하게 해준다

사랑하는 사람에게 문자 메시지를 통해 "사랑해요"라고 하는 것보다 더 강한 느낌은 전화로 "사랑해요"라고 말해주는 것이고, 이보다 더 강한 느낌은 만나서 눈을 마주치며 "사랑해요"라고 말하는 것이다. 아이 컨택을 하게 되면 사실의 교류를 넘어선 감정의 교감이 일어나고 자신이 말하는 내용을 보다 강하게 마음속으로 밀어 넣어주는 역할을 하게 된다.

옛날부터 '눈은 입만큼 말을 한다'고 할 정도로 발표자의 모습 중에서 시선은 중요한 비중을 가지고 있고, '눈은 마음의 창'이라 하여 그 사람의 마음속에 있는 모든 생각과 감정이 모두 눈에 표현되며, 진실함이 표출되는 하나의 통로로 생각되고 있다.

프리젠테이션을 할 때에도 발표자의 초조함, 긴장감, 자신감의 결여 등은 반드시 눈으로 나타나게 되며 발표자가 눈을 자주 깜박이는 것은 두려움, 공포를 나타내며 "제 의견을 거부하지 말아주세요", "제발 질문하지 말아주세요"라는 무언(無言)의 메시지를 가지고 있다.

❄ 아이 컨택의 올바른 방법과 꼭 사용해야 하는 경우

그렇다면 아이 컨택은 어떻게 하는 것이 좋을까? 아이 컨택의 가장 좋은 방법은 앞에 있는 청중들과 마치 일대일로 이야기 하듯이 전체 청중의 오른쪽, 왼쪽, 중간 등을 고르게 눈맞춤 하되 다음과 같은 요령을 익혀 두는 것이 좋다.

- 한 사람 한 사람씩 눈을 마주치면서 약 1~2초 정도 가능한 많은 시선을 주도록 한다.
- 모든 청중을 대상으로 시선을 골고루 준다.

- 천천히 한가지 생각이나 메시지를 전달한다는 기분으로 청중들에게 시선을 준다.
- 맨 뒤쪽이나 창문 가까이 자리잡은 청중은 심리적으로 프리젠테이션에 흥미없는 사람이거나 관여도가 낮은 사람일지라도 이들과의 아이 컨택을 소홀히 해서는 안된다. 잘못하면 이들이 적이 될 수 있기 때문이다.

프리젠테이션을 진행되는 동안에는 항상 아이 컨택을 해야 하지만 아래의 상황에는 반드시 특정인에게 아이 컨택을 해야하는 경우이다.

질문에 대응할 때

질문에 대한 응답은 30% 이상이 눈빛으로 해결될 수 있기 때문에 질문을 수렴하거나, 질문에 대한 답변을 해 줄 경우에는 반드시 질문자를 쳐다 보며 무언의 동조와 긍정을 요청해야 한다.

부정적인 의견/상황을 이야기할 때

프리젠테이션의 주제에 따라서는 앞에 있는 청중들에게 부정적이거나 껄끄러운 의견을 저시할 경우도 있다(예를 들면, 현재 강하게 추진하고 있는 사업의 치명적 문제점 등을 부각시킬 따). 이 때에는 긍정적이고 호의적인 반응을 보이고 있었던 사람과 아이 컨택을 하면 부정적 내용에 대한 저항이 좀더 완화될 수 있다.

무언가 중요한 메시지를 강하게 전달할 필요가 있을 때에는 다른 사람들보다 Mr.Big과 눈을 마주치면서 이야기해야 더욱 힘을 얻게 될 수 있다. 일반적으로 사람은 자신과 눈을 똑바로 마주 본 사람이 무언가를 이야기하고 있으면 동조해주고 맞장구를 쳐줘야 한다고 본능적으로 느끼고 반응하기 때문에, Mr.Big과 눈을 맞추면서 강한 메시지를 이야기할 때 그의 고개가 끄덕여 질 확률이 높아질 수 있다. 그래서, 이를 통해 Mr.Big의 고개가 끄덕여지는 것을 지켜본 다른 청중들의 마음 속은 심리적인 동요를 느끼게 된다.

✳ 바람직하지 못한 아이 컨택의 유형
책상 위에 있는 책만 보고 읽어주는 훈장 선생님 스타일

앞에 있는 학생들은 한번도 쳐다 보지도 않고 천자문 책만 보고 그대로 읽어 주는 훈장선생님은 "하늘 천, 땅 지, 검을 현, 누를 황 ~~"을 하는 동안에 앞에 있는 학생들은 거의 쳐다 보지 않아서, 학생들의 마음은 모두 콩 밭에 가 버린다.

노래 부를 때 고개를 쳐들고서 피아노 너머의 허공을 바라보는 스티비 원더 스타일

앞에 있는 사람들을 전혀 쳐다 보지 않고, 저 멀리에 있는 천장만을 바라보며 말을 한다. 허공에 있는 그분(?)과 이야기를 나누고 있는 모습을 가진다.

영화〈레인맨〉에서 더스틴 호프만이 맡았던, 자폐증 환자 스타일

　누구와 시선을 맞추기에 상당한 불편함을 느끼는 것같아 보인다. 앞에 있는 사람들의 눈을 자신있게 마주치지 못하고 소심하게 힐끔 힐끔 아이 컨택을 하며 대부분의 시간을 자신의 구두나 천정, 노트 북, 벽에 걸린 시계만을 바라본다.

무섭게 노려보는 한(恨) 많은 귀신 스타일

　앞에 있는 사람들을 쳐다 보되, 온화하고 미소짓는 얼굴이라기 보다는 심하게 경색되어 있거나 아니면, 한 많은 귀신처럼 무섭게 부릅뜬 눈으로 아이 컨택을 한다.

무조건 딱 한 사람만 뚫어지게 쳐다보는 스타일

　다양하고 폭 넓게 아이 컨택을 하지 않고 오직 한 사람만을 쳐 다보면서 진행한다. 이렇게 되면 다른 사람들은 이방인이 되고, 시선을 받는 그 한 사람은 시선이 너무 부담스러워, 고개를 떨구 고 있다.

시선을 더욱 많이 이끌어 내고 유지하는 방법

　발표자는 자신이 적극적으로 아이 컨택을 해야하는 의구도 있지 만 자신이 받는 시선을 역(易)으로 즐길 줄도 알아야 하며 의도적으 로 시선을 이끌어 낼 수도 있어야 한다. 집중적인 시선을 받으면 다소 부담스러울 수도 있으나 시선이 집중되어 있다는 것은 나에게 관심이 있다는 것이고, 나의 이야기에 귀 기울이고 있다는 말로 해석할 수 있으므로 오히려 즐거운 현상이며, 즐겨야 하고 더욱 이끌어 내야 한다. 발표자를 바라봐 주는 사람은 100% 아군이다.

Mr.Big은 발표자가 싫거나 미덥지 않으면 절대 쳐다보지 않는다는 것을 기억하라.

❄ 즐겁고 자신 있는 눈으로 같이 쳐다 봐 준다

프리젠테이션을 하면서 당신과 3회 이상 눈이 마주쳤다면 그리고 그가 고개를 끄덕이고 있었다면 그 사람은 이제 당신 편이 되었다고 생각해도 좋다. 이럴 경우에는 "저도 당신을 의식하고 있습니다"는 느낌을 전달할 수 있도록 웃는 모습으로 눈을 맞춰 줘야 한다.

❄ 고개를 끄덕이며 나를 바라보고 있는 사람을 더 많이 쳐다 본다

나를 바라보면서 고개를 끄덕이고 있다는 것은 나에 대한 매우 긍정적인 생각을 가지고 있다는 것이다. 이러한 최고의 아군에 대하여 마음의 접대인 아이 컨택을 해 주면 프리젠테이션이 끝날 때까지 고개를 끄덕이며 당신을 바라봐 줄 것이다.

❄ 적절한 속도로 지루하지 않도록 위치를 이동하여, Mr.Big의 눈만이 아닌 머리가 움직일 수 있게 해 준다

30분 동안 한 곳만을 뚫어지게 바라보고 있는 것은 정말 피곤한 일이다. 그 아무리 대스타가 와 있다 하더라도 한 곳에만 서 있는 사람의 얼굴을 계속해서 쳐다보는 것은 사실상 불가능하다. 따라서

한 곳에만 서 있는 것보다는 무대 위에서 적절한 위치로 이동하기도 하고 적절한 제스처가 같이 병행될 때 계속해서 바라볼 수 있는 인내심이 계속 생기게 된다.

발표자는 자기의 눈을 통해 청중에게 귀를 기울여야 한다.

Chapter 20

동작 그만!

(자신도 모르게 주머니에 손을 찌른 상태에서) 다음은 중국 내수 시장의 고객층 변동 추이입니다. (몸이 좌우로 살랑살랑 흔들리며) 보시는 바와 같이 기존의 기성세대 중심으로 편성되었던 (다리가 까딱까딱) 소비계층이 점차 젊은 세대로 이전되어 오고 있는 추세가 점점 짙어지고 있음을 보실 수 있습니다(앞뒤로 흔들흔들).

동작 그만! 당신 주머니 손 안 빼? 지금 이 자리가 당신 친구한테 히히덕 거리면서 말하는 자리야? 그리고, 왜 이렇게 앞뒤로 흐느적거려! 여기가 캬바레야? 지금 블루스 추고 있어?

다리는 또 뭐야? 구부정하게 짝다리 짚고서 말이야…. 프리젠테이션 하기 싫어? 최소한의 격식이 있어야지. 당신 지금 그러고 있는 거 영상으로 찍어서 본 적 없지? 정신 사납고 신경쓰여서 볼 수가 있어야지… 딱딱하게 차렷 자세로 프리젠테이션하는 것도 좋은 건 아니지만 지금처럼 아무런 긴장없이 흐느적거리고 있고, 주머니에 손 찌르고 프리젠테이션 하는 건 기본이 안된거 아니야?

'발표자'야 말로 최고의 시각자료이다

프리젠테이션이 진행되는 동안 Mr.Big은 어디를 가장 많이 보게 될까? 앞에 보이는 슬라이드에 40% 정도의 시간을 할애하게 되며, 나머지 60% 정도의 시간에는 발표자를 바라보게 된다.

앞에 보이는 슬라이드도 슬라이드이지만 발표자의 눈과 얼굴 그리고 그의 전체적인 동작과 움직임, 자세를 보면서 이야기를 듣게 된다는 말이다. 따라서, Mr.Big은 발표자의 동작 하나하나, 눈빛 하나하나를 보면서 자신의 귀로 듣고 내용과 눈으로 보고 있는 발표자와의 이미지를 하나씩 머릿속으로 맞춰가면서 프리젠테이션에 빠져들게 된다.

그래서 3 박자가 맞춰져야만 훌륭한 프리젠테이션이 만들어진다는 말이 있는데 그 3 박자가 바로, 앞에 보이는 슬라이드와 귀로 들리는 설명 그리고 내용을 전달하고 있는 발표자의 모습과 제스처들이다.

Mr.Big은 눈으로도 이야기를 듣는다.

제스처의 힘을 얕보지 마라

　제스처는 멋있고 자연스러운 프리젠테이션의 분위기를 만들기 위해서 필요한 조미료와 같아서 빠지면 심심하고 너무 많으면 짜게 만들어 버리기 때문에 필요한 경우만 넘치지 않을 정도로 사용하는 것이 좋다.

　예전에는 그 자리에 독일병정처럼 꼿꼿하게 서서 로봇이 움직이는 것 같은 절도있는 제스처가 좋다고 한 적도 있었다. 최대한 움직임을 적게 하고 딱딱하게 프리젠테이션을 진행하는 모습이 힘있어 보이고 진중하고 박력있게 보인다고 좋았다고 했다는데 이런 스타일은 군대에서 흔히 볼 수 있었으며 '사단장 보고형'이라고 부를 수 있다. 하지만, 여긴 군대가 아니지 않는가?

　제스처를 잘 사용하면 발표자가 가진 생각을 더욱 더 실감나고 맛깔나게 이해할 수 있도록 도와주지만, 너무 남발하여 사용한 경우에는 보는 사람으로 하여금 정신 사납게 할 수 있으며 반대로 너무 사용하지 않는 경우에는 답답하고 경직된 듯한 느낌을 들게 할 수 있다.

　그렇다면, 어떤 제스처가 좋은 것일까? 딱 부러지는 정답은 없으나 상황에 따라서 이야기의 내용과 흐름, 전체적인 분위기에 따라서 편안하고 자연스러운 제스처면 무난하다고 본다. 제스처를 사용할 때는 다음 사항을 유의해야 한다.

❈ 손을 감추지 마라

사람들이 악수를 하게 된 유래를 보면 "나는 당신을 공격하지 않겠습니다"라는 속뜻을 가지고서 무기가 없는 서로의 빈 손을 보여주는 행위라고 한다.

이와같이 손이 가지고 있는 의미는 서로에 대한 공격의지와 연관성이 있기 때문에 앞으로 보이고 있을 때와 손을 뒤로 숨기고 있을 때에는 상호간의 긴장감과 적대심에 차이가 존재할 수 있다고 한다.

이처럼 주머니 속에 있지 않으며 뒤로 숨어있지 않고 항상 열려있는 손은 '정직'을 상징하여 내용의 진실성을 가미해 줄 수 있으며 또한 '비무장'을 상징하여 Mr.Big인 당신에게 느끼는 신뢰성을 더욱 높여 줄 수 있다.

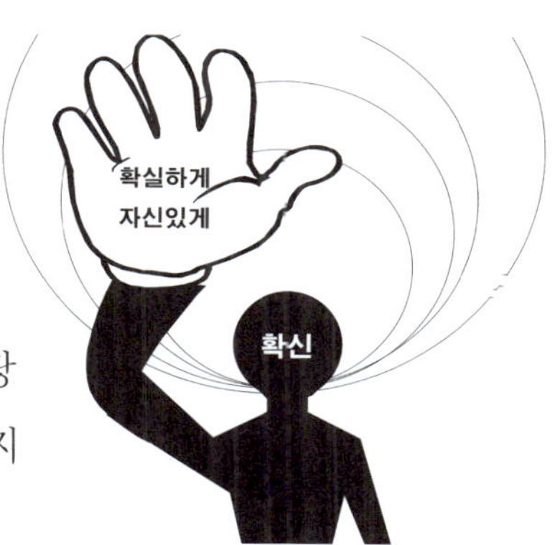

손을 등뒤로 숨기거나, 주머니 속으로 집어 넣어서 숨겨서는 안된다. 항상 당신의 손이 어디에 어떤 모습으로 있는지를 볼 수 있게 해 주어야 한다.

❈ 동작은 과감하고 확실하게 하라

발표자가 취하고 있는 제스처는 자신이 하고 있는 이야기를 더욱 강조해 주는 '액센트(Accent)'이기 때문에 제스처를 취할 때는 자신있고 과감하게 해야 한다. 얼렁뚱땅 얼버무리면서 자신없이 은근슬쩍 취하는 제스처는 자신감이 없어 보인다는 느낌을 주게 되고, 발표자가 지금 떨고 있다는 느낌을 주게 된다.

당신이 하고 있는 이야기와 궁합이 맞는 손동작과 움직임을 과감하고 확실하게 병행해 준다면 훨씬 더 이해의 폭이 넓어 질 수 있으며 프리젠테이션을 보다 더 역동적으로 느끼게 해 줄 수 있다.

❋ 불필요한 행동은 금물이다

제스처는 내용의 풍성한 이해를 도울 때에 사용하는 의미가 있기 때문에 발표자의 생각과 함께 같이 움직여야 하나, 긴장된 마음이 몸으로 옮겨와서, 발표자의 생각들을 어지럽히는 순간부터 불필요한 제스처가 밖으로 튀어 나오게 된다.

의미없이 자주 손을 흔들면서 움직인다거나(일명 지휘자 자세), 두 손을 비빈다거나 (일명 파리자세) 또는 계속 손을 맞잡고 있는(일명 동요 자세) 행동처럼 단순하게 습관적으로 반복되는 제스처들은 발표자가 느끼고 있는 불안감과 긴장감을 그대로 보여주게 된다.

특히, 머리를 쓸어 올린다는 것, 귀를 만지거나 후비는 행위, 안경을 올려 쓰는 행위, 넥타이를 계속해서 만지작거리는 제스처에서는 아무런 의미를 찾을 수가 없으며 시선을 더욱 분산시키기 때문에 특히 금물이다.

더불어, 프리젠테이션을 하면서 습관적으로 손을 흔들거나 내미는 행위나, 손을 위 아래로 크게 흔들면서 정신없어 보이는 동작같이 큰 움직임들은 최대한 지양해야 한다.

❄ 발표자의 얼굴 표정도 막강한 힘을 가진 제스처이다

발표자의 얼굴에서 비춰지는 표정은 이야기를 가장 실감나게 만들어 주는 요소이다.

프리젠테이션의 귀재라고 불리는 스티브 잡스가 프리젠테이션을 진행할 때에도 그의 얼굴을 유심히 관찰해 보면 그가 하고 있는 이야기와 연관된 모든 희로애락의 감정을 느낄 수가 있다. 새로운 제품 출시까지의 과정에서 많은 에피소드가 있었다고 이야기 할 때에는 고개를 약간 숙이고, 손을 턱에 가볍게 갖다 대며 일화를 회상하는 듯한 표정을 짓는다던가, 신제품의 특징 중에 장점을 말할 때는 환하지만 확신에 찬 표정을 짓는 동시에 주먹을 꽉 쥐면서 이야기를 한다. 물론 슬프거나 안타까운 이야기를 할 때에도 위와 같이 비통한 표정을 지었다.

심리학의 일부 연구결과에 따르면 사람들은 자신이 바라보는 사람의 얼굴 표정을 무의식적으로 그대로 따라하게 된다고 하는데, 실제로도 프리젠테이션이 진행되는 동안 그 자리에 있는 청중들의 얼굴을 자세히 살펴보면 발표자가 보이는 얼굴의 표정을 그대로 따라 하는 사람들이 참으로 많다.

일반 생활에서도 이런 모습들을 흔하게 볼 수 있는데, 예를 들어 친한 친구와 마주보고 앉아서 이런저런 이야기를 나누다 보면, 친구가 웃는 표정을 지으면 나의 얼굴에서도 나도 모르는 사이에 미소가 생기고, 친구가 심각한 이야기를 하며 인상을 찡그릴 때에는 그 표정이 나에게 고스란히 전이되어 오는 것을 느낄 수가 있다.

이처럼 발표자가 하고 있는 이야기의 감정이 그대로 묻어나고 있는 표정은 그 어떤 손동작과 움직임보다도 더 강한 느낌을 전달할 수 있고 Mr.Big 감정을 의도적으로도 조종할 수 있는 강력한 힘이 될 수 있다.

당신을 바라보고 있는 사람들은 당신의 신체 중에 얼굴을 가장 많이 보고 있다는 것을 기억하라. 그 얼굴에 파란만장한 변화를 주게 되면 프리젠테이션 그 자리의 분위기까지 같이 변화한다.

❋ 자연스럽게 서되, 의도를 가지고 자리를 이동하라

손동작이나 얼굴 표정 등과 같은 소소한 제스처도 있지만 전체적인 이동과 서있는 자세 또한 제스처에 속한다. 이렇게 서있는 자세를 전문 용어로는 발의 위치, 선 자세를 말하는 스탠스(Stance)라고 하는데 프리젠테이션을 할 때에는 편한 자세로 서 있고, 흔들리지 않도록 두 다리는 곧게 펴서 적절한 넓이로 서 있는 것이 좋다.

두 발을 붙이고 있는 차렷 자세는 상당히 경직되어 보이며, 몸이 앞뒤로 쉽게 흔들릴 수 있기 때문에 지양하는 것이 좋으며, 많은 초보 발표자들이 보여주는 다리를 불균형한 상태로 유지하는 일명 '짝다리'를 짚고 있는 경우나, 어딘가에 기대서 다리를 꼬고 서 있는 경우가 많은데 이 또한 좋지 않은 모습이다.

공간내의 적절한 이동은 청중의 시선을 따분하게 만들지 않게 해주며 발표자가 여유롭게 진행하고 있다는 느낌을 갖게 해주기 때문에, 프리젠테이션을 하는 공간이 허락한다면 한 자리에서만 서 있는 것 보다는 서 있는 자리를 의도적으로 바꿔 가면서 진행하는 것이 좋다.

계속 웅얼웅얼 댈래?

Chapter 21

(어~~), (저~~) 중국의 시장에서는 (음~~) 우리 상품은요~~ 강한 시장 경쟁력을 갖고 있기 보다는, (제 생각에는) (음~~) (뭐랄까) 아직은 (실제로) 걸음마 단계에 있는 상태 정도라고 보이구요. (실제로) (어~) (제 생각에는) 좀 더 문화적인 고려를 충분히 해서요, (실제로) (말하자면), 중국인의 생활 패턴을 보다 (실제로) 심층적으로, (음 ~) 분석하여 (좌우지간) 새로운 제품으로 다시 중국시장을 (실제로) 공략하는 (어~~) (실제로) 새로운 전략이 필요한 것 같아요.

잠깐... 당신 지금까지 "어~"라는 소리만 몇 번한 줄 알아?

23번 했어, 시작한지 10분 동안, "어"라는 소리만 23번 했다 이거야.

당신이 말하는 요점이 뭔지는 알겠는데, 계속해서 아무 의미 없는 말을 하니깐 자꾸 신경 쓰이고 거슬리잖아. 그 말 좀 하지 않을 수 없어? 그리고, 그 "실제로"는 또 뭐야? 다른 건 실제가 아니야?

또 하나 더! 마지막에 "새로운 전략이 필요한 것 같아요"라고 했지? 지금 초등학생이 흥부랑 놀부 중에 누가 더 착한지에 대한 의견 발표하나? 지금 해도 되고 안 해도 되는 상태가 아니잖아? 자신있게 소신 것 좀 말해라!

당신은 책임 안 지겠다 이거지?

특명! Filler Words를 잡아라. "잘 쓰던가, 줄이던가"

다른 사람이 프리젠테이션하는 것을 유심히 들어보게 되면 많은 발표자들은 자신이 이야기하는 내용과 전혀 무관한 의미없는 단어들을 사용하는 경우가 많다(물론 프리젠테이션에서 뿐만 아니라 일상의 대화에서도 많이 쓰지만). 이런 단어들을 전문용어로 Filler Words(군더더기 표현)라고 한다.

우리나라 사람들이 가장 많이 사용하는 Filler Words(군더더기 표현)의 예를 들어 보면 '어', '에', '아', '그러니까', '실제로', '제 생각에는', '음', '사실은', '좌우간', '~처럼', '일반적으로', '뭐~

등을 가장 많이 쓰고 있다.

Filler Words(군더더기 표현)는 무조건 나쁠까? 사실 그렇지만은 않다. 이러한 Filler Words(군더더기 표현)를 너무 안 쓰면 말 자체가 너무 딱딱하지만 너무 많이 사용하는 경우에 더 큰 문제가 발생하는데, Filler Words(군더더기 표현)를 너무 많이 쓰는 경우에는 말 자체가 경박스럽게 느껴지고, 핵심이 없어 보여 말의 내용을 부실하게 만드는 효과를 가져오기 때문이다.

다시 말해, 프리젠테이션에서 Filler Words(군더더기 표현)를 잘 쓰면 그야 말로 약방의 감초처럼 부드러운 윤활유로 들리지만, 의미없이 남발하면서 습관과 버릇처럼 쓰게 되면 청중들의 귀를 아주 거슬리게 하고 발표자의 준비상태와 주제에 대한 전문성을 의심케 하면서 프리젠테이션을 갉아먹는 '독'이 되는 것을 명심하야 한다.

❄ Filler Words(군더더기 표현)를 잘 사용하는 경우

Filler Words(군더더기 표현)를 제한된 범위 내에서 의도한 경우에만 적절히 사용하는 경우에는 내용의 이해나 기억을 돕는 장점이 있기 때문에 스티브 잡스도 구대 위에 오르기 전에 엄청나게 많은 준비를 하지만 Filler Words(군더더기 표현)까지도 준비하는 경우도 있다.

스티브 잡스가 애플 사의 신제품 아이팟을 설명할 때 전략적인 Filler Words(군더더기 표현)로 사용한 단어가 바로 'Boom'이다. 우리 나라 말로 표현하면 '쾅!'. 그는 자신의 메시지를 강조할 때나 아이팟의 새로운 기능을 강조할 때, 이 단어를 계속 사용하면서 지속적으로 반복하면서 프리젠테이션을 이끌어 간다. 중반부터는 오히려 청중들이 '또 Boom이 나오겠군!' 하는 예측을 가능하게 해 준다. 그의 프리젠테이션에서의 'Boom'은 바로 '대단한 기능' 또는 '엄청난 효과'라는 의미를 담고 있는 단어였고, 이 단어들이 청중들에게 고스란히 전염되어, 청중들은 마음 속으로 이 단어를 같이 따라하고 읊조리기 시작하였다. 이 사실은 스티브 잡스는 습관적으로 'Boom'이라는 단어를 사용한 게 아니고 내용을 지원하는 단어로서 전략적인 사용을 했다고 볼 수 있다.

즉, 적재적소에 사용된 전략적인 Filler Words(군더더기 표현)는 프리젠테이션의 일관성과 리듬감을 부여하는데 도움을 준다.

✳ Filler Words(군더더기 표현)를 잘못 사용하는 경우

그렇다면 Filler Words(군더더기 표현)를 너무 남발하게 되면 어떤 현상이 일어날까?

① Filler Words(군더더기 표현)가 거슬리는 단어로 바뀌게 되어 반복적으로 사용되는 의미없는 문구들은 Mr.Big의 귓속으로 들어가지 않고 맴돌게 되면서 의미있는 다른 단어들의 이해를 막는다.

② 일부의 청중들이 세기 시작한다. 청중 중의 일부는 발표자가 사용하는 Filler Words(군더더기 표현)를 인식하게 되면 몇 번 나오는지를 세기 시작하는 사람들이 꼭 있다. 이런 상태에서는 내용을 듣기보다는 표면적인 소리만을 듣는 것이기 때문에 이미 프리젠이션의 목적인 설득과 이해는 이미 물 건너간 상태이다.

③ Filler Words(군더더기 표현)만 들린다. 이제는 Filler Words
(군더더기 표현)만이 들리게 되는 상태로 바뀐다. 말 그대로 주
객이 전도되어 있는 상태이다.

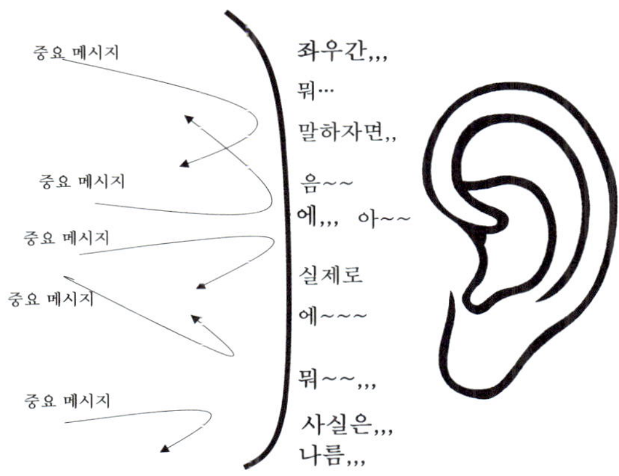

❋ 왜 Filler Words(군더더기 표현)가 발생할까?

거의 대부분의 Filler Words(군더더기 표현)는 생각하고 있을 때
그리고 긴장했을 때 자신도 모르게 나오게 되는 것이다. 사람들은
머릿속에서 자신이 방금 무슨 말을 했는지 하는지, 앞으르 무슨 말
을 할 것인지를 생각하면서 말을 하게 되는데, 말해야 하는 용어나
단어들이 갑자기 생각나지 않고 입에서 맴돌 때! 이 순간 자신도 모
르게 습관적으로 튀어나오는 것이 바로 Filler Words(군더더기 표
현)이다. 그래서 예를 들면 "음~~" 이라는 단어는 "저는 지금 생각
중입니다.", "저는 지금 긴장해 있습니다"라는 말과 같은 의미를 지
니게 된다.

Filler Words(군더더기 표현)의 주요 원인이 '생각'이라면 이러한 생각을 하지 말라는 것은 아니다. 생각을 하면서 프리젠테이션을 진행해야 다음에 어떤 말을 어떻게 할 것인지를 상황에 맞도록 구상할 수가 있고, 그래야 기계적으로 달달 외워서 하는 것이 아닌, 멋지고 맛깔나는 프리젠테이션을 할 수 있기 때문이다.

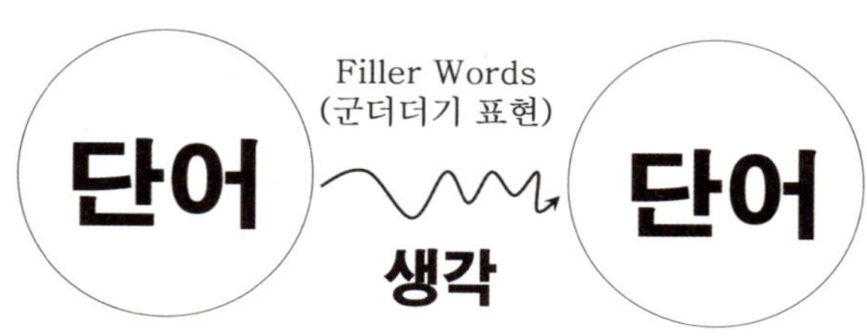

많이 준비하고 연습할수록 다음 메시지를 정확히 인지하게 되며, 설명하고자 하는 단어들 및 내용들에 익숙해지기 때문에 필요한 생각만을 하면서 진행할 수가 있게 되어 Filler Words(군더더기 표현)는 점차 줄어들게 된다. 이처럼 사전 연습의 양과 Filler Words(군더더기 표현)의 양은 서로 반비례하게 된다. 또한 무의식의 상태에 있는 Filler Words(군더더기 표현)를 인식하고 있는 상태로 바꿔 놓는 순간 매끄러운 진행이 될 수 있다.

다시 말해 많은 사람들은 자신이 Filler Words(군더더기 표현)를 사용하고 있다는 사실을 잘 모르는 경우가 많고, 어떤 Filler Words(군더더기 표현)를 사용하고 있다는 사실 또한 잘 모르는 경우가 많다.

　자신이 이를 인식하고 있지 못한 상태에서는 자기도 모르게 계속해서 Filler Words(군더더기 표현)를 사용하지만, 일단 인식하기 시작하면 Filler Words(군더더기 표현)를 사용하는 횟수도 현저히 줄어들면서 Filler Words (군더더기 표현)를 사용할 때마다 머릿속으로 "앗! 또 나왔다"하는 생각이 들게 되어, 스스로 억제하기 시작한다는 말이다.

❋ Filler Words(군더더기 표현)를 줄이는 방법

내가 어떤 Filler Words(군더더기 표현)를 얼마나 자주 쓰는가를 알아본다

　앞서 언급한 것처럼 많은 초보 발표자들은 자신이 어떤 Filler Words(군더더기 표현)를 사용하는지를 잘 모르는 경우가 많다. 리허설할 때 이를 지적해 주면 자신은 전혀 몰랐다고 하지만 자신의 모습이 녹화된 모습을 보면 그제서야 자기가 어떤 Filler Words(군더더기 표현)를 쓰고 있는지를 깨닫게 된다. 자신이 어떤 Filler Words(군더더기 표현)를 얼마나 쓰고 있는가를 알기 시작하는 순간부터 교정은 시작된다.

Filler Words(군더더기 표현)가 나올 것 같으면 머릿속으로 삼켜버린다

Filler Words(군더더기 표현)가 나올 것 같은 생각이 들면, 입을 닫아 버리거나 차라리 숨을 쉬면서 Mr.Big이 눈치채지 않게 '머뭇' 하는 것도 방법이다.

순간의 의도적인 쨈을 가진다

Filler Words(군더더기 표현)를 계속해서 말하는 것보다는 눈치 채지 못할 만큼의 적막을 만드는 게 오히려 간결하고 깔끔하며 여유롭게 진행한다고 느낄 수도 있다.

맛있게 들리는 목소리

똑같은 이야기를 해도, 재미없고 밋밋하게 말해주는 사람과 무언가 다르게 재미있고 맛깔나게 말해주는 사람간의 차이점 중 하나는 전달할 때의 목소리에 말하는 사람의 생생한 표현과 감정이 들어 있느냐 없느냐에 있다고 볼 수 있다.

예를 들어, 114에 전화를 걸어 전화번호를 안내 받을 때 "네~ 문의하신 번호는 ○○○국에 ○○○○입니다"하면서 들려오는 기계음성의 경우에는 정말 매력이 없고 딱딱하며 계속 듣기에는 좀 부담스럽다. 더 나아가서는 들었던 번호조차 기억이 잘 나질 않는다. 이처럼 말하는 사람의 감정이 전혀 실려 있지 않으면 듣는 사람의 귀에만 들릴 뿐이지 머리나 마음까지 그 내용이 잘 전달되지 않는다고 볼 수 있다.

프리젠테이션을 할 때에도 마찬가지로 기계가 읽어주는 것처럼 아무런 감정없이 들리는 경우 또한 Mr.Big을 미치게 만든다.

● 상황에 따라서
● 메시지에 따라서
● 내용의 중요성에 따라서 목소리의 크기와 속도와 고저가 달라야 한다.

※ 강조할 때는 크고 힘있게, 감정을 실을 때에는 속삭이듯이

프리젠테이션을 진행할 때에 목소리는 크게 하는 것이 좋지만 힘이 없이 크게 소리를 지르는 것은 악을 쓰는 것같이 보여 거부감이 들기 때문에 목소리가 큰 것과 힘이 실려 있는 것과는 다르게 생각해야 한다

늘 힘있는 목소리를 일관되게 유지하는 것도 필요하지만 다루는 내용이 감정의 이입이 필요한 경우이거나, 인간적인 사려 등을 이

야기 할 때에는 감정을 실어서 속삭이는 듯한 톤을 구사하는 것도 좋은 방법이다. 힘찬 목소리 속에서 갑자기 속삭이는 듯한 톤을 듣게 되면 무언가 색다른 느낌으로 더 집중하는 효과를 노릴 수 있다.

❄ 내용을 훑을 때에는 빠른 속도로 설명하고, 강조할 때에는 천천히

"눈은 입보다 빠르다" 그래서 슬라이드에 보여지는 전반적인 내용, 즉 일반적인 흐름과 맥락을 설명을 해 줄 때에는 평소 때보다 가열차게 약간은 빠른 속도를 유지하는 것이 필요하다. 그러한 설명이 이어지는 중에 정말 중요한 메시지가 나오게 되면 그 때는 천천히(필요하다면 반복해서) 속도를 늦추어서, Mr.Big이 여유를 느끼며 속에서 받아들일 수 있도록 해 주는 방법도 좋다.

❄ 높은 톤으로 강하고 경쾌한 느낌을 주고, 낮춰서 장엄하고 엄숙한 느낌을 준다

일관적으로 너무 낮은 톤으로만 프리젠테이션을 하는 경우에는, 웅얼거리는 느낌이 강해서 귀에 잘 들어 오지 않고, 허공 속에 묻혀서 들리기 때문에 잠이 솔솔 잘 오며 거의 자장가같은 프리젠테이션을 만들어 버린다. 반대로 너무 높은 톤으로만 진행되는 프리젠테이션의 경우, 처음에는 경쾌하고 밝게 느껴지지만 계속해서 높은 톤을 듣고 있으면 좀 거북하고 귀에 거슬리며 내용이 가볍게 느껴지기도 한다. 따라서 다루는 메시지와 내용의 분위기에 따라서 높고 낮은 톤을 적절하게 섞어서 진행하는 것이 좋다.

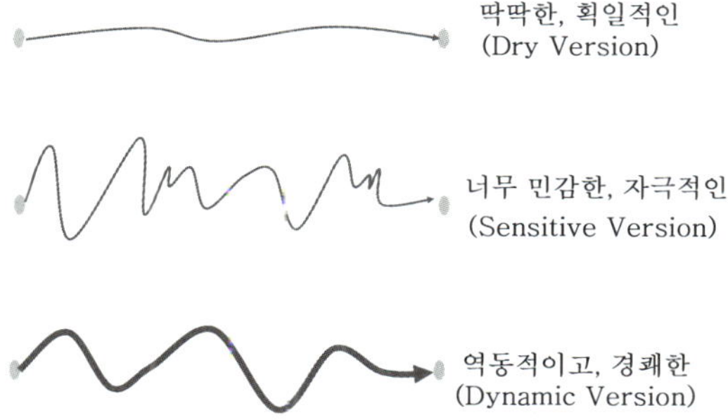

프리젠테이션을 진행하는 동안, 꾸준하게 감정의 이입이 없는 매마른 목소리를 구사하는 것도 좋지 않지만 반대로 처음부터 끝까지 스스로의 감정만 몰입해서 떠드는 듯한 목소리를 구사하는 것도 좋지 않다. 이 두 가지 버전의 비중을 적절하게 조절하여 역동적이면서 진중한 목소리로 구사하며 진행하는 것이 가장 좋다.

❋ 강조해야 하는 단어의 경우에는 아주 힘있게 그리고 끊어 읽어라

미국의 전 대통령이었던 케네디(John F. Kennedy) 대통령의 유명한 연설에서 나오는 구절이다.

> "당신이 이 나라에 무엇을 바라는지를 말하지 말고, 당신이 이 나라를 위해 무엇을 할 수 있는지를 먼저 말해라."

케네디 대통령은 어느 단어에 가장 힘을 실어서 강하게 그리고
끊어 읽었을까?

"말하지 말고"를 아주 강하고 힘차게 강조해서 읽은 것이다.

자신이 말하고 있는 메시지 상에서 가장 강력하고 중요한 단어에
서는 이처럼 화끈할 정도로 세게, 크게, 힘주어서 읽고 그 다음을
이어가면 그 중요한 단어가 뇌리 속에 박히게 된다.

목소리만을 가지고서 프리젠테이션의 내용이나 발표자의 모든 이
미지를 표현할 수 없는 것을 명심해라. 목소리는 하나의 양념일 뿐
이며 내용을 더욱 풍성하게 하는 지원 사격의 역할만을 하게 된다.
아래의 표에서 보는 것처럼 프리젠테이션의 내용이 좋지 않거나,
발표자의 이미지가 나쁠 경우에 목소리의 변화를 잘 못 사용하게
되면 오히려 도움이 안 될 수 도 있다.

발표자나 내용이 부정적으로 느껴질 때	크기, 속도, 고저	발표자나 내용이 긍정적으로 느껴질 때
속이는 듯한, 자신없어 보이는, 창피해 하는	조용한	생각하는 듯한, 진중한, 사려깊은
방어적인, 비호감의	목소리가 큰	힘있는, 집중하는
지루한, 둔감한	고저가 없는	침착한, 진실을 이야기하는
돌진하는, 혼란스러운	빠른	에너지 넘치는, 확신에 찬

발표자의 말의 끝은 가급적이면 "~니다"체로 끝나는 것이 훨씬 더 신의와 확신을 가지고서 말하는 것처럼 들리게 되며, Mr.Big으로 하여금 "저 친구 딱 부러지는 구만"하는 느낌을 가지게 한다.

하지만, 일부의 발표자의 경우 "~니다"체를 사용하지 않고 "~구요, ~했구요, 이랬구요, 저랬구요, 같아요, 그래서요" 하는 "~구요"체를 사용하는 경우도 많은데 이러한 "~구요"체의 말은 학생들이나 쓸 법한 어투로, 추측, 생각, 미심쩍음을 보여주게 된다.

따라서 "~구요"체는 "~니다"체 보다 발표자의 자신감이 떨어져 보이고 무언가 불확실함을 전제로 이야기하는 것 같은 느낌을 주게 되며 더구나 "~같구요"로 이야기 하는 것은 내용에 대한 정확성을 현저히 떨어뜨리는 변명의 어투로 프리젠테이션에서는 일절 사용하지 않는 것이 좋다.

Chapter 22

난 그냥 허수아비 청중이 아니란 말이야!

네. 이것으로 제가 준비한 프리젠테이션을 마치도록 하겠습니다. 감사합니다. ~~ 짝짝짝짝~~~

(마음 속으로) 뭐야 이거, 나와는 눈 한번 안 마주치고 끝났네. 나를 챙겨주는 걸 바라는 건 아니지만, 여기 있는 사람들 중에 내가 최고 의사결정권자인데 나한테는 전혀 관심이 없구만…. 난 여기에 앉아있는 다른 사람들이랑은 나름대로 더 중요한 사람이라고 생각하는데 말이지…. 혹시 내가 누군지 모르는 거 아니야?

Mr.Big을 가만히 내버려 두지 마라!

모든 청중은 평등하지만 일반적인 청중과 Mr.Big은 분명 무언가는 다르다. 현명한 발표자라면 에너지와 열정을 쏟아야 할 곳과 그렇지 않아도 되는 곳을 명확히 구분하여 당신이 가지고 있는 모든 자원을 집중하는 접근이 필요하며 당신이 진행하는 프리젠테이션의 목적이 설득이라면 더더욱 이러한 접근은 더 필요하다. 내용 구성에서의 강약 조절, 목소리에서의 강약 조절도 중요하지만, 청중을 대하는 데에도 어느 정도의 강약 조절과 차별을 두는 것도 필요하다는 말이다.

Mr.Big 자체만으로도 당신이 프리젠테이션을 하는 이유와 목적이 될 수 있기 때문에 프리젠테이션을 시작하기 전부터 그의 성향이나 특징을 면밀히 관찰하고 그의 머리속에서 발생할 질문에 대해서 미리 자료를 준비하여야 하는 것은 이미 앞 장에서 많은 이야기를 했었다.

사전에 준비하는 사항 이외에 프리젠테이션을 하고 있는 동안에도 그가 어디에 앉아 있는지 그리고 누구와 함께 앉았는지, 어떤 메시지를 던졌을 때 고개를 끄덕였다던가, 옆에 있는 사람에게 무언가를 이야기하는 시점은 언제였는지, 어떤 눈빛으로 나를 바라보는지, 어떤 심리 상태인지를 지속적으로 파악하고 있어야 한다. 또한 단순히 Mr.Big의 모습을 파악하는데 그치는 것이 아니라 프리젠테이션이 진행되는 중에는 "나는 이 자리에 당신이 계신 것을 알고 있습니다. 저는 당신을 충분히 의식하고 있습니다"라는 간접적인 메지를 표현하는 것도 필요하다.

예를 들면, 이와 같은 멘트나 동작을 취할 수도 있다.

"이 자리에 계신 분 중에는 사장님을 비롯한(이때 눈을 맞춘다) 정말 중요하시고 대단하신 VIP들이 계십니다~~"
"이 분야에 대해서는 경영진(이때 눈을 맞춘다)의 의견을 수렴해 보았습니다."
" 여기 계신 大 선배님들(이때 눈을 맞춘다)께서~~"

당신이 하는 이러한 멘트들은 아부성의 발언이 아니고, Mr.Big 을 인식하고 있으며, Mr.Big의 권위를 인정한다는 공식적 표현의 방법으로 프리젠테이션에 참석한 Mr.Big으로 하여금 긍정적인 긴장을 하게 만들며 스스로 청중을 대표해야 한다는 의무감을 가지도록 해 주게 된다.

이를 통해 프리젠테이션의 내용과 아이디어가 훌륭하며, 다른 청중들의 반응이 좋을 경우에는 이러한 멘트의 힘을 빌어 의사결정을 받을 때에 강한 지원을 얻을 수 있게 된다. 단, 프리젠테이션의 내용이나 준비가 훌륭한 경우에만 해당된다는 것을 명심하라.

청중의 참여를 유도하면 청중과 당신이 같이 편해진다

사람은 누구나 무엇인가에 참여하고 있는 느낌을 원하고, 소속감을 갖기를 원하게 되며, 프리젠테이션이 진행되고 있는 자리에 있는 사람들은 더욱 그러한 열망이 간절하다. Mr.Big이 아니더라도 자신이 좀더 특별하게 보이기를 바라고 있으며 다음의 생각을 하고 프리젠테이션에 간접적인 참여라도 해보길 내심 바란다.

"나도 저 내용 아는데",
"그냥 자리에만 앉아있으면 꼭 마네킹 같은데",
"앞에 있는 발표자와 이야기를 주고 받으면서 프리젠테이션을 참관할 수는 없을까?"

시중에 나와 있는 대부분의 책이나 도서들은 '프리젠테이션은 1 대 다수 개념의 일방적인 의사 전달 활동'이라고 생각을 하지만 이는 사실상 프리젠테이션에 참석한 청중들이 가지고 있는 잠재적인 욕구를 무시하고서 하는 말이다. 청중들은 누구나 참석한 그 자리를 즐기고 싶어하고, 수동적인 입장에서만이 아닌 능동적이고 주체적 입장에서 프리젠테이션에 좀 더 참여하고 싶다는 욕구를 가지고 있다는 것을 기억해야 한다.

다시 말하면 청중들은 대게 프리젠테이션이 진행되는 시간동안 아무 하는 일 없이, 청중의 인파 속에 묻혀서 멍하니 앉아 슬라이드만 쳐다보며 발표자가 하는 이야기를 듣고 있는 것보다는 기회가 된다면 좀더 활동적인 참여를 해보고 싶어 한다.

예전에 한 회사에서 주최하는 큰 창립기념행사에 유명한 가수들이 초청되어 엄청난 콘서트가 꾸며진 적이 있었는데 객석을 가득

메운 관객들은 당연히 그 회사의 직원들이었고 이들은 모두 20대 후반에서 50대 정도로 분포된 평균연령 약 35세 가량의 직장인들이었다. 이윽고 화려한 공연이 시작되었다.

공연 초반에는 그 당시 최고의 주가를 자랑하던 아주 유명한 아이돌 가수와 섹시 여가수들이 최신 댄스 곡과 랩을 부르면서 화려하게 무대를 장식했으나 분위기가 어째 좀 미적지근 했다. 관중들(평균연령 35세)은 무대 위의 여가수가 부르는 최신 댄스 곡을 익히 들어 와서 이미 알고 있고 귀에 익숙한 노래였지만, 신세대가 아니어서 그런지 쉽게 따라 부를 수가 없었고 참석자(평균연령 35세)의 거의 대부분은 그 자리 일어나서 박수 정도만 치면서 무대 위 가수만 물끄러미 바라볼 뿐 노래를 따라 부르는 사람들은 전체 중 10% 정도 뿐이었다. 그러다가 가수 이문세 씨의 무대가 이어졌다. 갑자기 폭발적인 반응이 일어났다. 가만히 앉아 있던 관객들 모두가 일어나서 목청껏 노래를 함께 따라 부르고 자리에서 붕붕 뛰고 난리가 났다. 단순히 듣기만 했던 입장에 있다가 함께 할 수 있는 노래가 나오는 것에 광분했던 것이다.

이렇듯 청중은 단순히 구경꾼으로서 프리젠테이션의 자리에 앉아만 있어야 하는 존재가 아니기 때문에 직접적 또는 간접적인 참여의 기회를 제공하여 프리젠테이션의 일부 멤버로서 끼워 줘야 한다. 그러면 그들은 더욱 몰입하게 되고 더욱 긍정적인 반응을 보일 것이다.

청중을 프리젠테이션의 멤버로 끼워 주는 방법

✽ 프리젠테이션의 주제와 연결되어 있는 아주 단순한 질문을 한다

질문은 청중만이 하고 답변은 발표자만 하는 것이라는 고정관념을 버려야 한다. 때에 따라서는 발표자가 먼저 질문을 던져서 청중이 고민을 하도록 유도할 수 있다. 이 때 질문이 너무 복잡하고 고민해야 하는 질문, 또는 주관적인 의견을 묻는 질문 등은 가급적 삼가하고, 아주 간단하고 단순하여 바로 응답할 수 있는 질문을 하는 것이 좋으며 반드시 프리젠테이션의 주제와 연결된 질문을 하여야한다. 예를 들면,

" 여러분 중에 골프를 쳐 보신 분 계십니까?"

"혹시 2명 이상의 자녀를 가지신 분 계십니까?"

"오늘 아침뉴스에서 크게 보도된 살인사건 기사를 보신 분 계십니까? "

이런 유형의 질문을 할 때는 그에 해당되는 청중의 손을 들도록 유도하여야 하는데, 이때 발표자가 청중에게 기대하는 행동, 즉 손을 드는 행위를 직접하는 동시에 질문을 하게 되면 청중이 자신의 손을 들어 응답할 확률이 50% 이상 향상된다는 결과도 있으므로, 발표자가 먼저 과감하게 손을 들면서 질문을 해 주는 것이 좋다. 그리고 반드시 손을 들어 준 청중에게 시선을 주며, 그들이 몇 명인지, 어떤 사람들이 손을 들었는지를 인식하는 행위를 보여줘야 한다.

다음의 예를 보자.

방법 1 : 질문을 하며 해당자의 손을 들게 유도한다
"여러분 중에 2002년 월드컵 4강전을 광화문 앞 광장에 모여
서 보신 분 계십니까?"

방법 2 : 손을 든 청중을 의미 있게 세어 준다
- 인원이 적을 경우 : 전부 세어가며 눈을 마주쳐 준다.
- 인원이 많을 경우 : 눈대중으로 세고 있음을 표현한다.

방법 3 : 전체 인원 중 얼마 정도인가를 알려준다
"네, 여기 계신 분 중에 거의 40% 이상이 그 때의 그 붉은
악마의 물결을 만들어 주셨던 분들 이시군요. 그렇다면 그 당
시 대한민국 축구대표팀 감독인 '거스 히딩크' 또한 잘 아실
겁니다.

방법 4 : 손을 든 인원의 수를 프리젠테이션의 주제와 연결시킨다
"오늘은 전략적인 리더십에 대한 설명드릴 것이며, 이를 '거스
히딩크' 감독이 보였던 독특한 리더의 모습에 비추어서 설명을
드려보도록 하겠습니다."

※ **주제와 관련 있는 메시지를 품고 있는 퀴즈를 내본다.**
　퀴즈는 단순하게 답변할 수 있는 수준이 아닌 알쏭
달쏭한 내용을 던지는 것이므로, 형식은 질문과 유사
하지만 퀴즈는 보다 고민하게 하는 점에서 약간은 다
르다. 퀴즈 또한 최대한 단순하고 간단하여야 하며
퀴즈를 던질 때 반드시 지켜져야 하는 원칙이 바로

퀴즈의 답변은 생각 했던 것을 벗어난 신선한 충격(들었을 때 "아~ 그래?"라는 생각이 들 수 있는)을 가지고 있어야 하고 신선한 충격이 프리젠테이션 주제와 직결되어 있어야 한다는 것이다.

퀴즈의 내용에 대해 한참 고민을 하면서 답을 맞춰봤는데 아무런 의미없이 단순한 '레크레이션 성격의 퀴즈'였다는 게 밝혀지면 이때부터 청중들은 입을 닫아 버린다. 분위기 띄우려는 퀴즈는 아예 할 생각을 하지 마라. 아무 소용이 없으며 분위기를 더욱 썰렁하게 만들 확률이 높다.

질문 : "2005년 기준 국민의 설탕 소비량이 가장 많은 나라는 남아프리카에 있는 '스와질란드'라는 국가로 집계되었으며 1인당 1년동안 설탕 97kg을 먹는다고 합니다. 1인당 쌀 한가마니가 넘는 양을 먹는 다는 얘긴데 정말 엄청납니다. 그리고 미국의 1인당 연간 설탕소비량이 31.3Kg이라면, 우리 대한민국의 1인당 연간 설탕 소비량은 얼마일까요?"
(청중들의 답변을 3명 정도 들어 본다.)

정답 : (주요 국가별 설탕소비량과 국민 비만율을 비교한 슬라이드를 제시하며)
"보시는 바와 같이 한국의 1인당 설탕 소비량은 약 23kg정도입니다. 생각보다 많이 드시고 계시지요?"

주제와의 연결 : 많은 분들이 설탕섭취량이 비만과 당뇨병 유발에 직결된다는 편견을 가지고 있는데 사실상은 그렇지 않습니다, 화면에서 보시는 자료에서 처럼 ~~~"

❆ 마무리 시점의 확실한 질의응답 그리고 마이크를 가진 자의 예를 지킨다

프리젠테이션에서 청중으로부터 질문을 받는 행위는 청중의 참여를 유도하는 가장 기본적인 방법이므로 질의 응답은 반드시 공식적인 시간에 운영하여야 하며 이를 통해 청중들이 가지고 있는 생각을 담는 용도로 활용한다. 가급적 발표 중간에 질문을 받을 수도 있지만 준비되어 있는 흐름을 이어가기 위해서는 "질문은 발표 후 한꺼번에 받겠습니다"고 미리 알려주는 것이 전체 흐름을 이어가는 데 효과적이다.

중요한 질문에 대한 대응은 발표자가 가지고 있는 전문성과 신뢰성을 높일 수 있으며 또한 청중과 같이 호흡할 수 있는 즉, 두 마리의 토끼를 잡을 수 있는 절호의 기회이기 때문에 최대한 활용하고 잘 소화해 내야 한다. 그러기 위해서는 사전에 예상 질문을 정리해 두면 실제 질문을 받았을 때에도 자신감이 생길 수 있어 보다 수월하게 질문에 응답할 수 있다. 질의 응답이 진행되는 동안에 청중이 가장 소외감을 많이 느끼는 경우가 많은데 청중이 소외감을 느끼게 되는 상황을 묘사해 보면 다음과 같다.

전체 100여명이 모여있는 장소에서 나는 강당의 오른쪽 뒤편에 앉게 되었다. 강당이 좀 크고 인원이 많은 편이라 프리젠테이션의 발표자는 육성 대신 마이크를 사용하고 있었다.

전체적으로 무난하게 진행되고, 어느 정도 새로운 정보도 얻을 수 있었던 프리젠테이션이 끝날 무렵, 간단한 질의응답 시간을 갖겠다는 말을 마이크를 통해서 들었다.

맨 앞쪽에 앉은 한 남자가 손을 번쩍 드는 게 보였다. 그는 자리에 앉아서 발표자에게 뭐라고 묻고 있는 것 같았고, 발표자는 이야기를 듣고 난 후 마이크를 통해서 답변을 하기 시작했다. 근데, 나는 그 답변이 무슨 질문에 대한 답변인지 잘 몰랐기 때문에 마이크를 통해 들리는 답변에는 별로 관심을 가질 수 없었고 사실 무슨 소린지도 잘 이해가 가질 않았다.

두 번째로 또 다른 사람이 질문을 했다. 이번에도 저 앞쪽에서 누군가가 손을 들지 않고서 질문을 한 것 같았는데, 어디에서 어떤 사람이 말을 하고 있는지도 모르는 상태에서 중얼거리는 소리 정도만 귀에 들렸다. 중얼거리는 소리가 끝나자 발표자는 마이크를 통해 정말 좋은 질문이라는 말과 함께 답변을 하기 시작했다.

"뭐가 좋은 질문 인지… 저 내용은 뭐에 대한 답변인건지… 나 원 답답해서…"

지금 질의응답을 시작한 후 거의 6분 정도가 지났지만, 내가 마이크를 통해서 들은 건 알 수 없는 그리고 이해가 가지 않는 내용들이었다. 그 내용들이 어떤 질문에 대한 답변인지만 알았다면 나도 다시 한번 내용을 정리하면서 몰랐던 게 있으면 더 깨우쳤을 것 같은데…. 좀 아쉽다.

세 번째로 또 다른 사람이 질문을 한다. 이번에도 중얼중얼하는 소리만 들린다. 이제 나는 그냥 끝나기만을 기다리면서 주머니 속 핸드폰을 꺼내서 김대리한테 문자를 보낸다. "김대리, 대충 끝나가니깐 조금만 기다려, 금방 갈게. 오늘 삼겹살에 소주나 한잔 하자.

이 상황은 주인공인 이대리에게만 국한된 유독 특이한 상황은 아니었을 것이며 청중 100명 중 약 70~80명 정도는 거의 이대리와 같은 느낌을 가지고서 프리젠테이션의 장소를 떠났을 것이다. 그렇다면 위 상황에서의 가장 큰 문제점은 무엇이었을까를 생각해 보자. 발표자가 무엇을 잘못 했길래 이대리처럼 느끼는 청중들이 발생하였는지를 가만히 따져보면 발표자가 하지않은 행동이 하나가 있다. 바로 '마이크를 가진 자로서의 예의'를 지키지 않았던 것이다.

무슨 말인가 하면 청중의 인원이 많을수록 일반적인 육성은 잘 들리지 않아서 마이크를 사용하기 마련인데, 프리젠테이션을 하는 동안 마이크는 발표자의 소유가 되지만 질의응답이 진행될 때는 이 마이크의 소유권을 질문하는 사람과 나눠야 한다.

질의응답 시간에는 가급적 여분의 마이크를 준비하여 질문을 하는 내용이 그 장소에 있는 사람이 모두 들을 수 있도록 배려하는 것이 필요하며, 상황이 여의치 않아 마이크가 준비되지 않을 때는 질문을 들은 발표자는 나머지 청중들에게 질문의 내용을 다시 한번 정리하여 소개한 후 그 후부터 질문에 대한 답변을 하는 것이 필요하다. 이를 통해, 질문을 한 사람 이외에는 모두 방관자로 만들어 버리는 상황을 막을 수 있다.

질의 응답! 프리젠테이션에서 매우 중요한 요소이자, 전문성을 뽐낼 수 있는 기회이지만 자칫 잘못하면 많은 청중들의 마음을 다 놓칠 수 있는 시간임을 반드시 명심해야 한다.

지금까지 살펴본 청중의 참여를 유도하는 방법들은 아주 일반적인 방법에 불과하며 상황에 따라 그리고 내용과 주제에 따라서 다른 방법이 더 유효할 수 있으므로 발표자 스스로가 아래의 질문에 대한 고민을 하여 답을 찾아야 한다.

"어떻게 하면 청중들이 자신의 눈과 귀와 입을 이용하면서 능동적으로 나의 이야기에 더 많이 몰입할 수 있을까?"
"어떻게 하면 발표자와 청중이 함께 이야기를 만들어가는 상황을 연출할 수 있을까"

명심하라! 청중이 겉도는 경우, 70% 이상의 책임은 발표자에게 있다. 그리고 프리젠테이션이 진행되는 그 자리에 Mr.Big을 비롯한 모든 청중의 몸만을 초대한 것이 아니고, 당신이 초대한 것은 그들의 마음과 머리를 초대한 것이다.

 실행 편에서 얻은 교훈

지금까지 당신은 Mr.Big이 했던 독설에 대해서 하나씩 그 사례와 이유를 살펴본 동시에 어떻게 하면 그러한 말을 듣지 않을까를 고민했다. 그리고 Mr.Big의 입에서 나왔던 각각의 독설마다, 그를 피해갈 힌트를 얻게 되었다.

Mr.Big의 독설 : 연습 안했어? 당신 지금 유체이탈한 것 같아

긴장감을 당연하게 받아 들이고, 즐긴다

우리는 살면서 늘 긴장감을 느끼게 된다. 지하철을 탈 때에도 환승을 하기 위한 생각을 한다거나, 설거지를 할 때에도 현재 남아 있는 세제의 양을 본다거나, 늦은 밤 TV를 볼 때에도 내일 일어나야 하는 시간을 생각하는 것도 모두 다 적절한 긴장감에서 오는 행위이다. 이렇듯 적절한 긴장감은 삶에서 실수가 없도록 만들어 주는 의미있는 심리반응이다. 프리젠테이션을 하는 동안 이러한 일상의 긴장감보다 몇 곱절 높은 강도의 긴장감을 느끼는 것은 당연한 것이며 이 때 긴장감을 전혀 느끼지 않는 것은 기계나 가능한 것이다. 이러한 긴장감을 차라리 받아 들이고, 적절한 수위를 맞출 수 있도록 조절하려는 노력을 하는 것이 가장 현명한 것이며 긴장감은 사전 연습의 양에 반비례한다는 것을 기억해야 한다.

Mr.Big의 독설 : 슬라이드를 읽기만 할거면 차라리 문서로 보고하지 그랬어

청중과 눈을 맞추어 서로의 마음이 흐르게 한다

세상에 열정보다 뛰어난 방법은 없다. 발표자가 가지고 있는 내용에 대한 확고한 열정과 간절한 의지를 보여 주어야 듣는 사람의 입장에서 "저 사람이면 같이 잘 할 수 있을 것 같다"라는 신뢰감을 줄 수 있다. 이렇듯 프리젠테이션에서 전달되는 것은 단순히 사실과 정보만이 아니고 그 이면에는 서로에 대한 신뢰감, 확신 등과 같은 감정이 동시에 교환되는데 정보의 전달은 입과 귀를 통해서 이루어지지만, 감정은 눈을 통해서 이루어지게 된다. 프리젠테이션이 진행되는 모든 시간에는 눈으로 발표자의 감정을 말해야 한다. 그리고 눈으로 Mr.Big의 감정을 들어야 한다.

Mr.Big의 독설 : 동작 그만!

생각만이 동작으로 옮겨 오도록 노력해야 한다.

　Mr.Big이 가장 많이 쳐다 보는 곳은 좀 쑥스럽지만 발표자의 신체인데, 발표자의 눈과 표정을 가장 많이 보고, 그 다음이 발표자의 상체 전반의 동작을 많이 보게 된다. 이때 발표자의 자연스럽고 확실한 동작이 있는 경우에는 듣고 있는 주제를 보다 싱싱하게 느끼면서 들을 수가 있기 때문에 넘치지 않는 선에서 의도적인 제스처를 사용한다.

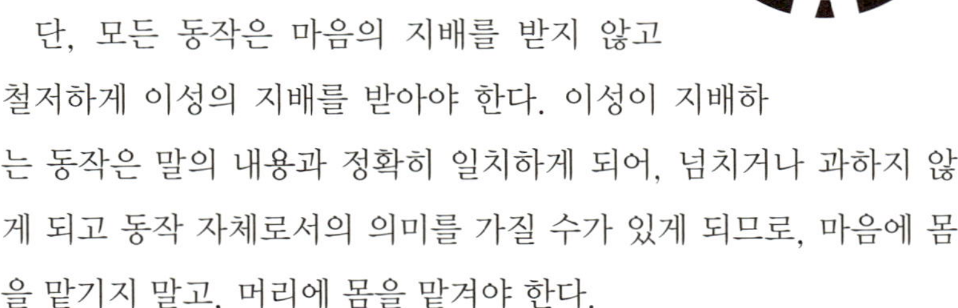

　단, 모든 동작은 마음의 지배를 받지 않고 철저하게 이성의 지배를 받아야 한다. 이성이 지배하는 동작은 말의 내용과 정확히 일치하게 되어, 넘치거나 과하지 않게 되고 동작 자체로서의 의미를 가질 수가 있게 되므로, 마음에 몸을 맡기지 말고, 머리에 몸을 맡겨야 한다.

Mr.Big의 독설 : 계속 웅얼 댈래?

생각만을 이야기하되 감정을 실어야 한다.

　말은 해야겠는데 단어가 떠오르지 않아 입에서 맴도는 경우를 설단(舌斷) 현상이라고 한다. 이 한자를 풀어 보면 혀 끝에서 말이 끊어지는 현상으로, 생각이 차곡차곡 정리되어 있지 않은 상태에서

이 생각들이 입을 통해 나오면서 혀 끝에서 엉키기 시작한다. 그러면 의도하지 않은 단어들이 속수무책으로 튀어 나오게 되는데, 이러한 의미없는 단어들은 프리젠테이션의 논리와 발표내용의 신뢰성을 갉아 먹기 때문에 조심해야 한다. 생각을 충분히 정리하고 연습을 많이 하면 정갈한 단어들만을 사용해서 이야기가 깔끔해지게 되고, 이 단어들은 입으로 나오기 전에 예쁘게 포장이 되어 맛있는 이야기의 흐름을 타게 된다.

Mr.Big의 독설 : 난 그냥 허수아비 청중이 아니란 말이야

청중을 엑스트라로 만들지 않는다

프리젠테이션을 영화로 비유해 보면, 중요한 역할을 하는 주연은 발표자에 해당하는 것이 자명한 사실이지만 나머지 조연과 엑스트라는 당연히 청중들이 해야 한다는 고정관념에서 벗어나야 한다. Mr.Big을 비롯한 청중들에게도 역할을 주어 좀더 적극적으로 출연하도록 만드는 장치를 마련하여, 서로 교류하고 소통하는 자리로 프리젠테이션을 연출하는 것도 필요하다.

프리젠테이션은 발표자 혼자서 주구장창 떠드는 게 아니다.

실행편을 마치며

한 설문조사에 의하면 '말이 너무 능숙하면 그다지 신용할 수 없다'는 반응이 65%인 반면 '말보다 말하는 태도에 마음이 끌린다'는 반응은 75%에 이르렀다. 즉 프리젠테이션에 있어서 반드시 알아두어야 할 테크닉은 능숙하게 말하는 기술이 아니고, '듣는 이를 사로잡는 기술'이라 할 수 있는데 듣는 이를 사로잡는 기술에서 가장 중요한 핵심은 2가지 "진심과 향기"라고 한다.

❋ 진심!

당신이 무대 위에 서 마이크를 잡았다고 해서 당신에게만 이야기할 권리가 있고 나머지 청중에게는 당신의 이야기를 들어야 하는 의무가 있다는 파렴치한 생각을 등에 업고 무대에 오르려 하지 말아야 한다. 나의 이야기를 듣고 있는 사람들에 대하여 진실된 마음과 극진한 성의를 가지고 무대 위에서 올라야 한다.

❋ 향기!

발표자가 무대 위에서 뿜게 되는 향기가 있다. 이 향기는 발표자 자신은 잘 느끼지 못하지만 청중들은 당신의 모습과 말과 동작을 보면서 당신의 향기를 느낄 수 있는데, 이 향기는 코로 맡는 것이 아니고 마음으로 맡는 것이어서 발표자의 독특한 성격이 묻어나는 어투나, 동작들을 통해서 이 향기를 맡을 수가 있다. 이 향기 또한 발표자가 어떻게 하느냐에 따라 좋은 향기인지 나쁜 향기인지가 판가름 된다.

Mr.Big은 당신의 진심과 향기를 느낄 수 있는가?

이제 준비를 마치고, 무대 위에 올라간다는 것은 이제 진검 승부가 시작되었다는 것이다.

무대 위는 정말 외롭디 외롭고, 그 누구의 따스한 손길이 없는 곳이며 나를 도와줄 사람이 는앞에 있어도 도움을 요청하는 손길을 내밀 수 없다. 모든 시선은 당신에게 쏠려 100여 개의 눈동자들이 말똥말똥 당신을 지켜볼 것이다. 그리고 모든 매듭이 지어진다.

고작 30분 안에 지난 3,000시간 동안의 땀이 보람으로 승화되게 만들기 위해서는 최대한 많은 사전 연습을 통해 일어날 수 있는 상황을 정확히 예측하고 만반의 준비를 해야 한다.

연습하고 노력하는 사람은 그 누구도 못 당한다.

훌륭한 프리젠테이션을
만들 수 있는 "성공 DNA"를
알아내다!

성공하는
프리젠테이션의 "ㄲ"

Part 05

성공하는 프리젠테이션에서 찾아본 일곱가지 "ㄲ"

당신은 지금까지 Mr.Big이 참석했던 프리젠테이션의 모든 사례를 분석해 보았다. 그가 어떤 상황에서 무슨 말을 했었는지, 어떤 상황에서 광분했는지를 파헤쳐 보았고, 이를 통해 프리젠테이션의 실패를 불러오는 저주의 요인을 알게 되었으며 "아! 절대 이렇게 프리젠테이션을 하면 안 되겠구나!"하는 영감을 얻게 되었다.

그런데, 놀랍게도 모든 사례들을 속속들이 파헤치다 보니 의외의 사례들도 눈에 띄었는데, 그 까다롭기로 정평이 난 Mr.Big도 입이 마르도록 칭찬했었던 훌륭한 프리젠테이션들도 존재하고 있었던 것이다. "Mr.Big이 칭찬을 했다니, 그에게 칭찬을 들었다는 것은 그 냉철하고 칼같은 요구 수준에 정확히 일치하였고, 그에게 기대 이상의 무언가를 보여줬다는 것인데 도대체 뭐가 다르길래 그런 거지? 어떤 점에서 특별했길래 그런 거지?"

머릿속에 계속해서 이 질문이 떠나질 않아서 그냥 지나칠래야 지나칠 수가 없었다. 그에게 칭찬을 들었던 훌륭한 프리젠테이션의 성공요인을 분석해 가며 하나하나 정리하다 보니 이러한 성공 요인을 하나로 묶을 수 있는 그 공통점이 보이기 시작했고 다시 한번 깨우침을 얻어 새로운 프리젠테이션의 세상을 보게 되었다.

"아! 이렇게만 하면 프리젠테이션이 성공할 수 있겠구나"

그 공통점은 바로 "ㄲ"이었다.

"꿈", "깡", "꾀", "꾼", "꼴", "끝", "끈"

훌륭한 프리젠테이션에는 "꿈"이 있었다

훌륭한 프리젠테이션에는 단 하나의 명확한 목표가 있었다. 프리젠테이션이 끝나고 난 후 3개월 후에 Mr.Big에게 단 하나만을 기억하라고 했을 때 떠올리게 할 것은 무엇인가? 그에 대한 답을 정한 후에 이 답을 얻기 위한 프리젠테이션이 진행되도록 최선을 다했다. 이게 바로

프리젠테이션이 가진 꿈이었다. 이 명확한 꿈을 이루기 위해서 발표자는 자신이 가지고 있는 모든 시간과 에너지를 집중하고 있었고 이 명확한 꿈을 이루기 위해서 모든 내용과 주제, 사례, 표현들이 논리적으로 배열되고 있었으며, 간결한 슬라이드가 제시되었고 이

명확한 꿈을 이루기 위해서 무대 위에서 발표자가 하는 모든 멘트
와 동작들이 집중되고 있는 듯한 느낌을 가질 수 있었다.

훌륭한 프리젠테이션에는 "깡"이 있었다

훌륭한 발표자는 자신이 말하고 싶은 내용을 빙빙 돌리지 않고
정곡을 찌르는 이야기만을 했으며, 자신이 말
하려 하는 주제가 아무리 복잡하고 어렵
다 하더라도, 이를 중요한 내용을 간단
하게 요약하여 핵심만을 이야기에 담
아 설명을 했다. 또한 말을 하는 데 있
어서도 주절주절하게 설명하지 않았고
사전에 준비했던 명쾌한 단어들만을 구사했
으며 어려운 내용일수록 쉽고 간결하게 풀어서 말했다. 공식적인
자리에서 다루기에 껄끄러운 이야기를 할 때에도 숨기는 듯한 느낌
없이 정면승부를 했는데도 너무 어둡지 않고 심각한 분위기는 교묘
하게 피해갔다.

훌륭한 프리젠테이션에는 "꾀"가 있었다

훌륭한 프리젠테이션에는 단순하게 사실만을 나열하는 것이 아

닌, Mr.Big을 휘어잡을 수 있는 그 나름대로의 전략을 느낄 수가 있었다.

"무엇을 먼저 들었을 때, Mr.Big의 이해가 빨라질 수 있을까?"를 고민하며 설명 주제간의 전략적 순서배열을 시도했으며, "어떤 방식으로 설명했을 때, 훨씬 더 강한 인식과 이해를 얻을 수 있을까?"를 고민하며, 중요한 사실에 대해서는 적절한 비유와 비교를 통해 Mr.Big의 가슴으로 파고 들기 위한 노력을 했었다.

훌륭한 프리젠테이션에는 "꾼"이 있었다

훌륭한 프리젠테이션에는 청중을 사로잡는 분위기를 만들어 내는 발표자가 있었다. 프리젠테이션을 딱딱하고 지루하기 않게 이끌어 가기 위해 적절한 시점에는 유머와 위트를 가미한 멘트를 날리면서, 시간이 지남에 따라 흐려지는 Mr.Big의 관심을 꽉 붙잡으려 하는 노력이 이어졌었고, 필요한 경우에는 심각하고 엄숙한 분위기를 의도적으로 만들기도 했으며, 어떤 때는 즐겁고 들뜬 분위기를 만들기도 했었다.

또한 빠른 속도로 숨가쁘게 이끌어 가며 지루함을 덜어주는 적도 있었고 진중하게 천천히 설명하면서 몰입을 유도하는 적도 있었다. 이를 통해 앞에 앉아 있는 청중들의 차가운 머리 만이 아닌, 감정을 느끼는 가슴까지도 휘어 잡으면서 이끌어 가는 정말 "꾼"과 같은 발표자가 있었다.

훌륭한 프리젠테이션에는 "꼴"이 있었다

훌륭한 프리젠테이션에는 멋있고 정갈한 시각자료들이 존재했다. 이러한 시각자료에는 화면에 보이는 슬라이드는 당연히 포함되어 있고 발표자의 움직임과 모습 또한 하나의 멋진 시각자료처럼 느낄 수 있었다.

모든 슬라이드는 정말 깔끔하고 시원했고, 단순하고 읽기 쉬운 용어와 도형, 그래프들로만으로 구성되어 한 시라도 시선을 뗄 수 없도록 만드는 알 수 없는 마력을 내뿜고 있었다. 발표자가 하고 있는 설명 내용과 궁합이 정확히 딱딱 들어맞아서 "다음은 어떤 슬라이드가 나올까?"하는 기대도 생기게 했었다. 멋진 슬라이드 화면에 매료되기도 했지만 발표자의 모든 동작들 또한 의미심장하고 정갈하게 느껴졌기 때문에 그가 보여주는 모든 것(동작과 자세, 이동)들은 살아 움직이는 또 다른 시각자료 같다는 느낌을 갖기에 충분했다.

훌륭한 프리젠테이션에는 "끝"이 있었다

흐지부지 끝나는 마무리가 아니고, 명확한 결말이 없는 시큰둥한 마무리도 아니었다. 프리젠테이션이 진행되는 동안 다루었던 내용들이 다시 한번 종합 정리되어 마치 매듭을 지어 주는 것처럼 느껴졌고 스토리가 탄탄한 영화에서나 느낄 수 있는 클라이맥스처럼, 모든 주제 의 집중을 통해 감정의 고조를 느낌과 동시 에 강한 여운을 남겨주는 강력한 마무리가 있었 다. 훌륭한 프리젠테이션의 마무리는 또 다른 한 편의 드라마였으며, 매우 간결하고 단순했지만 무척이나 강렬한 인상을 선사해 주어 끝나고 난 후 뒤돌아 나가는 청중들은 가슴속에 선물 하나씩을 품고 갈 수가 있었다.

훌륭한 프리젠테이션에는 "끈"이 있었다.

Mr.Big을 비롯한 모든 청중들이 발표자와 하나의 끈으로 연결되 듯 하여 누구도 소외되어 있거나 외로움을 느끼지 않았다. 발표자 는 중요한 손님을 초대한 집 주인처럼 손님이 불편하거나 어색함을 느끼지 않도록 성심성의를 다하는 모습을 보였으며 항상 청중에게 맞춰진 눈을 통해서, 그 자리에 있는 모든 사람들과 친밀한 감정을

나누며 주제에 대한 공감대를 지속적으로
이끌어 내고 있었다.

발표자는 청중과의 끈, 특히 Mr.Big
과의 끈은 절대 놓치지 않았고 이러한
노력을 알고 있는 청중 또한 스스로를
프리젠테이션을 만들어가는 의미있는 주체
라고 느끼며 발표자와 교감의 끈을 놓치지 않으
려 애쓰고 있었다. 이 "끈"을 통해서 프리젠테이션이 성공으로 견인
되었었다.

마무리 하며…

이제 당신은 앞으로 남은 시간 동안 성공적인 프리젠테이션을 위
해서 무엇을 어떻게 준비해야 하는지에 대한 감(感)이 확실이 잡히
기 시작했으며 이를 통해 머리 속에 확신이 생기고, 가슴 속에는
자신감이 생기기 시작했다.

당신은 지금까지 알아봤던 모든 프리젠테이션의 사례들 속에서
굴욕적인 프리젠테이션의 특징과 속성 그리고 훌륭한 프리젠테이션
의 특징과 속성을 찾아 보며 피가 되고 살이 되는 실질적인 교훈을
얻었다.